北支宣撫官

日中戦争の残響

太田 出

えにし書房

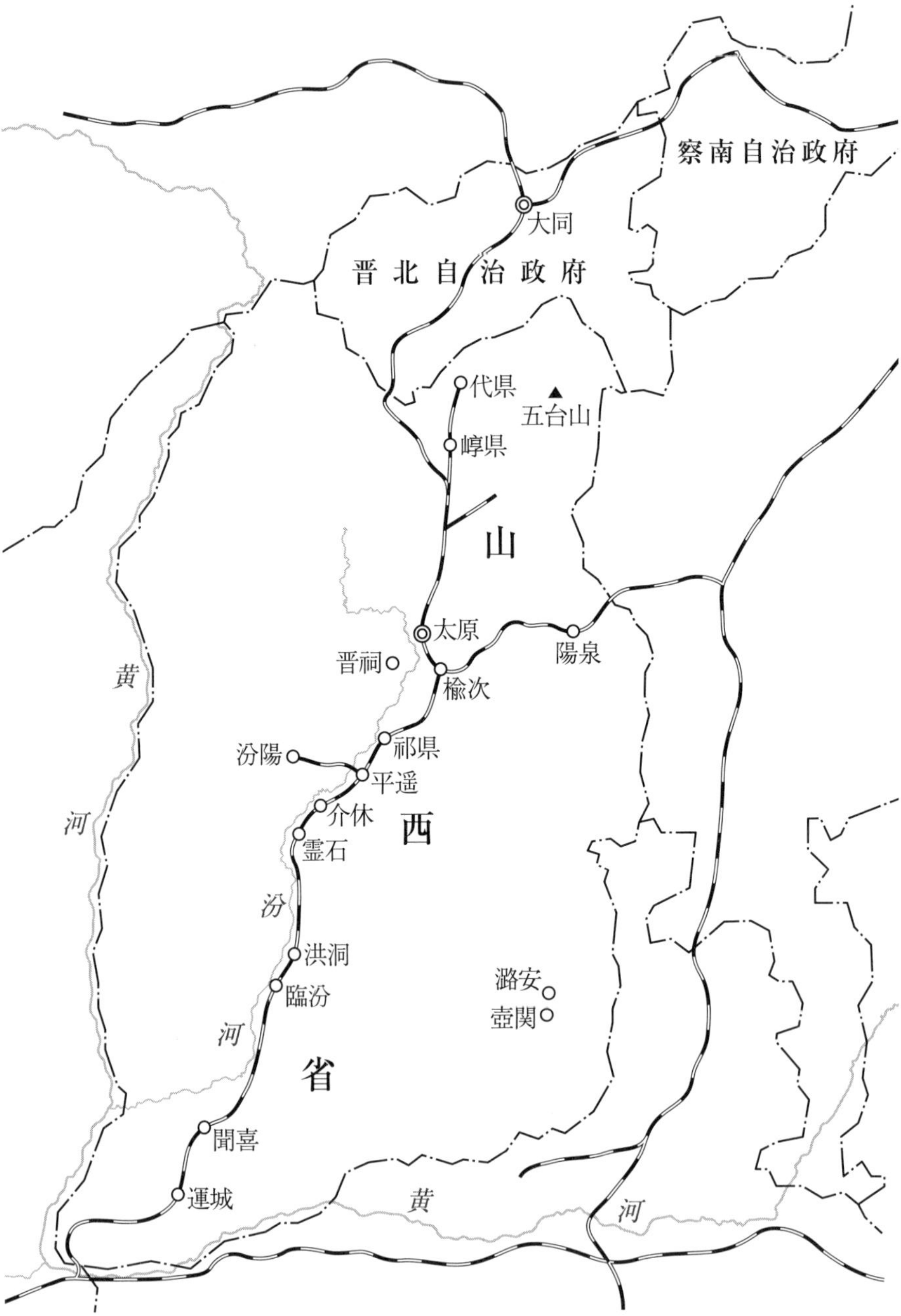

山西省（『黄土の群像』より作成）

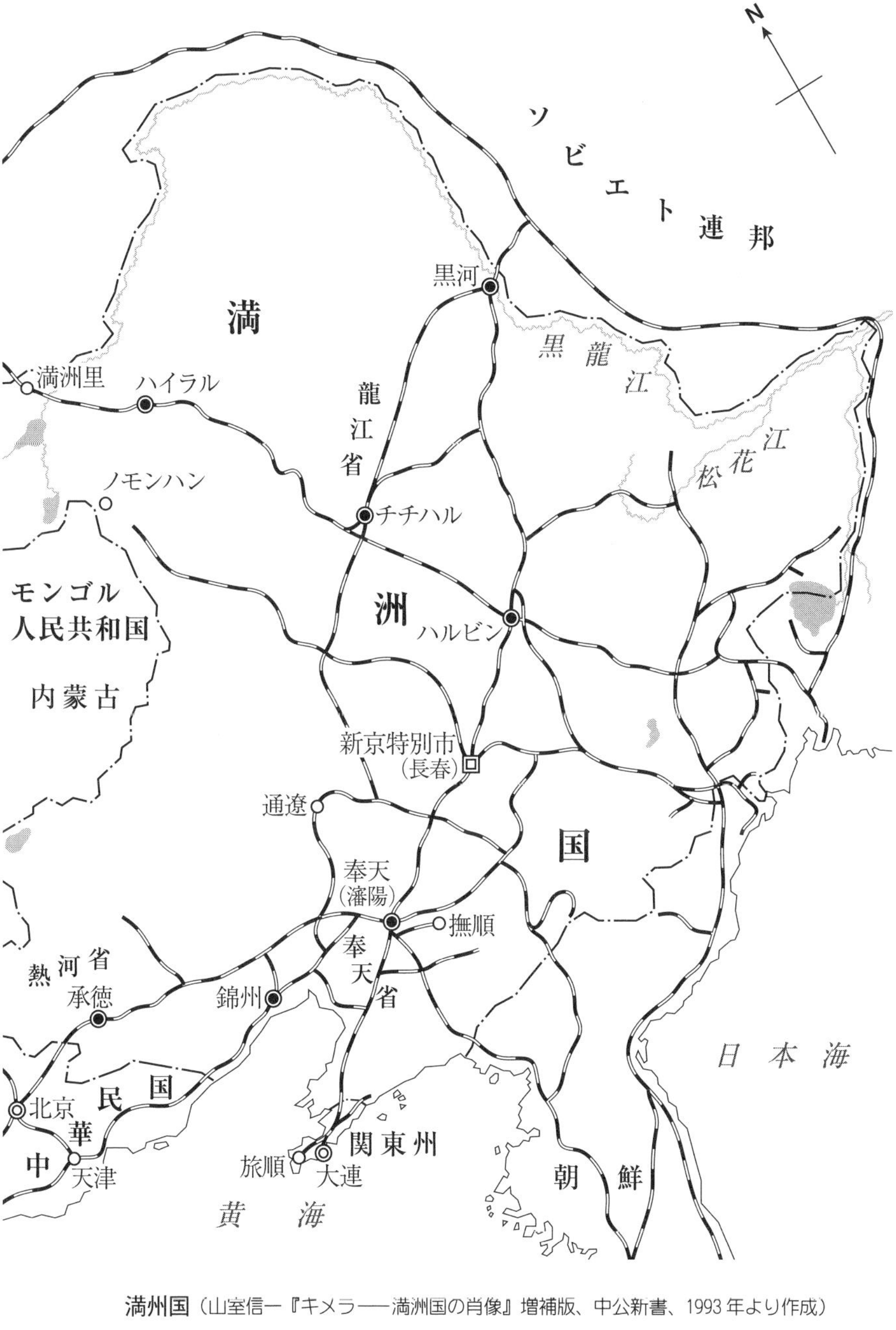

満州国（山室信一『キメラ――満洲国の肖像』増補版、中公新書、1993年より作成）

《凡例》

・引用文は《　》をもって示すが、本文中に挿入する場合には「　」を用いることもある。「　」は会話文の場合もある。

・（　）は追加的な説明・註記、もしくは原用語の提示を意味する。

・〔　〕は引用者が引用文の通読にあたり必要と判断して補った挿入を示す。

・当時の雰囲気や時代観を表現するために「支那」「北支」「シナ通」「満州国」「渡支」「渡満」など、現代ではすでに使用しない語句を用いることもある。ご了承いただきたい。また「満洲」は「満州」に統一した。

プロローグ——帰ってきた宣撫官 笠 実

ボォー。ボォォー。朝霧が深くたれ込め、それまでシーンと静まりかえっていた横浜港に汽笛が鳴り響いた。入港してきた船の甲板のうえには一人の初老の男が立ちすくんでいた。

「そうか、ようやく帰ってこれたのか。いったい何年ぶりだろう。すっかり忘れてしまったな。これがあの夢にまで見た日本なのか。いや、その前に本当にここは日本なのか——」

凍えるほどの冷たい風に身を震わせながら、横浜港に到着した貨物船・天光丸の甲板をおり、桟橋上に姿をあらわした男は、首をすくめ、みずからにそう問いかけるかのように、くわえタバコに火をつけた。

図１　笠実（『アサヒグラフ』朝日新聞社 1962 年 1 月 26 日号より転載）

昭和三十六年（一九六二）十二月二十一日、ある一人の男の帰国が報道された。男の名は笠実《りゅうみのる》（図1）。全国紙である『読売新聞』の紙面には「笠氏を釈放　中国紅十字から連絡」という見出しが踊っていた。

《中国紅十字会から二十日、日赤内三団体事務局にはいった連絡によると、日本人戦犯、元山西省新民会主席参事笠実氏（五五）は十六日《ママ》、禁固十二年の刑を満了、釈放され、二十二日深圳を出発、帰国する。日赤は外務、厚生両省と協議、一日も早く帰国できるよう香港総領事に連絡した。なお、中国にいる日本人戦犯は残り十三人となった》

記事によれば、「戦犯」として名指しされた笠実の帰国情報が中国赤十字会をとおして日本側にもたらされ、外務省と厚生省が対応にあたっていた。それはポツダム宣言を受け入れて敗戦した一九四五年から、じつに十六年もの歳月が経過したのちのことだった。日本では池田勇人内閣による国民総生産（GNP）の二倍引き上げ、「所得倍増計画」の発表など、まさに高度経済成長時代を迎えていたころの話である。

帰国することになった笠実をのぞく、残り十三名の戦犯とは、戦後中国における日本人戦犯をあつかった代表的な軍事法廷、すなわち瀋陽特別軍事法廷（一九五六年六～七月）、太原特別軍事法廷（一九五六年六月）において有罪判決を受けた旧日本軍・旧満州国・山西残留関係者などを指し、そこには撫順戦犯管理所に収監されていた、あの鈴木《すずき》啓久《ひらく》、古海《ふるみ》忠之《ただゆき》、杉原《すぎはら》一策《いっさく》、城野《じょうの》宏《ひろし》、富永順太郎らがふくまれていた（大澤武司『毛沢東の対日戦犯裁判――中国共産党の思惑と一五二六名の日本人』中公新書、二〇一六年）。総計千五百二十六名にも達したといわれる日本人戦犯の最後から十四番目に釈放された男、それが笠実であった。

翌年一月七日には、やはり『読売新聞』がいちはやく笠実の帰国を報道した。「〝来年中に十三人帰る〟中国戦犯帰国の笠さん語る」と題された記事には「戦犯として十一年間中国で禁固刑に服していた元新民会主席参事笠実さん（五六）は、六日午前十時横浜入港の大阪商船貨物船天光丸で二十三年ぶりに帰国した。笠さんはさる十四年中国河南省に新民会派遣の宣撫班としてわたり、終戦で服役、先月十七日刑を終えた」と見える。

「笠さん、これからどうされるのですか？」群がる記者たちに青い工人服を着た笠はしっかりした口調で答えた。

「獄中生活は非常に自由で、私のいた撫順にはあと十三人の戦犯が残っている。なかには元満州国総務庁次長古海忠之さんもいるが、来年中には全部帰国しよう。こんごは日中友好のために働きたい」

新年早々七日目に大阪商船の天光丸で横浜に到着した笠実は、昭和十四年（一九三九）に宣撫官――簡単にいえば、中国の占領地で民衆の人心安定のために食糧の配布など懐柔を任務とした旧日本軍の嘱託――の一員として中国大陸にわたって以来、二十三年目にしてようやく釈放・帰国にいたったのだった。古海ら撫順に残る十三名のことを気に留める余裕を見せながら、今後は〝日中友好〟のために力を尽くしたいとみずからの新年の抱負を語っていた。敗戦後、十七年という長い年月をへて祖国の土を踏んだ日本人戦犯笠実の突然の帰国は大いにマスコミを賑わしたのだった。

戦後日本社会にさきの戦争を否応なしに思い起こさせる「戦犯」の一人として、マスコミはますます競って笠実を取り上げ、世間の関心も笠に注がれていった。グラフ誌『アサヒグラフ』（朝日新聞社）の一九六二年一月二十六日号には「故郷への道はながかった――中国戦犯・笠実氏帰国」という特集まで組まれている。

いつの間に撮影したのか。そこには撫順戦犯管理所で学習する笠実、帰国後久留米市の甥宅で得意の尺八を吹く笠実、横浜駅でたばこを吸ったり出迎えを受けたりする笠実など、計五枚ものグラビア写真がふくまれていた。『アサヒグラフ』といえば、平成十二年（二〇〇〇）まで発刊しつづけた有名な週刊グラフ誌であったが、現在ではこのような笠実の特集があったことをおぼえている人はもはやほとんどないだろう。「終戦から十七年目の正月、中国戦犯として、撫順収容所で服役していた笠実さんが、ひとりでひょっこり帰ってきた」という出だしで始まる、笠実へのインタビューをもとにした記事は次のようにつづけている。

《青い工人服に防寒靴をはいた小柄な笠さんは、五十六歳、しかも十一年の収容所生活を送ってきたとは思われない元気さ。横浜港に出迎えた家族や撫順収容所時代の仲間を前に、まず〝中国礼賛〟をひとくさり。「日本は祖国だもの、忘れようとしたって忘れられません。夢にだって何度もみた。しかし、日本がいまおかれている地位はアメリカの半植民地状態です。これが何より残念。これは新中国が独立する以前の、日本帝国主義、米帝、蔣政権支配下の中国と同じ状態だ。それに比べて独立した中国は偉大だ。一年一年と伸びがはっきり見られる。未来に生きる国です」――中国の話になると熱がこもる》

《笠さんは昭和十四年に渡満。宣撫班《せんぶはん》として新民会に入り、特務機関でも活躍。終戦時には山西省壺関《こかん》県政府顧問兼新民会主席参事という重職にあり、権力をにぎっていた。終戦後も内戦にまきこまれて捕えられたのが昭和二十五年。戦争犯罪、反革命の罪にとわれて禁固十一年の刑をうけ、河北省永年収容所から太原、撫順と移され先月十七日刑期満了となった（ルビは引用者による。以下同じ）》

新聞やグラフ誌の報道を見ると、当時なお長い「戦後」がつづいていた日本社会が、抑留者の動向にいかに関心を有していたか、注目度の高さが理解できる。しかし一方で、報道のなかには戦時中のことを知る人が少なくなかった当時ですら、正確さを欠いたり不用意じゃないかと感じさせたりする言葉遣いが散見する。たとえば「新民会派遣の宣撫班」のように新民会と宣撫班の関係が曖昧なままにされ、「昭和十四年に渡満。宣撫班として新民会に入り……終戦時には山西省壺関県政府顧問兼新民会主席参事という重職にあり、権力をにぎっていた」とあたかも満州国に渡り（笠は満州国へは渡っていない）、その後いつの間にか中国の山西省に移って権力の座についていたかのように記すなど、怪しげな表現が少なくない。

宣撫班はもちろん、新民会や特務機関など、日中戦争にしばしば登場する、占領軍関係機関に特有の響きをもたらすタームが、笠実を論じるさいには頻出するが、はたしてそれらが何を意味していたのか、具体的にいかなる組織だったのかについて、記者たちはどうも事実関係を十分には調べないままに安易に使ってしまっている。当時は常識だったのだから、あえて説明しなかったのではないかというむきもあるかもしれない。しかし、本書で解き明かすように、これらのタームを使った記事に大筋では同意できるものの、明らかに不正確な表現が多く、たとえ新聞であれグラフ誌であれ、マスコミの報道を鵜呑みにすることには注意が必要だ。笠実が歩んだ道を本当に知りたければ、しっかりと事実の見定めが求められる。

実際に、笠実に関する他の多くの記事を渉猟すると、彼の人生はおおむね右の宣撫班、新民会や特務機関のほか、県政府顧問といった彼の所属機関や役職、「戦犯」「戦争犯罪」「反革命」というそのときどきの日中関係のあり方によって貼りつけられた一定の価値判断を有した言葉がそこかしこに散りばめられ、さらに「河北省永年収容所」「太原戦犯管理所」「撫順戦犯管理所」への収監、その後の刑期満了と帰国といったあらすじに沿って描かれることが多い。しかし、これらの言葉一つひとつがじつは日中戦争期から戦後にかけての日本と中国のあいだに横たわる暗部を成しており、それをつなぎあわせた笠実の人生は、まさに当該時期の日中関係史の縮図であったともいえる。

宣撫班とはいったい何だったのか。新民会とはどんな関係にあったのか、笠実に向けられた「戦争犯罪」「反革命」とは何をさしたのか。そもそもなぜ笠実は戦後十七年にもわたって中国に抑留されねばならなかったのか。こうした疑問に新聞記事は何も答えていない。また「内戦」の詳細についてもまったく言及がなされていない。

戦後日本社会は戦犯笠実の突然の帰国に驚嘆しながらも、笠あるいは抑留者に対する理解はこの程度にすぎなかったのであり、真の意味において笠の長い道のりを報道してもいないし知ろうともしていない。たんにあの新中国（共産主義化された中国）に「戦犯」として長く抑留され、共産党による学習の影響を強く受け、〝アカ〟となったことを前提とした、中国を〝礼賛〟する笠の姿のみが紹介された。本書はこの笠実の人生を追いかけながら、笠が人生の節目に出会った何人かの重要な人物の関係者に密着取材し、彼らの体験した日中戦争を跡づけ、戦後八十年を迎えようとする私たちが何を考えるべきかをさぐることを目的としたドキュメンタリーである。

笠実は平成三年（一九九一）、八十四歳のときにテレビに出演した。十一月二十一日にテレビ朝日系列の『ニューステーション』で放送された「消せない記憶――元軍医たちの謝罪の旅」という番組である。当時、人気キャスターとして名を馳せた久米宏はいう。

「残虐事件の加害者である元日本軍関係者たちが先月中国へ懺悔の旅へ出かけました。死ぬ前に一度でいいから現地を訪れ、どうしても謝罪したいというやむにやまれぬ気持ちからの旅でした」

旅に参加した面々は以下のとおりだった。あの七三一部隊と協力関係にあったといわれる山西潞安《ろあん》陸軍医院の軍医であり、七回にわたって十四人を生体解剖して殺害した湯浅謙《ゆあさけん》（当時七十四歳）。それに付き添った元衛生兵の古屋利雄（七十一歳）。日本軍の山西残留（一九四五年の敗戦後も日本軍が山西省に残留、国民党の閻錫《えんしゃく》山《ざん》軍とともに共産党軍と戦った事件）に関わった人物で、「一九五五年二月二十五日永富博道的筆供原文（永富博道の供述書原文）」がウェブ上に公開され、笠よりさらに二年ほど遅く釈放されて、戦後には『山西残留秘史 白狼の爪跡』（新風書房、一九九五年）を出版した永富博道《はくどう》（本名は浩喜《こうき》。七十五歳）。これに笠を加えた、かつての日本人戦犯たちによる中国訪問（北京―太原―西安）に「加害者としての記憶をたどり、亡くなった中国人の魂を鎮め謝罪する旅」としてテレビ朝日取材班が同行取材したものであった。

老齢の笠実は足が悪かったようで車イスに乗ってはいるが、矍鑠とした元気な姿を見せており、番組の冒頭では太原へと向かう列車の車内において「帰国後には十人以上の中国人留学生の世話をしてきているんだよ。私を親のように慕ってるんだ」とうれしそうに語る。太原駅に到着すると、ホームにはかつて笠が特務機関にいたころに世話になった中国人女性が出迎え、涙まじりの笑顔でたがいに抱擁しながら再会をよろこぶ姿が映し出されている。そして一行はかつて山西残留で戦死した中国人の墓を訪れた。笠の心中はいかばかりであったろうか。太原の解放記念公園にある烈士の塔に深々と頭を下げる笠たち。脳裏に去来するものはそれぞれに大きく異なったであろう。笠にとってこれが人生最後の中国行となった。

笠実のように戦時中に中国大陸で活動した宣撫官——その組織を宣撫班、任務を宣撫工作という——は、あわせて三千七百二十名あまりにもおよんだ。しかし、戦後における国内外の政治的な背景もあって、笠は戦後十七年目にしてようやく帰国できたのであり、冒頭で見たように大いに注目を浴びた。とはいえ、現在どれほどの若者が笠実の長い道のりを知っているだろうか。あるいは耳にしたことがあるだろうか。笠の日中戦争体験——二十三年にもおよぶ長い道のり——は、特別な事例に属するのかもしれない。宣撫官は戦場・占領地において具体的にいかなる任務に従事したのか、彼らは何を考えいかに行動したのか、そもそも宣撫官は日本ではどのような人たちだったのか、どうして中国におもむくことになったのか、そうした基本的な事実それ自体がすでに現代日本社会においては忘却の彼方へと消えさりつつある。

戦後からまもなく八十年になろうとする現在まで、日中両国間には、かつての戦争にまつろう歴史認識問題——教科書論争や靖国参拝など——がしばしばクローズアップされ、繰り返し政治問題化されてきた。これらのねじれ複雑に絡み合った両国間の歴史認識の糸を解きほぐすことは決して容易ではない。こうした点を十分に意識したうえで、本書では、笠実をはじめとする宣撫官の視点から、日中戦争、戦後の日中関係をとらえなおし、歴史認識問題を考える一つの手がかりをさぐってみたいと思う。

現在ではほとんどの宣撫官がすでに鬼籍に入った。もはや宣撫官を語ることはかなり難しいといってよい。しかし宣撫官本人あるいは遺族の方々と連絡を取り、日本全国を駆けめぐり、本人の証言や各種の残された貴重な史料を入手できれば決して不可能ではない。

「宣撫官を忘れないで」

「宣撫官の活動を書き留めて欲しい」

遺族の淡く儚い希望はあえていうまでもないほど切実なものがある。私が宣撫官を調査・記録する作業を始めた理由はここにある。

宣撫官本人が書き残した回顧録や戦記物は思うほど少なくはない。だが、研究者であれ記者であれ、あるいは遺族ですら、どこかに宣撫官を語ることに後ろめたさを感じるのか、記録に目を向けようとする者は少ない。いや、目を背けているといってよいのかもしれない。これまでほとんど日の目を浴びる機会のなかった宣撫官について、本人と遺族のナマの声を手がかりに、敗戦後の日本社会のなかでは口を閉ざし語られることのなかった、彼ら宣撫官の目に映った中国社会や中国人の姿、みずからの中国民衆に対する思いや信念といったものを拾い上げ、彼らが任務をとおしていかに中国像を形成し、そこにどのような自画像を見いだしたのかを考えてみたい。

宣撫官を訪ねる私の旅は十年の時間を経ようとしている。宣撫官本人も遺族の方々も、彼らを訪ね歩いてきた私も、その記憶はかなり薄らいできている。忘れぬうちに一刻も早く書き留めなければならない。

そこで本書では、まずは亡くなった宣撫官たちの鎮魂のために戦後に建立され、元宣撫官たちが心のよりどころとしてきた宣撫廟をたずねたい。宣撫官を知っていても宣撫廟の存在を知らない人は多いだろう。ついで冒頭で紹介した宣撫官笠実の足跡をたどり、さらに宣撫班総班長であり笠たち宣撫官の精神的支柱となっていた八木沼丈夫《やぎぬまたけお》の実像に迫ってみたい。

そして忘れてはならないのが中国人・満州人・台湾人・朝鮮人などの外国人宣撫官である。本書では中国人でありながら宣撫官となった陳一徳《チェンイーダァ》（ちん・いっとく）の生涯を追ってみたい。これは笠や八木沼に匹敵する、いやそれ以上にわれわれに戦争とは何だったのか、宣撫官とは何だったのかを問い直す力を秘めている。

最後を締めくくるのは笠とともに山西に残留した城野宏である。城野は笠釈放の三年後、昭和三十九年（一九六四）三月に釈放され帰国した最後の中国戦犯であった。城野は宣撫官ではなかったが、笠らとも知り合い、宣撫官にシンパシーをもったのか、帰国後には宣撫官の戦友会である宣友会《せんゆうかい》に入会までした。終戦の八月十五日以後も太原にともに残留しつづけてきた笠と城野の二人は、帰国後においてまったく異なる道を歩みながらも、ともに数奇な運命をたどった。

本書では、遺族などの証言者たちと話を交わすなかで、見たり感じたりしたことをありのままに書き留めたい。そこにはこれまで触れられることのなかった宣撫官の心のうちが描かれるであろうし、そうした記憶を私とともに歩いたり考えてくれたりする方が新たに現れるかもしれない。できるなら宣撫官本人、遺族の方々が希望しているように、一方通行ではなく多くの方々と情報共有できることを期待している。

では、たった今から本書を片手に、宣撫官たちを訪ねる心の旅にお付き合いを願いたい。まずはすでに亡き宣撫官たちを祀った宣撫廟を訪れてみよう。そこから宣撫官が歩んできた道のりをたどるわれわれの旅路が始まるのである。

北支宣撫官〈目次〉

第1章　宣撫廟（国際霊廟）

〝再発見〟された宣撫廟

もう約十年も昔のことになるだろうか。まだまだ冬の寒さが残る二〇一三年三月十日の昼下がり、九州は福岡県久留米市郊外の善導寺不断院の前に私は立っていた。軒をならべる浄土宗の寺院群に目をやると、そこにはひっそりとたたずむ中国式の建築物があった。それが宣撫廟、別名国際霊廟である（図2）。大半の日本人にとっては聞き慣れない名称であり、廟それ自体も普段なら気にもとめないまま通り過ぎてしまうところである。

図2　宣撫廟（筆者撮影）

その日、私は熊本県荒尾市在住の藤《ふじ》田《た》寧一《ねいいち》氏を訪ねていた。話をうかがう最中、彼はふと私にたずねた。

「君は宣撫廟に行ったことがあるのか？」

「え、ありません。宣撫廟って」

「何だ。ないのか。なら私が連れてってあげよう」

あたかも藤田氏に急かされるかのように取るものも取りあえず、あわただしく出立した。彼の自宅のある荒尾市からわざわざ車で案内してくださったおかげで、一時間ほどで道に迷うことなく無事に宣撫廟に到着することができた。

申し遅れたが、藤田氏は故藤田春雄宣撫官の令息であり、父君が存命中に建設・運営に尽力した宣撫廟に人なみならぬ関心を抱いていた。

「宣撫廟の存在を多くの方に知ってもらいたい」。そんな藤田氏の感情が

図３　仙波郁文和尚
（元宣撫官、宣撫廟蔵）

あふれ出したかのような、まさに電光石火の行動力だった。

藤田春雄の名前は後述の『平成六年（一九九四）六月　宣撫廟奉賛会名簿』（宣撫廟蔵）や興晋会在華業績記録編集委員会編『黄土の群像』（信英堂、一九八三年）「会員名簿」中に見えている。

ふと見ると、宣撫廟の入口前に立てられた掲示板には、前住職・故仙波《せんば》郁文《いくふみ》和尚（図３）が約五十年前の昭和五十年（一九七五）六月一日に書いたと思われる一枚の紙が貼り出されたままとなっているのに気がついた。

焔魔堂　宣撫廟
焔魔さまは人間の寿命を司る神様として古代印度に於いて信仰せられました。仏教の伝来と共に日本に伝えられました。仏教を信仰される人の寿命がながくつづく、災難悪病にあわぬようにお祈りください。
宣撫廟には元大日本軍宣撫官二百十一柱ならびに宣撫班の使命に協力された方々や外国の方の霊をまつります。
宣撫班長は八木沼丈夫であります。宣撫班の使命に永遠の愛を求めて止まなかった八木沼丈夫の班長の歌

両国のこのなかからひの彼岸にして夜の明星はきらめくものを
あたらしき世の光ともしづくする合歓《ねむ》の木陰にいでたつわれは

貼り紙には宣撫廟が二百十一柱の元大日本軍宣撫官のほか、宣撫班への協力者、関係する外国人――中国人・満州人宣撫官など――を慰霊する目的で建設されたことが述べられている。また末尾には宣撫班総班長の八木沼丈夫が詠んだ短歌二首が紹介されていた。

これはのちに知ることになったのだが、じつは仙波和尚もかつては宣撫官であった。明治四十四年（一九一一）二月二十日、大分県宇佐郡に生まれた仙波は、日本大学専門部宗教学科を卒業したのち、昭和十二年（一九三七）に浄土宗不断院住職仙波《せんば》徳定《のりさだ》の養嗣子となった。そして昭和十四年に宣撫官を志望し、北支方面軍参謀部第四課宣撫班要員となり（河南宣五、後述）、中国河南省の懐慶・輝県・開封の各宣撫班に配属された。昭和二十年（一九四五）八月十五日には、満州国ハルビン（哈爾浜）孫家被服廠警備隊において終戦を迎え、ソ連軍の捕虜となり、シベリアに抑留されたのち、昭和二十二年（一九四七）九月に復員がかなった。

帰国後は中学校教員をへて不断院僧正となった。『黄土の群像』には仙波自身が「宣撫廟記――同志への通信」という一文のなかで「和尚が宣撫官だったこともよく承知していますので、御廟を粗末に思うことは決してありません」と記している。

また彼はアララギ派の詩人でもあり、『新聞歌壇の私の短歌』（さわらび短歌会、一九六七年）、『木蓮の花』（短歌新聞社、一九八四年）という詩集を刊行したり、『宣撫廟物語』創刊号・第二号（昭和五十三年五月一日発行）の「宣撫廟のうた」にも多数の短歌を発表したりしている。

当時、短歌は人びとにとって感情を表現し心情を吐露する重要な手段の一つであったから（菅野匡夫『短歌で読む昭和感情史――日本人は戦争をどう生きたのか』平凡社新書、二〇一一年）、宣撫廟建立・運営に深くたずさわってきた仙波の心情はいくつかの短歌のなかにうかがえる。以下に仙波の短歌を引用・解釈するが、私はあくまでも素人なので十分に歌意を汲み取れていないかもしれない。ご了承のうえで、仙波の宣撫官としての旧情に心を馳せていただければと思う。

悪党の少なき日本を説きたりき宣撫班総班長八木沼丈夫

宣撫班総班長であった八木沼丈夫は、日本には悪党が少ないことを中国民衆にしきりに説いていた。日本人は真心で中国人と接していたことを強調したかったのだろう。

妻君の手紙に知りてはるかなり八木沼丈夫三十三回忌

八木沼丈夫の妻君である春枝からの手紙によって一九四四年十二月に北京で逝去した八木沼の三十三回忌であることを知った。あのころの思い出が今も蘇ってくる。

宣撫廟のすがれし草木夕暮れて雪解け残る耳納山の上

あの頃の活気のあった姿とは思えぬいまの宣撫廟には、もはや勢いなく末枯れた草木。ときはあたかもその寂しさを映すかのような夕暮れ。残った雪がはかない耳納山《みのうざん》（宣撫廟の所在する久留米から大分県に跨がる山地）であることよ。宣撫廟のさびれた風景を詠んでいるから、仙波の晩年の歌かと思われる。

たづさへし大日本軍宣撫官三十年絶えて酒くむと寄る

ともに連れだってきた大日本軍宣撫官の仲間たち、戦後三十年の月日が流れて寄り集まって一献酌み交わす。

若き日を軍の手先に終りしと自嘲する一人仲間に入らず

宣撫官として従軍した若き日を、軍部の手先になったと自嘲する私は一人、思い出を語り合う仲間たちの輪に入れなかった。

宇品より船に出づるを見送りしわがみどりごも四十歳過ぎぬ

かつて広島県の宇品港軍港から宣撫官として大陸へ渡った私を見送ってくれた嬰児も、いまではすでに四十歳を過ぎてしまった。

宣撫官の腕章巻きて軍刀を杖つく写真単純なりき

大日本宣撫官と朱色に刺繍された腕章を巻きつつ、軍刀で杖ついて、颯爽と誇らしげな自分の写真を見て、当時は単純であったと嘆息する。

北支那方面軍参謀部第四課極秘の地図にわが駐まりし村

北支那方面軍参謀部第四課の極秘とされた地図のなかに私が宣撫官として駐屯した村落が記されている。

拠りどなくさ迷ふ民に仁丹も歯磨き粉も貴重の薬品なりき

救済されるべきよりどころもないままに、戦乱のためにさまよう中国の民衆にとっては、宣撫官が配布する仁丹も歯磨き粉も貴重な薬品なのである。

鍬かつぐ村人の前に演説する阿呆の吾の写真一枚

鍬をかつぐ純朴な村民たちを前にして、啓蒙・慰撫すべきと信じて懸命に演説する、何もわかっていない愚かな自分の姿がうつった写真一枚。本当に阿呆なことだと自嘲してしまう。

漢奸と壁にはりつけ処されたる三十八年前の友に花さす

三十八年前「漢奸（売国奴とされた中国人）」として処刑された友（中国人宣撫官あるいは協力者であろうか）を思って花を生ける。

僧と知る媼《おうな》らゆるし交りて五月の粽たまはりしかな

私を僧侶と知り打ち解けた村の老女たちから五月の粽《ちまき》をいただいた。

ろうそくの火ともし祈りき少年の兵をとらへて処刑する暮

中国の少年兵を捕まえて処刑する夕暮れ、私はろうそくの火を点して祈りつづけた。

辻々に中国聯合銀行券撒きぬ知りつつ軍の手先となりて

街の辻々で中国聯合準備銀行の銀行券（中華民国臨時政府が発行したが、裏づけがないためにインフレを招いた）をばら撒いた。軍部の手先となって。

纏足の老女を襲ふ兵ありき春闌けし村に人の影なく

纏足《てんそく》の老女すら襲う兵士がいた。春たけなわだというのに村には人影もない。

北京飯店にカルピス飲みて間なかりき八木沼丈夫みまかる聞きし
北京飯店で二人いっしょにカルピスを飲んだのち、間もなくしてその八木沼丈夫の逝去を耳にした。

任官を告ぐると開封宣撫班に吾を訪ひ来し弟帰らず
任官を告げるため、河南省開封の宣撫班にまで私を訪ねてやって来た弟は、その後もどってくることはなかった。

もと宣撫官二百十一柱まつりぬかづく夢に見ざりき
かつての同僚たち宣撫官二百十一柱の御霊を祀り、そのたびに額づいて祈るけれども、夢に彼らが現れたことはない（きっと私にとって思い出したくないことばかりなのだろう）。

月餘り黄河の水に漬ちたるころよりのわが足の水虫
ひと月余り、黄河の水に浸かっていた頃からずっと治らない足の水虫（中国の地が私の蛮行を忘れさせまいと私を蝕むのだろう）。

宣撫廟の朱き柱を濡らしつつ春一番の風はしる音
宣撫廟の朱塗りの柱を濡らし、春一番が走る音が聞こえる。かつては春風のように慰撫するのだと言いながら蛮行を重ねたことを、後悔して泣きわめくようだ。

図４　宣友会の旗幟（宣撫廟蔵）

図５　八木沼丈夫（宣撫廟蔵）

これら二十首にもおよぶ短歌には、宣撫官の一人であり、かつ帰国後宣撫廟の建立・運営にたずさわってきた仙波の旧情が素直に表現されている。八木沼丈夫を中心に結びついた宣撫班の思い出、中国民衆との関わりや交流、宣撫官としての自己の行為に対する後悔や反省、恥ずかしさが赤裸々に詠われている。

　このように宣撫廟が元宣撫官を住職とするものであり、仙波郁文宣撫官が八木沼丈夫を慕って宣撫班の精神的支柱と見なしていたことは間違いなかった。短歌にも見えたが、仙波は「宣撫廟記」でも「昭和十五年の秋でしたが、北京飯店で一ぱいのカルピスを二つのスプーンで八木沼先生と飲みました。最後のお別れでありました。そんなことが思い出されます」と八木沼との最後の思い出を語っている。

　藤田氏に促されて、私が宣撫廟のかたわらにある住家の呼び鈴を鳴らすと、故仙波和尚の息女が顔を見せてくれた。藤田氏が事情を説明したところ、最初は「何も整理していないから」と渋る彼女であったが、「宣撫廟を建立したわれわれが来たんだよ、どうしてだめなのか」と藤田氏に厳しく問い詰められた結果、「仕方ない」といった表情で見学を許してくれた。

図６　宣撫官の合影（宣撫廟蔵）

彼女に勧められるまま宣撫廟内に足を踏み入れると、閻魔（焔魔）を祀った仏壇のほか、赤い丸と白い星形の中央に「宣」の字が染め抜かれた宣友会（宣撫官の戦友会）の旗幟（図４）が立ててあり、壁の上方には仙波和尚と八木沼丈夫の遺影（図５）、百五名におよぶ宣撫官の合影（図６）が飾られていた。これらを目にしたとき、戦後においても宣撫官たちの結束がいかに固かったか、宣撫官を語ろうとすれば八木沼丈夫ひいては宣撫廟なしには考えられないことを痛感した。

しかし残念ながら、前住職仙波和尚が遷化されてからすでに三十年の歳月がすぎ、まもなく終戦八十周年を迎えようとしている現在、ほとんどの宣撫官はすでにこの世に亡く、その記憶も次第に風化しつつあるためか、宣撫廟のなかはすっかり埃が積もり、いまではだれも焼香・読経などをおこなわないで放置されているかのようだった。かつての宣撫官たちの子孫や親戚もすでに足が遠のき、宣撫官であった父親や祖父の活躍を語り継ごうとする者はもはや絶えてしまったのかもしれない。忘れてしまったのか、それとも思い出したくないのか。寂しいことではあるが、これが現実なのである。

さて、宣撫廟建立の経緯について何か資料はないものかと、埃を払いながら積み上げられた書類を手にとって見ていると、偶然にも『宣撫廟綴』なるファイルを〝発見〟した。確実なことは判明しないが、仙波和尚ないし姉の美喜子《みきこ》氏が整理した各種の書類らしい。実際にページをめくってみると、宣撫廟建立の経緯はもちろん、宣撫廟の運営・活動、宣撫廟建立に関わった方々のさまざまな情報がふくまれていることに気がついた。

「やった！　ありがとうございます」

思わず心のなかで仙波和尚に感謝するとともに、元宣撫官たちの御霊を感じないわけにはいかなかった。

「一刻もはやく『宣撫廟綴』をひもといてじっくりと読んでみたい。戦後の宣撫官たちの活動を知るカギとなるんじゃないか」

そんな昂ぶる興奮を抑えつつゆっくりと表紙をめくっていった。

『宣撫廟綴』に目をとおしていくと、なかにはじつに多くの書類・文献が整理されていることがわかってきた。たとえば「宣撫廟建設発願より落慶法要までの経緯」という一文、およびパンフレット『宣撫廟物語』第二号に掲載された「宣撫廟建立発願より落慶法要に至るまでのメモ」の二点は、全国宣友会九州支部事務長で「河北宣五」の松尾浩章《まつおひろあき》が記したものであった。

宣友会とは戦後帰国した元宣撫官らによって組織・運営された、いわゆる戦友会の一つで（創設自体は戦中にまでさかのぼる。第3章を参照）、全国に散らばる多くの元宣撫官・特務機関関係者・軍関係者などの参加を得ていた。昭和四十三年三月発行の雑誌『宣友』の名簿には千五百七十五名の会員名が見えている。

「河北」とは宣撫官としての勤務地が河北省であったことをさし、「宣五」とは陸軍省によって内地で募集された宣撫官が一期生から七期生まであり、そのうちの五期生をさしている。前述の仙波も松尾と同期だった。

なお、寺井祥一郎宣撫官（山西宣六）の手記『黄砂を浴びて』（私家版、一九九一年）にも「占領後の治安工作、建設工作、宣撫工作には、事変当初は、まず満鉄（南満洲鉄道株式会社、引用者補）社員をもって宣撫班を組織し、その任に当たらせ活動せしめたが、戦局の拡大に伴い、宣撫官不足は現実の命題となり、遂に日本陸軍は、陸軍省に働きかけ、宣撫官募集を内地において実施するなど工夫をこらした。その結果、続々と一期生から七期生までの優秀な宣撫官を北京に集めることができた。さっそく彼らに対し特別の訓練を、しかも短期間で終わらしめ、各地の第一線部隊へと派遣することができた」とあり、宣撫官が七期生まであり、それ以前は満鉄社員を宣撫官にあてていたことがわかった。

松尾は宣撫廟奉賛会事務局長も務め、宣撫廟建立には相当尽力した人物であった。宣撫廟建立にいたるまでの流れについては、時間軸に沿いながら説明すれば、おおむねつぎのようだった。

昭和四十六年（一九七一）六月二十日、筑後宣友会（略称筑宣会）が結成され、会員は十四名を数えた。全国宣友会との関わりははっきりしないが、その支部として成立した。

四十七年（一九七二）九月二十八日、筑宣会総会が開催された。筑後出身の宣友会物故者六名の慰霊祭を不断院で、仙波郁文を中心に執りおこない、終わって吉井町筑水荘で懇親会を催した。十一月十二日、筑宣会例会が開かれ、慰霊のために豪華な位牌か、慰霊碑か、慰霊廟か、いずれにするかについて審議の末、慰霊廟の建立を決議した。

四十八年（一九七三）四月十三日には「慰霊廟建立趣意書」の草案を検討した。五月二十九日には石川県山中温泉宣友会大会に、冒頭で紹介した笠実（山西宣五）が出席、霊廟建立について趣旨説明をおこない協力を要請したところ、出席者全員が賛成した。笠も宣撫廟建立に深く関わり、資料中にしばしば顔を出す。

六月七日、廟の建築様式は中国式とする旨を定めた。十一日、建築業者が長崎市の崇福寺（中国式）を見学した。翌日には仙波郁文・松尾浩章の両名が、佐賀県多久《たく》市にある中国式建築の多久聖廟（孔子廟）を拝観した。いずれも宣撫廟建立の参考とするためだった。二十四日には筑宣会総会が開かれ、松尾浩章が経過を報告した。久留米市長や市議会への協力要請の件、運動資金として会員一人一万円ずつ拠出の件などを決めた。七月十四日の興晋会《こうしんかい》（山西省の軍人・宣撫官などの戦友会。興晋塾を基礎とする。宣友会とメンバーが重なる部分が多く、密接な関係にあった）佐渡大会には、やはり笠実が出席、廟の建立について説明・請願をおこなった。その結果、参加者全員が賛成し、資金が拠出されることになった。

図7　江頭知実宣撫官（右、江頭格氏提供）

四十九年（一九七四）四月三日、仙波が上洛、榊原茂芳《さかきばらしげよし》（河南宣）・正木基之《まさきもとゆき》（山東宣民。宣撫官・新民会をさす）・堅達月然《げんだつげつぜん》（河北宣民）の三氏と会談した。廟建立の経過報告をおこない、全国宣友会の事業として推進するよう依頼・確認した。五月十一日、白浜温泉全国宣友会総会に仙波・松尾浩章・松尾末彦（山西宣二）の三名が出席。建立趣意の説明、経過報告、請願をおこない、全員の賛同と激励をえた。五月二十七日には宣撫廟の設計図が完成した。

六月三日、松尾末彦・江頭知実《えがしらともみ》（山西宣四、図7）・笠実・矢野俊夫・梅野明・仙波郁文・松尾浩章が興晋会宮崎大会に出席、廟建立についての協力に感謝するとともに、今後のさらなる助力を要請した。九月十五日、筑宣会の全員参列のもと、宣撫廟の地鎮祭がおこなわれた。十二月二十日には宣撫廟の上棟式があり、不断院檀徒総代、実行委員会全員のほか、地元の有志も参列した。

五十年（一九七五）五月三十一日、宣撫廟の落慶法要があった。出席者は宣友（元宣撫官）三十七名、遺族九名、地元の有志・建築業者四十名など計八十六名にのぼった。法要の導師は仙波僧正のほか、僧侶二名が担当した。焼香は榊原茂芳会長にはじまり、遺族代表の川畑マスエ（川畑宗篤《かわばたむねあつ》宣撫官の未亡人）につづいて、参列者が順次執りおこなった。その後、榊原会長が挨拶、川畑マスエが謝辞を述べたのち、八木沼春枝（八木沼丈夫未亡人）のほか、祝電多数が披露された。法要の司会は笠実が担当した。廟前にて記念撮影後、全国宣友会総会（大本山善導寺光明殿）が開催され、同山法主宮本文哲大僧正が祝辞を述べ、奉讃会の結成が決議された。

やや微に入り細を穿って年月日を追いつつ、宣撫廟建立の経緯を紹介してきた。そこに一貫していたのは、建立の中心的な役割を果たしていたのが筑後宣友会だったことである。

九州出身の宣撫官を中心に結成されたと推測されるこの親睦団体は、当初会員十四名であったようだ。その十四名とはおそらく、後述する『宣撫廟建立趣意書』に見える十九名の九州出身の宣撫官——松尾浩章・梅野明・仙波郁文・笠実・良永哲夫《よしながてつお》（以上、久留米市）、松尾末彦・平田五郎（河北宣五）・小石原宗一《こいしはらそういち》（山西宣二）・中妻三省・末安茂一郎・帆足彦之助《ほあしひこのすけ》（山西宣七、以上、福岡市）、藤田春雄（荒尾市）、江頭知実・金子年光（河北宣五、以上、大川市）、矢野俊夫（田主丸町）、石井正二（河北宣七、小郡市）、平田琢磨（筑後市）、山口光夫（河北宣五、八女郡）、大谷桂介（太宰府町）——のいずれかであろう。

これら十九名は『趣意書』執筆段階における筑後宣友会の会員と考えられる。なぜなら「発起人」には、九州以外の出身で宣撫廟建立に尽力した者として榊原茂芳（京都）・正木基之（大阪）・児玉美行《こだまよしゆき》（山西宣二、東京）・沼田宰三《ぬまたさいぞう》（山西宣三、東京）・蓮井敏雄（山西宣四、兵庫）ら二十四名があげられているが、彼らとは明確に区別されていたからだ。

とりわけ仙波郁文は、昭和十九年（一九四四）四月に養父の後を継いで不断院第四十一世住職となり、四十八年（一九七三）七月四日には宣撫廟の敷地として不断院境内の土地九十九坪を提供しているから、彼が筑後宣友会の会員として宣撫廟建立の中心的役割を担ったことは疑いない。

むろん、筑後宣友会だけでなく、昭和四十八年五月二十九日には全国宣友会、同年七月十四日には興晋会と、宣撫官や中国山西省に関わる親睦団体の会合に、笠実がいずれも出席し、趣旨説明、協力要請をおこなっている。

本書の冒頭でも紹介したように、戦後昭和三十七年（一九六二）に撫順戦犯管理所から帰国した笠実は、おそらく帰国後まもなく筑後宣友会の結成に加わったのであろう。宣撫廟の建立にも積極的に参画していた。中国での長期間にわたる監禁・抑留ののちにあっても、宣撫官としてのアイデンティティは笠の心のうちに深く根づいていたことをうかがわせる。

宣撫廟の建築様式には、長崎県の崇福寺と佐賀県の多久聖廟（孔子廟）が参考にされた。崇福寺は寛永六年（一六二九）に福建省出身の華僑によって創建された中国式の寺院、多久聖廟は多久茂文が発願し、宝永五年（一七〇八）に竣工した寺院で、いずれも一部の建築物が国宝・重要文化財に指定されている。

宣撫廟の建立にあたって、これらの寺院が参考にされたのは、さきの日中戦争にまとわりつく「侵略」「反省」「贖罪」といった言葉に単純には収斂されない、宣撫官たちの中国への親近感にも似た深く特別な〝想い〟があったからに相違ない。実際に宣撫廟は中国式の建築物として完成した。

宣撫廟はなぜ建立されたのか

こうして無事に落成した宣撫廟であったが、そもそも、どうして宣撫廟は建立されたのか、私の心には若干の疑問が残った。これは当時、全国的に活発に展開されていた戦友会の結成・活動とパラレルな関係が想定されるような気もする。

戦後日本の全国各地に無数に誕生し、戦没者の慰霊、生き残った者の交流など目的とした戦友会（同じ部隊に所属したり同じ艦艇に乗っていたりした者たちが結成した団体）については、高橋三郎・高橋由典・吉田純・伊藤公雄・新田光子らによる『共同研究　戦友会』（インパクト出版会、二〇〇五年）がアンケート調査や参与観察など社会学的手法を用いつつ詳細な研究をおこなっている。

ノンフィクション作家の保阪正康も「戦友会の八月――戦後半世紀、元兵士たちは何を想い集うのか」（『文藝春秋』一九九四年八月号）で戦友会をたずね、当時（戦後五十周年）、戦友会が慰霊の会から研究機関や交流の場へと転換を試みていたことを紹介した。

宣撫官が関わった宣友会や興晋会はともに戦友会の一つと考えることもできるから、全国戦友会の動向との共通点を見ることも重要ではある。だが、もしかしたら宣撫官には宣撫官ならではの独自の理由があった可能性も捨てきれない。

前述のとおり、昭和五十年（一九七五）五月三十一日に宣撫廟の落慶法要が執りおこなわれたさい、出席者は元宣撫官三十七名をはじめとする計八十六名であった。全国宣友会会長の榊原茂芳、八木沼丈夫夫人の春枝らが出席したほか、笠実が司会を務めるなど、錚々たる顔ぶれがそろっていた。

落慶法要にさきだって送付された『宣撫廟落慶法要御案内』には「合掌。宣撫廟の建立につきまして御協力賜りましたことを心からお礼申し上げます。おかげさまをもちまして、この四月に完成致しました。八木沼丈夫他一六一名の宣友を過去帳に登載してお祀り申し上げました」とあって、宣撫廟に八木沼丈夫以下百六十名以上におよぶ宣撫官関係者が祀られた。

この落慶法要については『朝日新聞』と『読売新聞』がそれぞれ取り上げて報道している。

昭和五十年六月一日の『朝日新聞』に掲載された「宣撫廟が完成　戦時の遺影165人まつる　久留米」にはこう綴られている。

《戦時中、中国北部一帯で難民の救援活動に当たった旧日本軍宣撫班関係者の霊を慰める「宣撫廟」が、久留米市善導寺町の不断院（仙波郁文住職）の境内に完成、三十一日午後、関係者七十五人が出席して落慶法要がおこなわれた。宣撫班は昭和八年、歌人で当時の満州国要人だった八木沼丈夫氏を総班長に結成され、日本軍が占領した地域の住民の治療、食糧の確保、農業活動の再建、などに従事したが、あとに八木沼総班長と軍部の意見が合わなくなり、十六年に解散した。廟の建設に当たったのは、当時の宣撫班関係者で組織する全国宣友会（榊原茂芳会長、約四百人）。……閻魔（えんま）大王を本尊に百六十五人の遺影がまつられている。仙波住職の話によると、八木沼総班長は赤十字的な活動が本来の目的であった。ところが、軍部が侵略を重ねるにつれて、宣撫班の活動も本来の目的とはずれるようになり、八木沼総班長はついに軍部と衝突、辞職した、という。宣友会ではこんご、当時の活動状況に関する資料を集め、廟には日本人ばかりではなく、通訳などをしていた中国人や朝鮮人の関係者の霊もいっしょにまつり、日、中、朝間の恒久平和を祈願していく、という》

一方、同日の『読売新聞』にも「宣撫廟が完成」と題された記事が見える。

《中華事変ぼっ発後、戦火で混乱する中国大陸で、現地の人に医療品や食糧供給などの活動をつづけていた民間人団体宣撫班を記念して、宣撫廟が久留米市善導寺町の不断院（仙波郁文住職）境内に完成、三十一日落慶法要がおこなわれた。法要には、元宣撫官で結成している宣友会（本部京都、榊原茂芳会長）の関係者など約百人が出席、亡くなった宣撫官たちの霊を慰めた。当時宣撫官として活動した不断院住職の仙波さんをはじめ、久留米市在住の松尾浩章さん、笠実さんなどが『戦争に協力する形になったとしても、本質は平和団体だった宣撫班の意義を後世に伝えよう』と宣撫廟の建立を思い立ち、三年前から全国宣友会に呼びかけ、約千三百万円の資金を募っていた。本造の中国風建物で、中には百六十六人の宣撫官の霊がまつられている》

『朝日新聞』と『読売新聞』の記事を並べて比較してみると、宣撫班それ自体については、『朝日新聞』が「中国北部一帯で難民の救援活動に当たった旧日本軍宣撫班関係者」、『読売新聞』が「中華事変ぼっ発後、戦火で混乱する中国大陸で、現地の人に医療品や食糧供給などの活動をつづけていた民間人団体宣撫班」と紹介し、難民救援、医療品・食糧供給といった、北支を中心とする中国大陸における宣撫工作の内容から説明している。『朝日新聞』はさらに「日本軍が占領した地域の住民の治療、食糧の確保、農業活動の再建、などに従事した」とも記しており、宣撫班の活動を幅広く、かつ肯定的・好意的に評価・報道している。

ただし『朝日新聞』には「旧日本軍宣撫班」、『読売新聞』には「民間人団体宣撫班」とあって、一見矛盾を感じさせるような表現も見られる。正確にいえば、宣撫班は旧日本軍の嘱託であったため、報道機関も宣撫班の性格についてやや曖昧なまま不正確な書き方をしたのではないかと思われる。宣撫官に対する戦後日本社会の認知・評価にも難しいところがあったのもうなずける。

また『朝日新聞』の記事で興味深いのは、宣撫班総班長八木沼丈夫と軍部との関わりについて詳述していることだ。仙波住職からの聞き書きとしたうえで、「赤十字的な」活動を目的とした宣撫班が軍部と次第に対立するようになり、昭和十六年（一九四一）に解散、八木沼も辞職したとされている。ここにも総班長八木沼丈夫の宣撫班に果たした役割の大きさが感じられる。

宣撫廟建立の報道において最も注目すべきは、元宣撫官たちがどのような気持ちから宣撫廟を建てたのか、自己をどのように認識しているのかという点である。『朝日新聞』によれば「日、中、朝間の恒久平和を祈願していく」、『読売新聞』によれば「戦争に協力する形になったとしても、本質は平和団体だった宣撫班の意義を後世に伝え」るためであった。これらの内容は宣撫官たちみずからの発言をもとに記載されたものかと推測されるが、宣撫官たちは客観的にはアジア太平洋戦争（大東亜戦争）に加担することになったと認めつつも、主観的には「平和団体」であったと強調している。これを後日の言い訳だと批判するのは簡単だが、少なくとも元宣撫官たちが戦後においてこうした客観的・主観的な認識を区別しつつ保持していたことは見過ごしてはならない。

宣撫官を評価しようとするとき、白黒はっきりさせようとする極端な議論にしばしば出くわす。たとえば、宣撫官が中国大陸でおこなった日本語教育や天皇崇拝の強制などを根拠に「文化侵略」とか「奴隷化教育」とかいうレッテルを貼ろうとするのは、その代表例といえる。しかし、レッテル貼りだけでは冷静な分析は期待できないし、そもそも結論ありきの議論にしか見えない。戦場となった当事国の人びとから見れば、宣撫官への批判は致し方ない側面もあるが、宣撫官の性格を彼らの活動や意識に即しつつ見定めようとすれば、個々の具体的事実は明確に腑分けされるべきである。

宣撫官の性格については、これまで繰り返されてきた侃々諤々の議論も踏まえながら考えてみる必要がある。宣撫班関係者がほとんど鬼籍に入ってしまった現在だからこそ、結論ありきではなく、彼らが中国で何を考え、どのように行動したか、戦後に何を語ってきたかを丁寧に整理・整頓し、後世に伝えるとともに、新たな議論のあるべき姿を模索しておくことが大切なのではないだろうか。私はこう痛感しないわけにはいかなかった。

元宣撫官たちがどのような気持ちから宣撫廟を建てたか。『趣意書』につぎのような序文が収められていることに、私は気づいた。

《此の趣意書は戦争の事実に基づいて記すものである。あえて戦中の用語をつらねるのも生々しい歴史の足跡を理解しようとするために他ならない。権力と欺瞞に満ちた戦争は日本軍の追撃と敗惨をもって終結を告げるにいたったのであるが、戦史を一貫して流れる日本人の真実の心を宣撫班に見ることができる。その編成と活動が天皇の御心に沿い奉るものであったとしても、人間としての真実の心、すなわち戦争を怖れ平和を祈る心は国家の意思を超えて、脈々と戦禍の大地に貫かれたのである。そうであったとしても、吾々が宣撫班要員として戦地に赴いたことは偶然の任務であった。兵隊として戦った人々も不幸にして必然の任務を負ったのである。平和を愛する心に区別はない。それは国家や民族を超越した人類普遍のねがいである。戦争は数千万の人間を殺戮している。宣撫廟建立の願いは一掬の水をもってよく大海の意を知らんとするものであり、永遠に眠る犠牲者の声なき声に応えんとするものであることを記して序となす》

この序文には、宣撫廟建立の背景にある、元宣撫官たちの心情と自負がよく表現されている。われわれ宣撫官の活動はたしかに天皇の御心に沿うものではあったが、そもそも宣撫官こそが「真実の心」=「戦争を怖れ平和を祈る心」を自然に体現したものであって、これを「戦禍の大地」である中国大陸にもたらしたのだ。国家や民族の境界を超越すること、宣撫廟はこうした意を代表するものとして犠牲者の御霊を祀るのだと宣言している。

序文につづく「宣撫班の創始」には、宣撫班がいかに精神的な支柱としての総班長八木沼丈夫に依存していたかが示されている。

《宣撫班の創始者は歌人八木沼丈夫である。八木沼丈夫――明治二十八年十一月四日――昭和十九年十二月十二日。福島県に生れ、北京に歿す。金子雪斎に漢籍を学ぶ。昭和四年「満州短歌」を創刊。昭和五年満鉄弘報主任として茂吉を招聘、満州旅行に随伴した。以後茂吉を師表として終生変わらなかった。昭和七年関東軍嘱託。昭和八年熱河に従軍し、はじめて軍に宣撫班を組織。昭和十二年より北支軍宣撫班総班長として活躍、のち軍と相容れず退いた。昭和十六年「短歌中原」を創刊。歌集「長城を踰ゆ」(昭和八年)のほか「討匪行」その他多くの作詞あり》

『趣意書』はたんなる建立の趣意書ではなく、宣撫班それ自体の創設から説きおこし、創設者たる八木沼丈夫の簡歴や短歌を掲げるなど、宣撫班紹介の小冊子のような体裁をとっていた。八木沼については後述するが、ここにもその為人《ひととなり》をうかがうことができよう。

八木沼自身がアララギ派歌人であって斎藤茂吉に師事したこと、満鉄弘報主任・関東軍嘱託・宣撫班総班長を歴任したことは比較的に知られた事実である。八木沼が漢学者金子雪斎に学んだという点はあまり知られていない。金子は大連に居住していた国粋主義者・アジア主義者として著名な人物であり、国語新聞『泰東日報』の社長を務めた。著書には『雪斎遺稿』（大連、振東学社、一九三七年）がある。『雪斎先生遺芳録』（大連、振東学社、一九三八年）には、八木沼が中野正剛、三宅雪嶺らとともに「雪斎先生忌」「恩師頌」と題した短歌を寄せている。「恩師」の言葉に見えるように、八木沼が金子の思想の影響を強く受けていたことは疑いない。

昭和八年（一九三三）、八木沼は満州事変後の熱河攻略作戦に参加した。これは熱河・河北両省における日本軍の軍事作戦であり、承徳・古北口・喜峰口などを占領した（臼井勝美『満洲国と国際連盟』吉川弘文館、一九九五年、内田尚孝『華北事変の研究』汲古書院、二〇〇六年）。本作戦を契機として宣撫班の創設・投入が決定、八木沼が宣撫班総班長に任命されたとされる。つづいて、八木沼の短歌二首をあげ、かなり詳細に説明を試みている。

《短歌二首

天地にひとり喚ばはむ国さかるいさごの上に血潮したたる

くろくろと面細り立つ農夫等のこゑはむらがり来る

……短歌二首、歌人八木沼丈夫の人生とその魂魄を知るに足る。一詩人の発想提言が軍部を動かし、軍編成の一翼を負うにいたった経緯は明らかでないが、昭和五年、満鉄弘報主任から昭和七年、関東軍嘱託となるにおよんで、その間、軍首脳部に接触、交渉があったことは容易に想像されるところである。

昭和八年、熱河作戦に参加従軍した彼の目に戦争という人間の行為がどのように映じたか、前記二首の短歌を閲するに明白である。……大日本軍宣撫班は日本人としての彼が、情熱と叡知を凝縮して、殺戮の肱野にひるがえした愛と平和の御旗だったのである》

右の二首の短歌は熱河作戦のさいに詠まれた。解釈を見ると、第一首は「抗し難いときの勢い、怒濤の進撃を阻む力はどこにもない。天地にひとり叫喚、遠く離れた異民族の地をあえて血塗らんとする罪悪と悲惨」、第二首は「硝煙と黄砂に塗れた農民の貌、茫漠の大地に悠久の生をいとなむ華北の民族に寄せる作者の愛情が背後にひそむ歌である。飢餓と怒りに面細り立つ農民の声なき声」とあり、八木沼の視点が戦禍に巻き込まれた中国民衆にあることは明白だ。アララギ派歌人らしく農夫らの姿を写実的に描写し、みずからの心痛を吐露している。末尾で大日本軍宣撫班を「愛と平和の御旗」と表現しているところなどは八木沼の思想の根幹を強く看取できる部分であるといってよいだろう。

宣撫廟と靖国神社

『宣撫廟綴』を読みすすめるなかで、戦後かつての宣撫官たちが福岡県久留米市の仙波和尚の協力のもと、不断院境内に宣撫廟を建立し、精神的支柱であった八木沼丈夫をはじめ、多数の宣撫官たちの御霊を祀ったこと、しかも宣撫官のみならず戦禍に犠牲になった外国人関係者をも併せ祀ろうとしていたことなどを私は確認した。

次に私が知りたくなったのは、宣撫官自身は宣撫工作のなかにいかなる信念を有していたのかという点であった。『趣意書』に回答をさがしてみると、「宣撫班の使命」と題された一文があった。私の目はそこにとまった。

《宣撫とは「上の意を宣べて下を恤《あわれ》むこと――宣撫使。唐の憲宗、元和十四年、楊於陵《ようおりょう》が淄《し》、青等州の宣撫使に任ぜられたに始まる」。……天皇は深く戦禍の拡大を憂慮され給うたにもかかわらず、軍部過激派の強行如何ともしがたく、全軍玉砕の無知と無謀に走った。断腸の思いから宣撫使――宣撫班を軍に組織すべく、決意は燎原の火と燃えたのである。大和の至誠、愛と平和の日章旗を進めることが、大日本軍宣撫班の使命だったのである」》

宣撫の語がかつての中国唐代の宣撫使に由来するという歴史的背景を述べるとともに、天皇の憂慮にもかかわらず、「軍部過激派」が暴走したため、やむなく「大和の至誠、愛と平和の日章旗を進める」大日本軍宣撫班が戦場に投入されたとする。ここでも天皇を擁護し、無謀にも暴走した軍部を批判する、元宣撫官のアジア太平洋戦争（大東亜戦争）に対する認識、とくに天皇から授けられた使命感といったものを感じ取ることができた。

つづく「宣撫班の活動」にも、中国大陸における宣撫班の活動をいっそう中国の一般民衆レベルまで降ろしたかたちでの説明がなされている。やや長文だが、宣撫官自身の解釈に耳を傾けてみたい。

《宣撫班要員は白地に真紅の「大日本軍宣撫官」の文字が刺繍された腕章をうがった。現地北京で、中国語・中国地理・大東亜新秩序理論等の講習を受け、ただちに現地に派遣された。任地では民家を借りて「大日本軍宣撫官」の看板を掲げた。前線は夜昼絶え間なく銃砲弾にさらされていた。傷ついて血に染まる老人や子供たちが来た。ほうたいを巻いてやり、薬を与えた。砲弾が前庭に落ちて大きな池をつくった。低空掃射を浴びて、銃弾が屋根にはじけた。子供をかばい、老人を隠した。吾々は中国の民衆に恨みを抱く理由がなかった。戦争の目的と個人の「願い」とは異質のものである。領土、権益というも所詮は「くにさかるいさごの上の」民族の所有ではないか。吾々は相擁して戦争を怖れた。……軍が移動するとき、宣撫班は大きな荷物になった。歩けない老人や女、子供たちを砲車の上に乗せてもらったりした。鍋、釜の類も結わえた。移動はほとんど深夜におこなわれたので暗く、星の明りが頼りであった。宣撫班は何をしとる――。手探りの引越し準備が軍の迅速にそむいた。宣撫班は心の通い合った日中韓民族の一族一家であった。両国戦闘の谷間にあっておろおろと戦争を憎み平和を祈った。昭和十五年、宣撫班総班長八木沼丈夫は軍と相容れずその職を退いた。宣撫班が発展的統合の名の下に華北新民会に合流し、その本来の組織を解散したのもこのときであった。宣撫班の活動は軍の方向に反するとが多く、勲章は勲八等を賜ったにとどまる。しかし、戦争という国を挙げての激流に立って、微力ながらも日中韓人民の間に友愛の心をつらぬいたことは、今次戦史の一頁に貴重の記録をとどめ、日本人の永久の誇りとするに足るであろう》

右に縷々述べられている、戦場における宣撫班の活動は、宣撫官たちの実体験に基づいたものであって、必ずしも自己の正当化を意図したものとはいえない。

むろん、宣撫官とて聖人ではありえないから、口を閉ざして語らない、思い出したくない、忘却したい部分もあろうが、彼らが中国民衆の生活にまで思いをいたし、可能なかぎりで彼らに手を差し延べようとしたことは間違いない。

こうした事実は軍部との最大の相違点であった。それがときとして軍部と衝突し、矛盾・対立すら惹起させる結果となった。宣撫官たちは中国大陸の民衆の真っ直中にあって、みずからの存在意義に誇りをもち、軍部の暴力的なやり方に反感を抱いていた。軍部との対立は最終的に宣撫班の解散と新民会への統合（菊地俊介『日本占領地区に生きた中国青年たち――日中戦争期華北「新民会」の青年動員』えにし書房、二〇二〇年）、および総班長八木沼の辞職によって頂点・決着を迎えた。

　こうした状況にあっても、宣撫官たちは八木沼を支持しつづけ、「日中韓民族の一族一家」という内在的な価値観を堅持し、戦後においてすら「今次戦史の一頁に貴重の記録をとどめ、日本人の永久の誇りとするに足る」と主張しうるほど、強く確固たる信念を有していたのである。

　さらに「宣撫廟建立の願い」という短文のなかにも、宣撫官たちの八木沼への尊敬の念、宣撫官としての誇りが表現されている。

《血潮したたる黄砂の上、愛と平和の旗をすすめ、面細り立つ農夫等と心をむすび、戦争を怖れて憎み、友情に満ちた世界を求めかけめぐり、国さかるいさごのはてに、みずからの血をも捧げた、友の魂魄を祀り、四季の花をささげ清浄の水を献じ、日中韓友好の灯を永久にともしつづけよう、生きて祖国に帰り、日中韓国交回復の日を青天に迎えた吾々の手に土を盛り、垣を結い、一宇を建立して不滅の心を子孫に伝えんと同志相携えてこいねがうものである》。

　これはさきの八木沼の短歌二首を明らかに下敷きにしている。八木沼とその指導のもとにあった宣撫官たちの功績を後世に伝え、日中韓三国の友好平和を祈願することこそが宣撫廟建立の目的だというのである。

　そうした目的は「宣撫廟の行事」にも明確に表れている。建立後の宣撫廟では、

①宣撫班に関係した日中韓国要員の御霊を祀る
②今次戦争犠牲者の御霊を祀る

③宣撫班関係者の資料を保管する
④慰霊祭を挙行する
⑤日中韓国親善のための文化行事をおこなう

などが実施される予定であった。これら①～⑤の記載を見るかぎり、宣撫官にとっての宣撫廟はまさに軍人・軍属にとっての靖国神社に類似したものであった。少なくとも現実に軍の嘱託であった宣撫官は靖国神社には祀られていない。宣撫官の招魂・慰霊・顕彰を目的に宣撫廟が建立されたと推測してもよいのではないか。

この推測が必ずしも的外れではないことは、宣撫廟の建設にはある種の懸念の声もあったことからも導き出される。『宣撫廟建立浄財懇請書』には、いくつかの質疑応答が記録されている。ちなみに回答は宣撫廟建立実行委員会、メンバーは委員長の梅野明、副委員長の平田五郎、事務局長の松尾浩章、藤田春雄（以下、委員）、笠実、江頭知実、平田琢磨、山口光夫、金子年光、矢野俊夫、仙波郁文の計十一名がおこなっている。

質問四　それぞれ個人でおまつりすればよい、廟を建てるまでもないと思いますが。

答　四　宣友の一人一人が亡き同志の霊をまつるというそのことに深い敬意を表します。宣撫廟は寺院、教会と同じ仏堂であります。共願共行、同心同行の社会性の上に立つものであります。

質問六　靖国神社と似たようなものになりませんか。

答　六　戦後日本人の思考がどのようにうつり変ってきたか御承知のことと思います。国家と国民を結ぶ神の信仰などもはや歴史を学ばねばわからぬ時代になっています。懸念されること自体が懸念されてよいのではありますまいか。

質問七　廟を建てなくとも記念碑ぐらいでよくはありませんか。

答　七　お位牌にはお位牌の、記念碑には記念碑の、廟には廟の夫々の意味があります。つまりは心の相違に帰せられるかと思います。

質問八　一宗派に片寄ることに若干の抵抗を感じますが。

答　八　宣撫廟は超宗派を建前と致します。決して念仏の道場として建てるのではありませんが、しかし、難かしい問題だと思います。

このように宣撫官や関係者からも宣撫廟建立自体に疑問が呈されていたようだ。浄土宗の不断院の住職が管理し、儀式・行事をおこなうことにも抵抗を感じたらしい。実行委員会の側は超宗派を主張したが、現実には仙波和尚を中心に浄土宗の形式にのっとった宗教行事が執りおこなわれている点に疑問を投げかけるむきもあった。

とりわけ質問六は、現在の感覚で見てももっとも敏感であり、宣撫官たちの関心を惹きつける問題であったことは容易に想像される。しかし注意を要するのは、当時すなわち昭和四十四年（一九六九）から四十九年（一九七四）にかけて「靖国神社法案（靖国神社国家護持の実現）」が議員立法案として自由民主党から提出されて物議をかもしていたが、中国政府がそれを批判するなど、国際問題化するのは六十年（一九八五）の中曽根康弘首相による参拝以降のことであった（西川重則『靖国法案の展望』すぐ書房、一九七六年）。したがって、宣撫官たちが靖国神社を引きあいに出しながら何に対して懸念を表明したのかは、慎重な判断を必要としよう。

右の一連の問答を振り返ってみると、宣撫廟建立それ自体の必要性の有無、かりに建立するとしても宗教性を帯びた施設ではなく、むしろ記念碑程度におさめるべきか否かが問われている。つまり「靖国神社法案」でも問題となっている政教分離が念頭にあって、建立の是非が議論されているかのように見える。宣撫官たちは最終的には質問八のように、宣撫官の功績を記念することに問題はないものの、記念碑ではなく、あえて宗教性を帯びた施設を建てること、建てるにしても特定の宗派によることに危惧を感じたのであろう。将来的な政治家の参拝までをも考慮に入れたとは考えにくいが、宗教性を帯びないよう求める声もあったのも事実であった。

総班長八木沼丈夫がアララギ派歌人であったように、宣撫官たちもじつに多くの短歌を残している。アジア太平洋戦争当時はみずからの心情を吐露する方法の一つとして短歌が頻繁に用いられた時代であったことはさきに述べた。短歌を詠むという表現方法には興味深いものがあるものの、宣撫官が残した短歌の数はあまりにも多いため、すべての短歌を読んでその心のひだまで解釈することは現実的には不可能だ。

『趣意書』の末尾にも「宣撫班」を御題とした詠進歌十一首が掲載されていた。すでに宣撫廟の仙波和尚の短歌を紹介したが、ここでももう少し他の宣撫官たちが詠んだ短歌を読みながら、彼らの心のうちに迫ってみたい。

あたたけきなさけの露によみかへるから撫子のかすやいくばく

われら宣撫官の温かな慈愛の露によって、一斉に蘇生する唐撫子のように救われる中国人たちの数はどれほどになるのであろうか。さぞかし大勢になるであろう。

からにしき織るそ今なる国こそり大和心をたてぬきにして

唐錦を織るのはまさにいまだ。国中皆が一丸となって、大和心を縦糸にして、天皇の恩寵をもって中国を織ろうではないか。

まことをは火つつにかへてときさとす務たふとし神なからにて

明かき、清き、直き、誠の心を銃砲にかえて、まつろわぬ者たちを教導する任務はまことに貴い。これこそわが国の神ながらの精神である。皇祖の神々の御心のままに務めようではないか。

みめくみの露のつたふる春かせに靡きふすらむもろこしかはら

西国に恩頼（みたまのふゆ、天皇の恩恵）の甘露を伝える、東国の日本から吹く春風に、きっと泣き伏すであろう、唐土の地は。

もろこしの荒野の原にみちひらく人のちからをおもひこそやれ

唐土の未開の原野に文明の道を拓く人びとの力をありがたく思わないではいられない。

みいくさの強きもあれとねもころに仇をさとして人のめくれる

皇軍の強さもあろうけれども、十分に敵を諭していこうと人びとが縦横に啓蒙しつつある。

へたてなくそそけ荒野の民草をよみかへらせむみめくみのつゆ

分け隔てなく注ごうではないか、荒れ果てた原野の人びとを蘇らせる天皇の恩寵の露を。

おしなへて朱に染みたるから絲のもつれ解かなむ大和をみなら

何もかもが赤色に染まりきった唐糸（中国人）の、もつれきった心をきっと解きほぐしてくれるであろう、日本女性らであることよ。

みめくみのつゆにぬれつるもろこしのはらの民草おきかへるらむ

恩寵の露に浴して、もう倒れ伏していた唐土の人びとは、頭をもたげて起きかえるに違いない。

さまよへる国人らにもあたたけき手をさしのへて業授けつつ

家を失い放浪しなくてはならない国の人びとらにも、どうか温かな手をさしのべて、彼らに生業を授けつつ。

春風にひとしきくにとしらせなむ焼野にのこるくさをなてつつ

わが国は決して蛮行の国ではないのだ、あたかも春風のように優しい国なのだと教えて欲しい。焼け野原に残る草木を撫でるように人びとを慰撫しつつ。

具体的な読み手がだれだかわからない短歌ではあるが、いずれも宣撫官たちのかつての中国大陸での戦争に対する思いが写実的に生き生きと伝わってくる。アララギ派歌人の八木沼丈夫の影響であろうか。それほど難しい表現は用いられておらず、景色や感情がほぼストレートに紡がれている。キーワードは「天皇の御心（恩寵）」「中国民衆への慰撫」「宣撫官の慈愛」だ。ここに若き宣撫官たちの純心・信念を見いだせると同時に、中国民衆に対するやや〝独りよがり〟にも見えるほどの「慈愛」「憐情」「同情」の言葉が書き連ねられている。

これはのちに「宣撫の思想」を考えるときの重要なポイントとなるが、宣撫官たちはさまよえる中国および中国民衆に対する、「天皇の御心」を有する日本人の指導に基本的に信頼の軸足をおきつつ、宣撫の〝正しさ〟を正面に押し出している。私には宣撫官の〝純粋さ〟は十分に理解できたものの、その〝正しさ〟にまったく疑念を示さないことに宣撫官たちの共通点が感じ取られるとともに、ややもすれば〝独りよがり〟な幼稚さを覆い隠せない未熟な思考を感じられずにはいられなかった。

宣撫廟に集う宣撫官たち

宣撫官たちが在世中に生き生きと活動していたころの宣撫廟では、実際にどのような行事が催されていたのか、私は知りたくなった。現在の宣撫廟は、宣撫官本人はもちろん、遺族の方々でさえ足が遠のき、お堂のなかには埃が積もるほど、だれも足を踏み入れなくなっていた。かつて中国大陸から戻ったばかりだった宣撫官たちは、ここに集って何に思いを馳せつつ、どのような儀式をおこなっていたのか、その光景を再現してみたかったのだ。

前述の宣撫廟落慶法要につづき、昭和五十一（一九七六）年四月十七日には、滋賀県今津町市ヶ崎湖畔にて開催された全国宣友会総会において、宣撫廟全国奉讃会が結成された。実質的な宣撫廟の運営母体が誕生したのである。本部事務局は全国宣友会本部に併置され、支部事務局は宣撫廟におかれた。会の財源は会員の会費と寄付金によるものとされた。

『宣撫廟全国奉讃会規定』によれば、当会は「戦争を憎み平和を求め国境民族を超えて愛の手をさしのべた宣撫班の原点を尊重し、同志の霊を祀る宣撫廟の永久護持に当たり、生存者同志の友好を深め、定めるところの行事をおこない、世界の平和維持に微力を捧げる」（第一章総則、第三条会の目的）という目的のもと、「一、華北で宣撫官として宣撫活動に従事した者（新民会・県連絡員・合作社・労工協会員をふくむ）。二、通訳もしくはその他の要員として宣撫活動に従事した者。三、一および二の遺族。四、その他国籍を問わず目的に賛同される一般有志」（第二章会員・役員、第四条第一節会員）など、宣撫官に限定されない比較的広い対象の人びとが集い、さらに会員のなかからつぎのような面々が本部・支部役員として推薦され、実際に運営・実行にあたった。

本部役員

会　長　榊原茂芳（京都）
副会長　正木基之（大阪）、松尾末彦（福岡）、金川良一（河南宣五、石川）
事務局長　岸本清夫（山東宣、滋賀）
参　与　児玉美行（東京）、小野武雄（河南宣五、大阪）、木下光三（山西宣四、岡山）
大和田武（徐州北京宣五、北海道）、大森《おおもり》恵《け》以《い》一郎《いちろう》（河南宣五、新潟）
加納正一（華北省宣民労、愛知）、藤田清市（山東宣、香川）、加須井直（山東宣五、鳥取）
堅達月然（大阪）

支部役員

支部長　梅野明（福岡）
副支部長　平田五郎（福岡）、藤田春雄（熊本）、笠実（福岡）
事務局長　松尾浩章（福岡）

参　与　江頭知実、平田琢磨、山口光夫、仙波郁文、金子年光、矢野俊夫、門屋利続《かどやとしつぐ》

（山東宣三、以上、全員福岡）

これを見るかぎり、本部には全国宣友会、支部には筑後宣友会のメンバーがそれぞれ就任し、宣撫廟の建立・運営には実質上、宣友会が深く関わっていた。笠実も副支部長に名をつらねた。

なお木下光三は、木下サーカス創業者の木下唯助《きのしたただすけ》の婿養子で、昭和三十四年（一九五九）に二代目団長に就任した人物である。またここに名前は見えないが、一九七九～九五年まで四期十六年、東京都知事を務めた鈴木俊一もかつては宣撫官（山西）だった。

宣撫廟全国奉讃会が担うべき行事としてはつぎの五点があげられている（第三章行事）。

一、本会は毎年定期に宣撫廟において慰霊祭をおこなう。

二、本会は毎年一回会員総会ならびに役員会を開く。ただし全国宣友会総会と同時におこなうこともできる。

三、報告誌『宣撫廟』を発行し、御廟ならびに会員の消息に資する。

四、宣撫班の資料を収集し、御廟に永久保管する。虫干しを兼ねて年に一回公開する。

五、会員死亡時には弔使を参拝させることを原則とし、若干の香花料を供える。ただし、事情により弔電をもって弔使に代えることもできる。また現地支部長は宣撫廟発祀の手続きをおこなう（宣撫班関係者および遺族にかぎる）。

二つ目の記述から見れば、宣撫廟全国奉讃会と全国宣友会は組織のうえで実質的にほぼ重なっていると断定してよいだろう。また『趣意書』の「宣撫廟の行事」と比較すると、慰霊祭の開催、資料の収集・展示など内

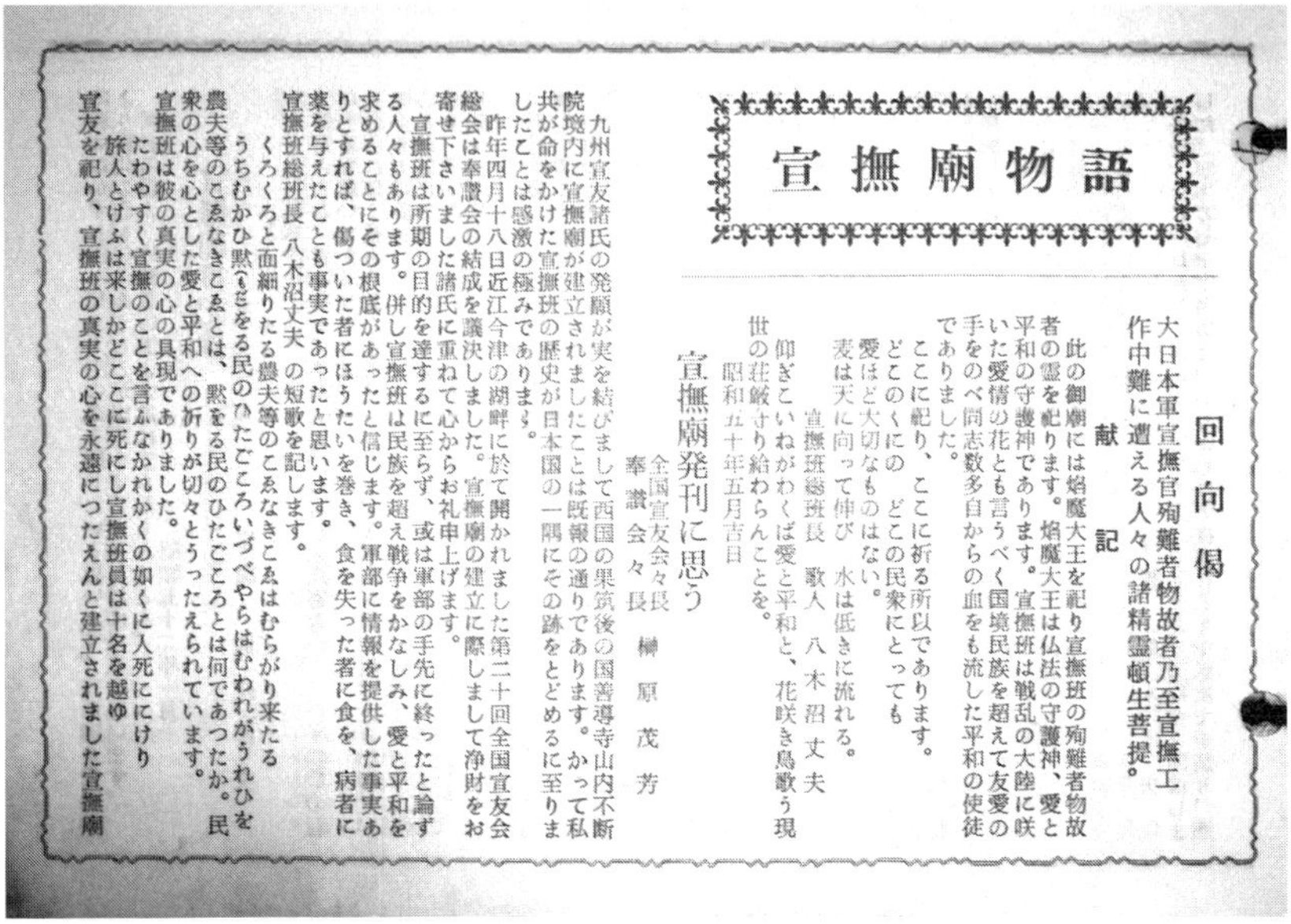

宣撫廟物語

回向偈

大日本軍宣撫官殉難者物故者乃至宣撫工作中難に遭える人々の諸精霊頓生菩提。

献記

此の御廟には焔魔大王を祀り宣撫班の殉難者物故者の霊を祀ります。焔魔大王は仏法の守護神、愛と平和の守護神であります。宣撫班は戦乱の大陸に咲いた愛情の花とも言うべく国境民族を超えて友愛の手をのべ同志数多自からの血をも流した平和の使徒でありました。

ここに祀り、ここに祈る所以であります。

どこのくにの　どこの民衆にとっても
愛ほど大切なものはない。

宣撫班総班長　歌人　八木沼丈夫

麦は天に向って伸び　水は低きに流れる。
仰ぎこいねがわくば愛と平和と、花咲き鳥歌う現世の荘厳守り給わらんことを。

昭和五十年五月吉日

宣撫廟発刊に思う

全国宣友会々長
奉讃会々長　榊原茂芳

九州宣友諸氏の発願が実を結びまして西国の果筑後の国善導寺山内不断院境内に宣撫廟が建立されましたことは既報の通りであります。かって私共が命をかけた宣撫班の歴史が日本国の一隅にその跡をとどめるに至りましたことは感激の極みであります。

昨年四月十八日近江今津の湖畔に於て開かれました第二十回全国宣友会総会は奉讃会の結成を議決しました。宣撫廟の建立に際しまして浄財をお寄せ下さいました諸氏に重ねて心からお礼申上げます。

宣撫班は所期の目的を達するに至らず、或は軍部の手先に終ったと論ずる人々もあります。併し宣撫班は民族を超え戦争をかなしみ、愛と平和を求めることにその根底があったと信じます。軍部に情報を提供した事実ありとすれば、傷ついた者にほうたいを巻き、食を失った者に食を、病者に薬を与えたことも事実であったと思います。

宣撫班総班長　八木沼丈夫　の短歌を記します。

くろぐろと面細りたる農夫等のこゑなきこゑはむらがり来たる
うちむかひ黙(もだをる)民のひたごころいづべやらはむわれがうれひを

農夫等のこゑなきこゑとは、黙をる民のひたごころとは何であったか。民衆の心を心とした愛と平和への祈りが切々とうったえられています。

宣撫班は彼の真実の心の具現でありました。

たわやすく宣撫のことを言ふなかれかくの如くに人死ににけり
旅人とけふは来しかどここに死にし宣撫班員は十名を越ゆ

宣友を祀り、宣撫班の真実の心を永遠につたえんと建立されました宣撫廟

図８　『宣撫廟物語』創刊号（宣撫廟蔵）

容的にはほぼ重複しているが、唯一『趣意書』にはなかった報告誌『宣撫廟』の発行が加えられていることは注目に値する。なぜなら宣撫廟の建立を契機として活発化する、宣撫官自身からの情報発信が期待できたはずだからである。

宣撫廟全国奉讃会結成にともない、『宣撫廟』なる報告誌の発刊が宣言されたが、実際に発刊されたのは『宣撫廟物語』という名称の小冊子であった（図8）。現在のところ、確認できているのは創刊号から第3号までにすぎないが、宣撫官たちの思いが綴られた貴重な史料と考えられるので、ここで繙いてみることにしたい。

昭和五十二年（一九七七）三月一日に発行された創刊号の冒頭にはつぎのようにある。

回向偈《えこうげ》

大日本軍宣撫官殉難者・物故者ないし宣撫工作中、難に遭える人びとの諸精霊頓生菩提。

献記

この御廟には焔魔大王を祀り、宣撫班の殉難者、物故者の霊を祀ります。焔魔大王は仏法の守護神、愛と平

和の守護神であります。宣撫班は戦乱の大陸に咲いた愛情の花とも言うべく国境・民族を超えて友愛の手をのべ、同志数多自からの血をも流した平和の使徒でありました。ここに祀り、ここに祈る所以であります。

どこのくにのどこの民衆にとっても
愛ほど大切なものはない
麦は天に向って伸び水は低きに流れる
宣撫班総班長　歌人　八木沼丈夫
仰ぎこいねがわくば愛と平和と、花咲き鳥歌う現世の荘厳守り給わらんことを。
昭和五十年五月吉日

この回向偈（亡くなった人びとの冥福を祈る言葉）は発刊の辞の冒頭を飾るにふさわしい。つづく献記とあわせて見れば、宣撫廟が宣撫官たちの鎮魂のために、宣撫官の存在を後世へと語り継ぐために建立されたことが、短い字句のあいだから明確に読み取れよう。

そしてやはり宣撫班総班長でもあり歌人でもあった八木沼丈夫の言葉が引き合いに出されている。このような回向偈と献記から見れば、右の文章は書き手の氏名こそあげられていないものの、宣撫廟住職であり八木沼丈夫に心酔していた仙波郁文によって記されたと断定してよいのではないだろうか。

つづいて全国宣友会会長・奉讃会会長を兼任していた榊原茂芳が「宣撫廟発刊に思う」と題した文章を寄せている。

九州宣友諸氏の発願が実を結びまして、西国の果筑後の国善導寺山内不断院境内に宣撫廟が建立されましたことは、既報の通りであります。かつて私どもが命をかけた宣撫班の歴史が、日本国の一隅にその跡をとどめるにいたりましたことは、感激の極みであります。……宣撫班は所期の目的を達するにいたらず、あるいは軍部の手先に終わったと論ずる人びともあります。しかし宣撫班は民族を超え、戦争をかなしみ、愛と平和を求めることにその根底があったと信じます。軍部に情報を提供した事実ありとすれば、傷ついた者にほうたいを巻き、食を失った者に食を、病者に薬を与えたことも事実であったと思います。宣撫班総班長八木沼丈夫の短歌を記します。……民衆の心を心とした愛と平和への祈りが切々とうったえられています。宣撫班は彼の真実の心の具現でありました。


たわやすく宣撫のことを言ふなかれかくの如くに人死ににけり。

旅人とけふは来しかどここに死にし宣撫班員は十名を越ゆ。


宣友を祀り、宣撫班の真実の心を永遠につたえんと建立されました宣撫廟に、私はぬかずき香を焚き、人生の幕を閉じたいと思います。宣撫廟の発刊により、私どもの心を伝えあうことができますことをただにうれしく思います。

同志の霊よ、殉難者の霊よ、永遠に安らからんことを。

　昭和五十二年一月

また「宣三」で山東省莱灘道顧問となり、戦後福岡にもどったのち、町長や地方裁判所司法員を歴任した門屋利続は「宣撫廟に寄せて一言」という一文のなかでつぎのように述べる。

《日華事変の渦中で、中国農民のために、身を挺して働いていたのが宣撫班であった。言ってみれば宣撫班は、日本軍に所属していたとはいえ、それは日華親善の先駆者であったと云えます。事変の最中、中国農民が受けていた損害や苦痛は、言語に絶するものがあったが、その唯一の救助のためのよりどころは実に宣撫班であった。中国農民と日本軍のあいだに立って、宣撫班は農民におよぶ戦禍を最小限に食いとめるため苦心をしたのでありますが、このためかえって日本軍から迫害を受けた班もあったぐらいです。戦後日中友好の機運に便乗した、友好論者は急増していますが、宣撫班のように戦禍の中に身を挺して中国農民のために尽した真の日中友好実践者と、同日の談ではありません。これらの日中友好の先駆者達の霊を祀るのが宣撫廟でありますが、真に日中友好を考えるならば、宣友やその家族はもちろん、宣友でない人びとでも、その存在意義を大きく評価して、子々孫々にいたるまで、この廟に感謝の合掌をおくるべきであると、私は確信しているものです》。

『宣撫廟物語』第三号（昭和五十五年十二月一日発行）の「宣撫廟参拝の栞」では、仙波郁文が「砲弾を怖れ、薬をかつぎ、粥を炊き、慰めあい、励ましあい、中国民衆と手をつなぎ、黄塵と戦火の大地をかけめぐりました。宣撫班の活動は焔魔大王の「人間の行為の審判」に堪え、神の意の具現でさえあったと信じます。宣撫廟ははかり知れない因縁により、昭和五十年五月大日本軍宣撫班の生存者たちの手によって建立されました」と述べている。

榊原であれ、門屋であれ、仙波であれ、元宣撫官たちの叙述のなかには、往々にして宣撫班は「中国農民」

のために大陸に飛び込んだのだという言説を見てとることができる。さらに一歩深めていうならば、結果的に「軍部の手先に終った」「軍部に情報を提供した」のではないかとの批判も甘んじて受容しながらも、やはりみずからは軍部と異なる独自の理想を抱いて戦争に臨んだのであるという言説を宣撫官たちは共有していた。

こうした言説はじつは宣撫官のみのものではなかった。のちに宣撫班と統合される新民会関係者の記述にも〝発見〟できる。新民会会長であった岡田春生はその著書のなかでいう。昭和十二年（一九三七）、日中事変が勃発し北支が戦火に巻き込まれると「中国民衆の苦難を救済しようと立ち上がった青年達がいた。宣撫班や新民会の人達である。大局的には軍の片棒を担いだことになるが、当時としてはこれ以上の善意による行動は考えられなかった。青年達は情熱のあらん限りを尽くし生命の危険を顧みず、全身全霊この任務に挺身したのであった」。宣撫班は弾丸雨飛のなか、民衆を庇って救済にあたり、治安と秩序を回復して民生の安定に努力した。新民会は新民主義の旗印のもとで、新しい理想郷を建設しようと宣伝や合作社組織による生活の安定に努力した。新民主義のもと、同志的団結により日本と中国の青年のあいだに、美しい協力の花が咲いた（岡田春生『新民会外史　黄土に挺身した人達の歴史　前編』五稜出版社、一九八六年）。これが元宣撫官たちのものときわめて類似した言説であることはいうまでもない。戦後日本社会にあって、元宣撫班・新民会関係者のあいだには、ある意味で自己の存在意義を再発見し、中国大陸での活動を肯定する言説が生み出されていったと思われる。

『宣撫廟物語』第三号では、宣撫廟における資料の収集・公開について、松尾末彦（宣二）が「私の提言――歴史資料館のこと」のなかで振り返っている。

昭和五十五年（一九八〇）八月十七日、不断院宣撫廟で、質素だが心のこもった宣撫班の慰霊祭がおこなわれた。参加した元宣撫官八名は法要が終わると、三三五五肩を並べて語らいながら境内に程近い鄙びた料亭に上り込んで、久しぶりの懐しい酒宴にときの移るのを忘れた。その席でこんな話が出た。

「せっかくこの宣撫廟が全国同志の協力によってできたからには、歴史館を併設しようではないか。宣撫班にゆかりの文献、書画、写真、資料などをひろく全国から寄せ集めて保管し、公開してはどうだろうか」

この提案は大いに一座の共鳴を呼んで、めぐる酒杯とともに次から次へと話に花が咲いた。

「御住職の仙波郁文さんは、宣友第五期としての因縁をもって不断院内に宣撫廟を合祠し、日常のお守りをしてくださっている篤志家だ。われわれもこのさい、宗旨や信仰の壁を超えて、この場所を宣友会や興晋会の共同の聖域としてはどうだろうか。年一回ぐらいの祭日を定めて、各地から同志が参集して盛大な慰霊祭を催してはどうだろうか」

「それはいい案だ。まあ、東に靖国神社、西に宣撫廟なぞと別に張り合うわけでは毛頭ないが、西日本の一隅にささやかながらも、私たちの祭壇が現存し、祀りがつづけられることには無量の感銘がある。これに加えて歴史館があれば、聖域はさらに一段と画竜点睛の意義を深められよう」

「そうさ、国の手なんか借りずに自分たちだけの力で作ったこの小さな廟宇が、後世に向かってはたしてどれだけ昭和史の一頁を語る証言者たりうるかはわからないが、すでに物故した宣友たちに対して、私たち生存者が宣友愛を実証するために残された唯一の奉仕ではないか。残る仲間の数も年々確実に減っていくし、やがては消え去ってしまうのだからな」

松尾らが語りあったように、かりに「東に靖国神社、西に宣撫廟」であるとすれば、宣撫廟には歴史資料館としての機能も併設させた、つまり小規模ながらも靖国神社と遊就館のような施設にしていこうとする夢のような構想を抱いていたことがわかる。『宣撫廟物語』第三号には、多数の元宣撫官から提供された、遺影・アルバム・書籍・地図・ポスター・腕章・バッチ・徽章など、各種の資料群がすでに列挙されており、宣撫官の歴史資料館としての機能を着々と備えつつあった。私が実際に宣撫廟の協力のもと調査したところでは、遺影・アルバム・ポスターなどのほか、名簿や書類が多数保存されていた。松尾らの言葉を借りれば「昭和史の一頁を語る証言者」「宣友愛を実証するために残された唯一の奉仕」が宣撫廟に期待された役割の一つであったといえよう。

ここで昭和五十二年（一九七七）五月十二・十三の二日間にタイムスリップしてみよう。このとき一泊二日の日程で宣撫廟三周年慰霊祭が開催された。幸運にも両日ともに五月晴れの絶好のお祭り日和であった。十二日午後二時からの開始が予定されていたが、正午をまわったころには、はやくも全国からぞくぞくと元宣撫官とその家族たちが集まっていた。百名を優に超える人数に宣撫廟前はごった返していた。今回の慰霊祭は宣友会第二十一回全国総会、八木沼丈夫三十三回忌法要を兼ねていたうえ、宣撫廟に集う元宣撫官にとっては、落慶法要後、初めての大規模な慰霊祭だったからである。

受付には元宣撫官の矢野俊夫と金子年光が座り、来場者に芳名帳への記入をお願いするとともに、浄財の寄進を賜った方々には丁寧に礼を述べていた。出席者が互いの氏名を確認できるようにと、あらかじめ準備されていた名札が同じく元宣撫官の平田五郎と山口光夫によって手渡され、出席者は紫紺の幕をめぐらせたなかへと入っていく。宣撫官どうしはあちこちで再会を喜び抱き合ったり、四方山話に花を咲かせたりしている。そして思いおもいに宣撫廟前に並べられたパイプイスへと着座していった。

開始をいまかいまかと待ち受けていると、宣撫廟正面に飾り立ててあった日章旗・宣友会旗のかたわらにあったマイクの前に、司会進行役の笠実と松尾浩章が立った。

「ご列席の皆様方、本日は全国各地から遠路はるばる久留米にまでお越しくださり心より感謝を申し上げます。只今より慰霊祭を始めたいと思います。本年はご存じのとおり宣撫廟建立三年目を迎えました。また八木沼丈夫の三十三回忌にもあたります。慰霊祭と法要、それに第二十一回宣友会全国総会を同時開催させていただきます。まずは国歌斉唱。ご起立をお願いいたします」

　笠実の落ち着いた語り口が響きわたり、シーンとした静けさがあたりを包み込む。流された音楽にあわせてそれぞれが君が代を口ずさんだ。歌い終えると「ご着席ください」という笠の声とともにみながふたたび着座した。

　と同時のことであった。いままでじっと耐えていた何人かの子供たちが我慢できなくなったのか、弾けるように「キャッキャ」と追いかけ合うように出席者たちの前に躍り出た。笠実は驚いたかのようにそのなかの一人の子供の手を握ると「ほら、晋一、静かにしなさい」とたしなめるように叱りつけた。「本当にすみません。少々腕白なもので」冷や汗をかきながら頭をかく笠実に出席者一同、ドッと笑いが溢れた。

　ゴーン、ゴーンと喚鐘《かんしょう》が打ち鳴らされ、紫の法衣を着た不断院住職仙波郁文が立ち上がると、宣撫廟に向かって進み出て正面にたち、ゆっくりと読経を始める。香偈、三宝礼　四奉請（散華）、開経偈、四誓偈、回向偈、次々と浄土宗に関わる一連の文が読み上げられ、儀式が滞りなく厳かに進められていく。有志による御詠歌舞、四弘誓願（音楽）が奉納されたのち、稚児による献水・献茶・献花・献灯がおこなわれた。

ふたたび仙波が宣撫廟正面にたつと焼香し、祭壇に向かって表白文を読み上げた。


　謹み敬って大悲願王阿弥陀如来の宝前にもうす。ここに現前衆等本月本日を卜し謹みて道場を荘厳し、殊に微妙の聖典を誦し、無上の宝号を称念し、もって宣撫班諸聖霊の菩提を資助し、厳かに追悼の誠を捧げんと欲す。おもうに満州事変・日華事変以来、諸外国と干戈を交え、殉国の士幾何、卿等は一には国のため、二つには世界恒久の平和と民族解放の悲願の下、黄塵荒び吹く大陸に挺身、生死を越えて砲烟を潜り弾雨をおかし友愛の至心を黎明に止む。

嗚呼、壮絶悲壮の至誠何ものかこれにしかんや。

天地にひとり喚ばはむ国遠きいさごの上に血潮したたる
両国のこのなからひの彼岸にして夜の明星はきらめくものを
宣撫班総班長八木沼丈夫の短歌二首よく卿等の悲心を久遠に伝えんとす。今や日中友好条約の成立を見るにおよび両国の交流ようやく盛んならんとす。

偉業尊ぶべく仰がざるべからず。

ここに法要を厳修し同志誠を抽んで追悼の盛儀を挙ぐ。

仰ぎ願わくは仏祖照鑑垂れたまわんことを。

謹んで疏す。


仙波の声はかつて戦場で生死をともにし散華した宣撫官、生かされいまここに集う宣撫官、そして今は亡き宣撫班総班長・八木沼丈夫に語りかけるように響いた。

つづいて笠実の「宣友焼香」の声とともに、宣友会長榊原正芳から遺族代表——八木沼丈夫の妻・春枝が参加したかは残念ながら不明である——、北海道から鹿児島県までの宣友各県代表が順次焼香を済ませていった。

そして一時間ほどを経過したころ、最後に遺族代表として故川端宗篤宣撫官の妻・マスエが謝辞をおおむねつぎのように述べた。

「宣撫廟での慰霊祭には、不断院ご一家挙げてのご奉仕厚く御礼申し上げます。本日は不断院ご住職の送迎バス運転のご労苦に上り、事故もなく、出席者一同無事に慰霊祭に参加できましたこと、先輩諸霊のご加護によるものと、車中での述懐を裏付ける思いでございました。何ごとも定まれる道と思い直しますとき、宣撫廟の慰霊につきましては、住職の姉・仙波美喜子氏の毎夕のお念仏にお願いいたし、今後のことは有志各位の責任において参詣なされることといたしたく存じます。宣撫官の親睦会としましては興晋会、東方文化協会などがあり、これらの会議において宣撫廟のお参りには前もって不断院にご連絡するよう申し上げておきますが、ご遺族の参詣については、宣友各位の御霊を祀りつつ、今後の死亡者は改めて宗教法人不断院の定める慰霊の例による永代供養料の納付を了承するものでございます。明年のことも老境の私たちには何を約束しても実施困難なことと自覚いたし、このうえは宣撫廟諸霊の追善に専念いたしますことを決心しております。このたびは本当にありがとうございました」

マスエが亡き夫を思い出したかのように目頭を押さえながらも気丈に話し終えると、笠実は一仕事を終えたような安堵の表情を見せながら言葉をつないだ。

「それでは以上をもちまして宣撫廟三周年慰霊祭を閉じさせていただきます。皆さまには大変お疲れ様でした。今晩は懇親会が予定されており、またお宿も手配してありますので、就寝のお部屋でも雑談に花を咲かせていただければと思います。今晩は宣撫官時代の宣友たち、ときに生死をともにした中国人・満州人・台湾人・朝鮮人の仲間たちに思いをめぐらしながらお時間をすごしていただければ幸いです」

笠はそう言い終えると、手を握った愛息・晋一に目線を下ろした。晋一は目をきらきらさせながらうれしそうに見上げてくる。笠はふたたび視線を遠く彼方の西の空にうつすと、かつて若き日の情熱を燃やした中国大陸での生活に思いを馳せていた。

第2章　宣撫官　笠　実

宣撫官合格、いざ中国大陸へ

久留米市にある宣撫廟を訪ねたのち、私には一人どうしても会ってみたい人物がいた。それは笠実の令息・晋一氏であった。私はあらかじめ電話を入れたさいに、笠実がすでに亡くなっていたことを知った。そして私は、晋一氏ならば何か手がかりを与えてくれるのではないかというわずかな希望と、もしかしたら私に失望させるほど過去の闇のなかに押し流されてしまっているのではないかという不安の両方を抱いた。宣撫官の遺族を訪ねるときは多かれ少なかれそうした相反する二つの気持ちがないまぜになるのだった。

希望と不安。あるときは「宣撫官だった父のことを知りたいのですか。はい、構いませんよ。都合のよいときにいらしてください。私にできることなら、何でも話します。写真なども残っています」という温かな言葉をいただき、またあるときは「あら、うちとは何の関係もありませんわ」とか、「おい、なぜうちのことを知っているんだ。どうやって電話番号を手に入れたんだ」と冷たくあしらわれたり、怒鳴られたりもした。父親や夫が宣撫官であったことを話したがる人もあれば、隠したがる、あるいはもう勘弁して欲しいと拒否の姿勢を示す人もあった。

しかし晋一氏は電話口で「いいですよ。僕でよろしければ、いつでもお会いします」と落ち着いた丁寧な口調で答えてくれた。

「ここだ」ようやく晋一氏の自宅をさがしあてた私は思わずつぶやいた。家の引き戸が開いたままになっている。私はそっとなかをのぞきこむと、おそるおそる声をかけてみた。

「笠さん、いらっしゃいますか？　笠さん」

何の反応もない。私は申し訳なく思いながらも、家の土間の奥へ歩を進め、「笠さん、笠さん、電話を差し上げたものですが……」ときょろきょろしながら小声で問いかける。「あれ、いないのかな」と思いはじめていると、突然、別の扉が開き、一人の男性が出てきて笑顔で話しかけてきた。

「ああ、すみません。工房で仕事をしていたものですから。笠晋一です。いまは妻方の姓を名乗っているんですが、笠と呼んでいただいても構いませんよ」

普段、遺族、とくにご子息の方とお会いすると、年配の方が多いのだが、晋一氏は私とあまりかわらない年齢で、背も高くがっちりした〝好青年〟感の溢れる人物だったので少々驚いてしまった。

「はは、僕は父が六十二歳のときの子なんですよ。父は帰国してから母と結婚して、僕が生まれたのです」

晋一氏ご自身の話をうかがってみると、若いころは一人でフランスへ絵画の修行の旅に出かけ、五年ものあいだ街角やストリートで声をかけてくれた人の似顔絵を描いてはお金をもらい、日々の生活をすごした経験があるらしい。しかも書道や茶道、絵画、そして生け花までをも嗜むというから、まさに総合格闘技家ならぬ、総合芸術家といってよい方だった。芸術肌なのは父・笠実ゆずりなのだろうか。

ときを忘れて芸術の話に興じていると、彼は突然真顔で語りかけてきた。「父のことは人に話すまいと姉と相談していたけど、あなたには話してもよい気がします。どうぞ、何なりと聞いてください。まずは僕から父の生い立ちについて話しましょうか――」

これが私と晋一氏の十数年にわたる長い交流の始まりだった。

笠実は明治三十九(一九〇六)二月二日、福岡県久留米市に父磯吉、母レツの四男として誕生した。両親の溢れるような愛情を一身に受けながらすくすくと成長した笠は、腕白で元気な少年に育っていった。

大正元年（一九一二）四月からは小学校に上がった。自宅から少し北に位置する久留米市立日吉尋常小学校である。小学生時代、体格はどちらかといえば小柄なほうであったが、性格は明朗活発で成績の優秀な子供だった。

卒業後の大正八年（一九一九）四月には三井郡三井農学校（現在の福岡県立久留米筑水高等学校）に入学し、農業について学んだ。さらに大正十一年（一九二二）四月には「久商」の愛称で親しまれた久留米市立久留米商業高等学校へ進学した。ここではおもに簿記や会計を身につけた。このころの笠はすっかり真っ正直で正義感の強い青年へと成長し、農業や簿記・会計の知識を生かした仕事につきたいと考えるようになっていた。

大正十五年（一九二六）三月に「久商」を卒業した笠は、二十歳で採用試験に見事合格し、同年四月から久留米市役所に勤務することになった。市役所では、昭和十四年（一九三九）四月十九日に辞職するまでの十三年間、税務課賦課係を皮切りに総務課庶務係、久留米市会議員選挙事務員、総務課選挙係、同課兼町総代係、臨時国勢調査事務員、県会議員選挙事務員、衆議院議員選挙事務員と異動を繰り返しながら、公務に関わるさまざまな仕事を経験した。

昭和十年（一九三五）六月には、梅雨の大雨で筑後川が氾濫し、三万戸以上の家屋に被害が出た。そのさいには救援活動に積極的に従事し「特別賞与」を得た。そしてふたたび久留米市会議員選挙事務員にもどった。しかし、三十三歳というまさに働き盛りの年齢を迎えたとき、笠は辞職の意を固めたのだった。

多忙な公務員生活を送るなか、笠にはいくつかの特技・趣味があった。そのうちの一つが中国語の学習であった。久留米市役所便箋「参考」にははっきりと綴られている。

《商業学校において三ヶ年間支那語を修得した。現在でも支那語学院（夜学）に通って研究中。趣味とし

て乗馬・謡曲・尺八。尺八は十年以上稽古し、昨年二月、琴古流免許皆伝を受けた》

笠は久留米市立商業学校で学んでいた当時から中国語に興味関心をもち、卒業後も支那語学院に通って学習を継続していた。なぜ、笠がこれほどまでに熱心に中国語学習に情熱を注いだかははっきりとはわからないが、当時多くの若者がそうであったように、中国大陸に相当の興味関心を有し、あこがれを感じていたからに違いない。

さらに乗馬・謡曲・尺八を趣味とし、とりわけ十年以上も嗜んだ尺八は、琴古流の免許皆伝を受けるほどの腕前であった。笠はスポーツマンタイプというよりは、むしろ語学や伝統音楽に興じる文雅で優しい青年であったことを思わせる。

三十三歳となった昭和十四年（一九三九）四月十九日、笠は人生最大の転換点を迎えることになった。

「よし！　合格だ。これで中国大陸に行けるぞ！」

身体上の理由から兵役に不合格だったことの呪縛から解き放たれたかのように、笠はうれしさを全身から溢れさせて喜んだ。当時、募集されていた北支那派遣軍宣撫官に応募し、見事に合格、市役所の職を辞して大陸に渡ることになったのである。

宣撫官募集はどのようにおこなわれたのだろうか。笠が合格する一年前の昭和十三年（一九三八）一月三十日の『朝日新聞』のかたすみには「北支で宣撫官募集」と題した小さな記事が掲載された。

《北支那派遣軍では占領地における支那民衆の宣撫活動の質を挙げるため、新たに内地より優秀な青年を募集することになった。今回採用のものは皇軍第一線とともに占領直後の部落に入り、宣撫工作をおこなう重大任務を担うことになっている》

これにつづいて①募集人員は五十名、②専門学校以上の卒業者、または本年三月卒業の者であり、年齢は二十歳未満であること、③願書は身体検査表、卒業成績表、学校長の推薦書を添えて二月十五日までに陸軍省新聞班に提出すること、④待遇は軍の嘱託として月給百円前後、赴任費を支給することなどがあげられていた。つまり、ここにいう宣撫官とは北支那派遣軍に採用されるもので、内地の優秀な二十歳未満の青年を募集し、日中戦争下の中国大陸の最前線において占領地行政の一端を担当させようとするものであった。この一年後、笠も受験するわけだが、笠は三十三歳であったから、そのころまでには年齢制限が緩和されていた、あるいは受験地によって規定が異なっていたと推測させる。

同年二月、「北支那派遣軍宣撫班員募集」の新聞記事を偶然目にとめ受験した、法政大学専門部政治経済科卒業の岡本勇平は、その回想録のなかでつぎのように語っている。

陸軍省を訪れてたずねたところ、宣撫班員の任務は日本軍の占領地区住民に日本軍の真意を理解させ、民心の安定と戦禍の復興を図るための諸工作をおこなうこと、受験資格は、高等専門学校卒業以上の学歴を有し、満三十歳以下の男子であること、募集人員は百名（東京六十五名、大阪三十五名）であること、試験としては筆記、面接、身体検査があり、東京の試験会場は陸軍士官学校であるとのことであった（岡本勇平『武器なき戦士――ある宣撫班員の手記』北国出版社、一九八二年）。

こうして見ると、年齢制限や募集人数については若干の相異が見られるものの、募集の目的や、高等専門学校（一九〇三年の専門学校令で定められた高等教育機関。現在では旧制専門学校ともいう。多くが現在の大学の前身となった）卒業以上の優秀な若い人材を集めようとしていた点では共通していた。

これらと同様の記事は『読売新聞』にも掲載された。同年一月十三日、「宣撫官五十名募集」の見出しでつぎのように記されていた。


《〝平和の戦士〟軍宣撫官の活躍は北支八千万民衆から感謝されているが、こんど北支派遣軍では日本内地の優秀なる青年を宣撫官として招き、直接大陸政策に参加協力させることとなり、第一回五十名を募集。八木沼宣撫班長は一両日中に試験官として帰京、陸軍省新聞班と連絡打合せるはずだが、応募資格は専門学校卒業程度以上（本年三月卒業見込者をもふくむ）三十歳未満、二月十五日までに陸軍省新聞班へ願書、身体検査証、卒業成績書、学校長の推薦書を提出、陸軍省では二月下旬、口頭試問、身体検査をおこない、採用後は軍嘱託とし月俸百円》

このように第一回の宣撫官募集は『朝日新聞』や『読売新聞』などのメディアを用いて広く宣伝され、多くの人びとの目にとまったものと思われる。元宣撫官の石井忠夫によれば、中央大学の掲示板にも「陸軍省採用北支那方面軍宣撫官募集」の一文が貼り出されたという（「我が山西の記――宣撫官の誇りを胸に」前出『黄土の群像』）。実際に前述の岡本勇平も、のちに紹介する村上政則も、最初は新聞紙上で宣撫官募集を知ったという。

実際の試験の様子についても新聞が報道している。昭和十四年（一九三八）三月六日の『朝日新聞』には「ペン持つ手も希望に躍る　天津宣撫官採用試験」と題された記事が見えている。

《支那明朗化工作のため、天津軍宣撫官採用試験は五日午前十時から牛込の陸軍予科士官学校でおこなわれた。東京・大阪各五十名宛の採用に、東京では押寄せた忠義者がざっと二百九十名、各大学・専門学校の新卒業者が三分の一、残りは新戦場での活躍を願うＯ・Ｂ軍だ。ちょっと変わった試験だけに予想もたたぬらしいが、しかし、すし詰にされた控所、濛々たる煙草の煙中にも何となく大陸の匂いが漂う。作文二問題、常識一問題、地図に地名記入が一問題で一時間、ペンの音にも砲煙消えやらぬ北支への憧憬が躍っている。六日はさらに身体検査と口頭試験、七日朝九時に合格者は発表されて、その後はただちに現地教育をされることになっている》

百名の募集になんと約三倍の二百九十名もの大学・専門学校の新卒および卒業生が応募・受験していた。岡本勇平もこの試験について克明に記しており、同年三月五日に市ヶ谷の陸軍士官学校で筆記試験を受け、北支の地理のほか、「聯俄容共」「三民主義」「宋美齢」などの語句説明といった問題を解いたという。また論文では「宣撫班志願の動機と覚悟」について問われたため、「時局の重大性、日本の生命線を守るため、軍隊に籍のない自分は、武器なき戦士として、お国のために尽くしたい。それにはかたい決意と覚悟をもっている」と書いたと振り返っている。そして七日には合格発表がなされた。

少なくとも、新聞報道などを見るかぎり、宣撫官に採用されるにはかなり高い倍率の競争をくぐり抜けるほどの一定のエリート層でなければならなかった。大阪では受験者百七十六名から三十五名が選抜されたという。もちろん、見果てぬ夢をもって一旗揚げようと渡支する者もあったであろうが、それでも当時としては相当高い学歴を有し、かつある程度中国の事情に通じている必要があった。笠実のように中国語に堪能であれば、まさにうってつけであったろう。

戯曲「西太后」「実験室」などの劇作家、評伝『竹久夢二』『石原莞爾』を執筆した評論家として有名な青江舜二郎は、戦後宣撫官に対して深い興味関心を抱き、みずからアンケート調査まで実施した。それはしばしば彼自身が宣撫官であったと誤解する人が出るほどの熱心さであったが、彼は樋口忠宣撫官（山西宣一）の経験を紹介しながら、内地採用の宣撫官が特殊な人を除けば、当初こそシナ通が多かったが、当時の日本人全体がそうであったように、中国に関する知識は驚くほど貧しかったのが現状であり、宣撫官であっても採用が遅い者ほどひどかったと回想している（青江舜二郎『大日本軍宣撫官――ある青春の記録』芙蓉書房、一九七〇年）。

宣撫官試験合格から渡支までの報道も見られる。昭和十四年（一九三八）三月九日の『朝日新聞』には「パスポール」と名づけられた記事が掲げられている。

《北支明朗化のため、陸軍当局が募集した宣撫官の採用試験は東京、大阪相呼応しておこなわれ、大阪ではすでに採用者の氏名が発表された。そのなかに関西陸上五千メートル中距離選手同志社大学の菰原哲美君（二三）が合格、トラックで鍛えた日の丸精神を提げて支那良民の指導に当たると張り切っている》

陸上スポーツ選手として活躍していた同志社大学の学生で二十三歳の菰原哲美が宣撫官に合格し、「支那良民の指導」に対する抱負を語った。当時の戦局の影響のせいか、あるいは世論を盛り上げようとする新聞報道のせいか、竹内実が述べたように、そこには〈敵としての自己〉はまったく見えていない（竹内実「宣撫の思想」同著『日本人にとっての中国像』岩波書店、一九九二年）。しかし、またこの若き学生の信念が〝むじゃき〟なほど純粋なものであったのもたしかだ。

こうしたいわば厳しい条件のもとでおこなわれた選抜試験に合格して宣撫官となった者があった一方で、中学校卒業のみでも推薦書をたずさえて受験した村上政則宣撫官のような例もあった。「ある日、新聞で〝宣撫官募集〟の小さな記事を見た」村上は「胸のときめきを感じ」応募した。彼はみずからを「最低学歴で最年少者」の宣撫官と告白したうえで、かつて昭和十四年（一九三九）七月に大日本連合青年軍役奉仕慰問団の一員として上海・南京・杭州などを訪問した経験があり、そのおかげで推薦書が入手でき、熊本の偕行社で受験・合格、翌年には北京の栴檀寺《ぜんだんじ》に赴いて宣撫官の訓練を受けたと語っている（村上政則『黄土の残照――ある宣撫官の記録』文芸社、二〇〇四年）。

合格し晴れて宣撫官となった者たちは、ただちに身支度を整えて大陸へと向かった。昭和十四年三月十四日の『朝日新聞』掲載の「聖戦の別働隊　宣撫官・東京班出陣す」と題された記事では、宣撫官たちの出征について華々しく書き記している。

《支那民衆宣撫の重任を果たすべく、かねて渡支準備中であった北支派遣軍宣撫官東京班六十五名は、いよいよ十三日午後六時東京駅発列車で輝かしい戦場宣撫工作の首途に上る事になったが、この晴れの首途を前に一同は同日午前八時偕行社前に集合、カーキ色の新軍服姿も凛々しく、佐多弘行氏に引率されて、まず靖国神社に参拝、戦没英霊に額いて使命達成の祈願を籠めた。ついで宮城前で遙拝、明治神宮に参拝してその固き決意を奉告した。午後はさらに陸軍省を訪れ、原新聞班長から訓示を受けたが、一行は大阪で、大阪班三十五名と落ち合い、朝鮮満州を経て天津へ向かうはずである》

ここには東京の合格者（東京班）の行動が紹介され、九段にあった偕行社《かいこうしゃ》（戦前における帝国陸軍の将校・准士官の親睦・互助・学術研究組織）、靖国神社、皇居、明治神宮、陸軍省を順に訪問したのち、大阪（偕行社）へとおもむくこと、大阪の合格者（大阪班）と合流し、朝鮮を経由して天津へと向かう予定であるとされる。岡本勇平によれば、実際には大阪から広島県へ向かい、宇品港からアメリカ丸に乗って、中国の秦皇島に上陸、軍用貨物列車で北京に到着した。

岡本は自身の体験から、より正確な行程についても記しており、合格後、満鉄（南満州鉄道株式会社）の社員でありつつ軍の嘱託として北京の宣撫班本部に勤務していた佐田孝行（弘行）なる人物に会い、佐田から、宣撫官の身分は判任官扱い（判任官とは当時天皇の直接関与なく行政官庁が任命した下位の官職。それに準じたものに判任官待遇があった。宣撫官は後者）の北支軍嘱託（正式雇用ではなく特定の業務を依頼された臨時職）であり、北京到着後一週間の訓練ののち、現地の宣撫班へと配置されるのに対し、現在宣撫工作に当たっている満鉄社員は原職に復帰すること、現在北支には約八十個の宣撫班が活躍していることなどが伝えられた。こうしてみると、宣撫官はいちおう「官」とは称してはいたものの、現実的には「吏（事務員）」に近いものであった。岡本らは三月五日に受験、七日に合格発表、十三日に東京出発だったのだからきわめて慌ただしい出立であった。

また、岡本はみずからを「第一期生（宣一）」と記し、このほぼ一年一ヵ月後に合格した笠実は「第五期生（宣五）」と称しているから、当時かなり急ピッチで宣撫官の募集・調達がなされたと思われる。岡本はのちに回顧しながら、第一期生は大陸ずれした者より、純真な内地青年が望ましいとされ、高等専門学校・大学卒以上の学歴、満三十歳以下という厳しい条件が付けられたが、その後、中等学校卒または軍隊の下士官経験者、年齢は四十歳以下と次第に緩められ、第七回（第七期生）までじつに千五百人を内地採用、満鉄社員と逐次交代しながらも、占領地の拡大に伴って百六十班にまで増加したと述べている。笠は年齢制限がゆるむなか、三十三歳で宣撫官に合格したと考えてよいだろう。

坂輪宣政も「日本人内地採用は第一回（昭和十三年三月七日）百人、二回（同年八月六日）百九十六人、三回（同年十月二十日）二百十五名、四回（昭和十四年二月七日）百二十八人、五回（同年四月二十日）六百十九名、六回（同年九月一日）二七三名、七回（同年十二月十五日）一、百三十九名、満洲での現地採用は昭和十三年四月二十日の三十名」「昭和十四年末の時点で宣撫班は北支三百八十九県中、二百七十五県に組織され人数三千二百七十余名に達し、百二十四名の戦死傷者を出していた」と書き記しており（坂輪宣政「日蓮信仰と戦前大陸での活動――宣撫班と八木沼丈夫を足がかりに」『教化学研究』一号、二〇一〇年）、第一期生から第七期生まで合計千七百七十名の宣撫官が採用されたこと、笠実が合格した第五期生が最も多く採用され、大陸での宣撫官の需要が高まっていたこと、その後現地採用などで宣撫官は三千二百七十名にも達していたことがわかる。

北京に到着した宣撫官たちはどうしたのだろうか。昭和十三年（一九三八）四月十四日の『朝日新聞』には「第一線から故郷へ初便り　潔く北支の土　ハリ切る若い宣撫官」という記事が踊っている。

《揃いの制服に「大日本宣撫官」の腕章、胸には白鳩のマークをつけて颯爽と順徳駅に下り立ったのは、明朗北支建設の一役を買って、はるばる第一線に進出してきた青年宣撫官の一団だった。生涯を北支で送り、潔く北支の土となろうとしている〇〇部隊付の十五名は何れもガッチリした頼母しい態度で、われわれは母国を離れるときに考えていた第一線と、現実に見た第一線とには、そこにかなりの懸隔を感じます。つまり四方八方敗残兵がウヨウヨしているこの広漠たる北支で活躍している皇軍の労苦は、あまりにも大きいと痛感しました。いよいよわれわれも任地を指定されたので、これから第一線の兵隊さんたちのなかに入り混じって宣撫官としての第一歩を踏み出すのです。いろいろの苦労、度重なる危険、これは皆承知です。ただ、われわれとしては何時までも母国を離れるときの情熱を失わず、立派に責任を果たそうとかたく決心しているものです、と断乎たる所信を固めるのだった》

北京の順徳駅に到着した青年宣撫官たちは、彼らの誇りである「大日本宣撫官」の腕章と、白い鳩の徽章を身につけたうえで、北支の任務におもむく覚悟を述べている。軍と行動をともにするとはいえ、〝武器なき戦士〟であった宣撫官にはかなりの自負と緊張感と使命感があったというのが偽らざる心境であろう。

この報道のわずか四日後の四月十八日の『朝日新聞』には「宣撫官と通訳募集」の記事が掲載され、「大陸に雄飛せんとする若き日本人宣撫官を求める事になり、北京特務部宣撫班本部から十六日左の募集要項を発表。△日本人宣撫官　一、中等学校卒業程度以上、三十歳未満の男子、一、奉天鉄道局人事課気付（奉天受験希望のもの）、大連満鉄本社人事課気付（大連受験希望のもの）に履歴書に学業成績証明書、身体検査書、写真を添付、四月二十三日までに提出。一、給与月額七十円ないし百円」とあるから、宣撫官募集が東京や大阪だけにとどまらず、満州の奉天、関東州の大連といった現地大陸での募集もあり、かつ不定期に断続的におこなわれていた。いわゆる「現地採用」である。ここには「大陸に雄飛せんとする若き日本人宣撫官」とやや煽情的な表現も登場し、当時の日本社会が大陸への進出に希望を見いだしていた認識の一端を示している。そして「通訳募集」の文字にも見えるように、現地採用には通訳としての役割も期待されていた。

換言すれば、それは宣撫官が必ずしも日本人でなくともよかったことを意味した。詳細はのちほどふれるが、私が知るかぎり、中国人・満州人・台湾人・朝鮮人の宣撫官も存在した。中国人宣撫官の事例を少し紹介しておきたい。昭和十三年（一九三八）四月十一日の『朝日新聞』には「支那学生に王道教育」と題した記事がある。

《中支建設のため、軍は宣撫官養成に当たっているが、四月中旬から中支各省自治委員会の推薦による東亜平和の大道に臨むため、若き支那の学徒約六十名を集め、宣撫班の目的とする王道精神の教育を施すことになった。まず名乗りを挙げたのは南京自治委員会の推薦による金樹義（二三）、李端辟（二一）、袁大鈺（二一）、陳必録（一九）、唐顕栄（二一）の五君でいずれも中学を卒業し、将来を大いに嘱望されているものばかりだ》

舞台は中支（中国中部）ではあるものの、各省の自治委員会から推薦された中国人の若者六十名を集めて――たぶん南京に集めたのであろう――、宣撫官の養成を実施した。南京自治委員会から推薦された五名はいずれも十九～二十二歳の中学を卒業したばかりの若者であり、当時の中国では比較的学歴の高い都市部の青年が宣撫官として期待されていた。

青江舜二郎が「ある時代の〝ある青春〟を記録しておきたかった」と述べているのは、宣撫官の多くが学業を終えたばかりの若年層で占められていたことと関係があろう。軍は若者の〝情熱〟に頼ったのだ。また宣撫官は決して日本人のみに限定されたのではなく、当時日本の植民地であった朝鮮や台湾、傀儡政権といわれる満州国、そして当時まさに軍事的占領下にあった中国人をも巻き込みながら構成されていたのであり、多民族的な構造を呈していたことにも注意しておく必要がある。

このように北支派遣軍を中心とする宣撫官の募集は、昭和十三年（一九三八）一月より『朝日新聞』などの

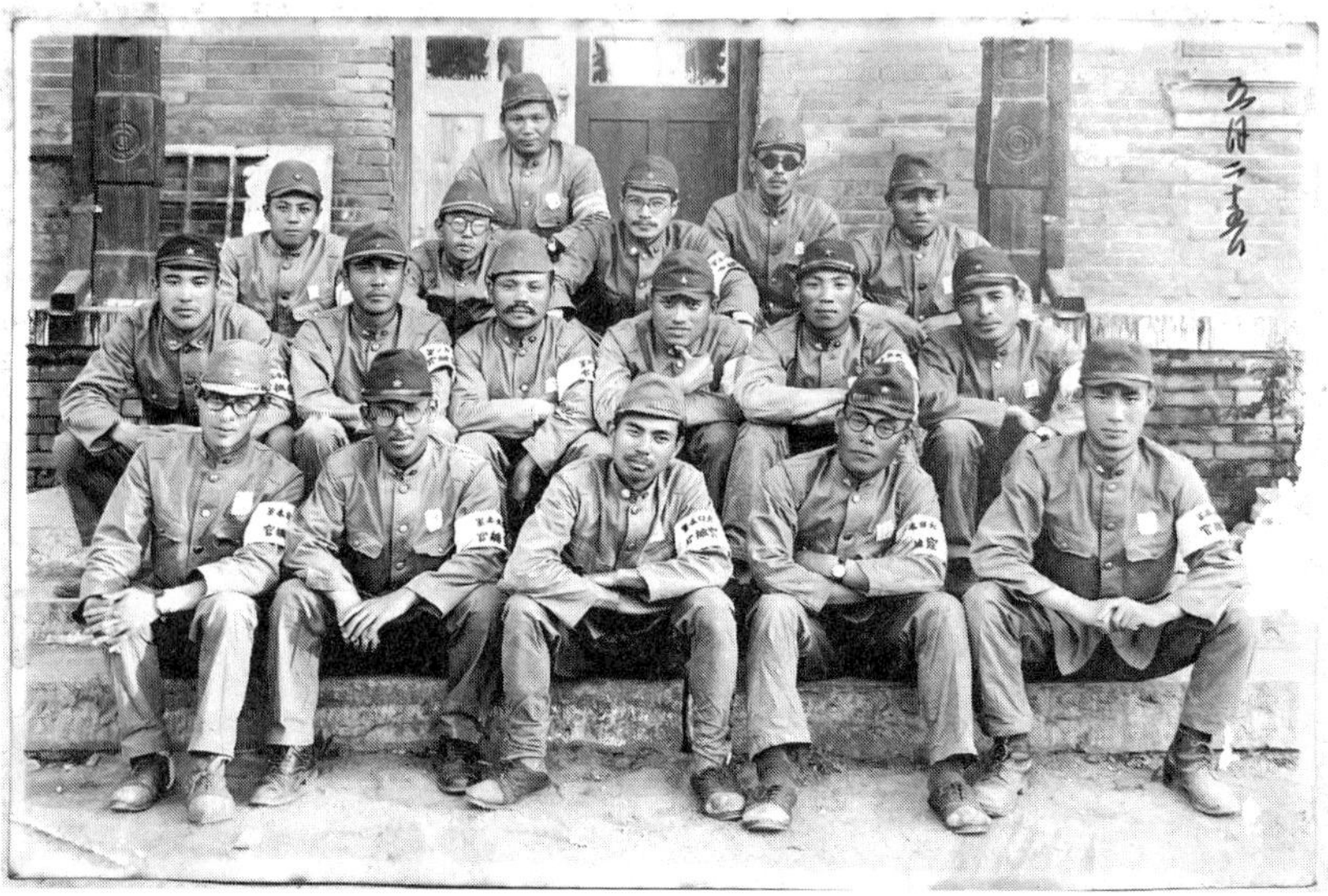

図９　北京梅檀寺にて訓練中の笠実（前列左から２番目、昭和 14 年５月 25 日撮影、笠晋一氏提供）

メディアを使って大々的におこなわれ、専門学校・大学出身（たとえば同志社大学や法政大学）といった当時のエリート若年層がターゲットとされていた。こうした宣撫官はかなり誇り高き存在として宣伝されたらしく、新聞などをしばしば賑わしている。中国語を熱心に学習し久留米市役所で勤務していた笠実も宣撫官試験に参加し、昭和十四年（一九三九）に宣撫官に合格、大陸へと渡ったのであった。

北京に到着後、梅檀寺において約一ヵ月間にわたって訓練が実施された（図9）。訓練では総班長八木沼丈夫から直接訓示が言い渡されたことが、しばしば宣撫官自身の口から語られている。

「君達が持っている拳銃は、決して中国人や敵を撃つためのものではない。弾丸は六発こめられるが、いつも二発だけこめておけばよい。一発はもし捕虜になろうとしたとき、自殺用に使うのだ。一発が不発であったときの用意に、もう一度を予備としてこめておけ。……君たちの武器は、決して日本刀や拳銃であってはならない。それはただ一つ、君達の真心だけなのだ。君たちはそれをもって、無知なあるいは誤った考えをもつ中国民衆の迷いを打ち破らねばならない」

この八木沼の言葉を聞いて、実際の戦場でそのようなことが通じるのか疑問をもつ者もいたようであるが、多くの宣撫官たちは〝八木沼精神〟とも呼ばれるそのカリスマ性に心酔し、北支の任地へと向かっていった。八木沼の言葉は宣撫官の心に印象深く残った。

北京でおこなわれたその他の訓練については、聖戦の意義、指導民族の責任など観念的なものが多く、一般の宣撫官にとってはつまらなく退屈で、ほとんど印象に残らないものだったという。だが、ときには回教問題（中国のイスラーム教）、紅槍会（民間信仰を背景とした北支農村の武装自衛団体）、天津租界（天津の外国人居留地）、八大胡同（北京にある百順胡同、臙脂胡同、韓家胡同、陝西巷、石頭胡同、王広福斜街、朱家胡同、李紗帽胡同の八つの有名な路地）など中国社会の常識を宣撫官にたたき込もうと〝特訓〟する講師もいたらしい。

宣撫官・新民会時代の笠実

北支に派遣された宣撫官・新民会時代の笠実に話をもどしてみよう。試験に合格し宣撫官の第五期生（宣五）として渡支した笠実は、北京に到着するやいなや、総班長八木沼丈夫の指揮下へと入り、彼を精神的支柱とする大日本軍宣撫官（宣撫班）として宣撫工作に従事した。こうした宣撫官のなかには、帰国後、手記や回顧録を出版（私家版をふくむ）して、宣撫官時代を回顧している者も少なくない。具体的には小池秋羊（大河原秀雄）『北支宣撫行』（第一出版社、一九三九年）、小島利八郎『宣撫官』（図10、錦城出版社、一九四二年）、島崎曙海『宣撫班戦記』（今日の問題社、一九四一年）、寺井祥一郎『黄砂を浴びて』（私家版、一九八九年）、太田毅『夢は天山を越

図10　小島利八郎『宣撫官』の表紙

図11　若き日の宣撫官笠実（左から２番目、宣撫廟蔵）

えて』（私家版、一九八七年）などがあげられる。笠は残念ながら何も残してはいない。しかし笠が帰国後に作成・提出したと考えられる「履歴申立書」から、笠の中国大陸での行動の概要をつかむことができる。

これによれば、笠は北支派遣軍司令部の発令によって、昭和十四年（一九三九）四月二十日、広島県宇品港から北京へと入って訓練を受けた。当時、専任嘱託判任官待遇（判任官一等）を受け、出発手当百五十円、俸給百十五円を支給された。五月一日に現地訓練が終わると、前田部隊・恩田部隊に配属され、河南省開封県朱仙鎮で宣撫班の勤務についた（図11）。

朱仙鎮は漢口（湖北省）、仏山（広東省）、景徳（江西省）と並んで中国四大鎮の一つと称された巨大な市場町である。そもそも歴史好きだった笠は、着任すると早速、南宋時代に北方から攻め込んできた金軍に対して主戦論を唱えたものの、和平派の秦檜《しんかい》の謀略にあって獄死させられた武将岳飛を祀る岳飛廟を訪れた（図12）。

「これがあの有名な岳飛廟か」

笠は廟内の岳飛像を見据えながら、「忠義」の神として全国に名を轟かせる岳飛の前で両手をあわせ中国式の参拝をおこない、宣撫官の仕事が順調であり、中国民衆とのあいだに良い関係が築けるようにと神の加護を祈った。

ところが十月十一日、九死に一生を得るような事件が発生した。真夜中に突如として何者かの夜襲を受けた

図 12　朱仙鎮岳飛廟と笠実（前列左から 3 番目、笠晋一氏提供）

図 13　朱仙鎮応戦の翌日に中庭で（右から 2 番目、笠晋一氏提供）

のだ。ドン、ドンッと笠の寝室の扉を蹴破ろうとする。中国語の叫び声が聞こえる。ベッドからとびおきた笠も意を決して窓から懸命に応戦したが、相手もなかなか引き下がらない。他の宣撫官たちも激しく抵抗しているようだ。奮戦に奮戦をかさねていると、ついにあきらめたのか、敵は逃げていった。のちにわかったことだが、夜襲をかけてきたのは蒋介石軍の第一戦区司令衛立煌《えいりつこう》の決死隊だった。笠は宣撫官着任後わずかに半年弱にしていきなり大陸の洗礼を浴びたのだった（図13）。

昭和十五年（一九四〇）年一月になると、大都市開封の宣撫班勤務となった。内陸部の黄河の南に位置する北宋時代の古都・開封は、人口百万人に達したこともある宋代の繁栄を色濃く残し、落ち着いた佇まいを見せる都市であった。かつての開封の賑わいと華やかさを伝えるものとして張択端『清明上河図』がある。その精緻な筆写はその資料的価値を高めているが、そうした絵巻がまさに眼前に展開しているかのように笠に誤解させるほど美しい都市であった。ここで約一年間をすごした笠は、中国の伝統文化の香り漂う開封を心から気に入り、得意の中国語を生かして積極的に民衆と交流し、街中を闊歩していた。運良く中華料理も笠の口に合い、とくに小籠包《ショーロンボー》は笠のもっともお気に入りの食べ物の一つだった。

「ここは治安が良くて宣撫官の仕事も順調だし、料理はうまいし、開封に来て本当によかったな」

宣撫官としての笠の任務は開封の治安維持会（日本軍が設置した治安維持のための中国側の行政組織）の幹部と情報交換や交流をおこなったり、必要に応じて街中をパトロールしたりするなど多忙であったが、朱仙鎮の夜襲事件を除けば、きわめて順調であり、とくに開封では平穏無事な生活を楽しむ余裕すらあった。

しかしその後、事態は急変する。昭和十五年（一九四〇）三月一五日、すでに噂がささやかれていた新民会との合併が正式に決定したのだ。新民会とは、正式名称を中華民国新民会といい、北支那方面軍の主導で北支に設立されたものである。つまり新民会は中国側の組織であることを標榜していたが、実際には日本軍のために中国の現地民衆を教化動員するものであった（前出『日本占領地区に生きた中国青年たち』）。

「ついに来るものが来たか」

もともと笠ら宣撫官は新民会との合併に反対であった。自分たちは軍の嘱託であるという意識が強く、中国人主導の民間組織に編入されることを拒んだからである。だが、軍の意向よりも中国民衆の立場にたって発言することが多かった宣撫官を煙たがっていた軍は、強引にこれを軍から切り離し新民会へと組み込んでしまおうと企んだのだった。もちろん、宣撫班総班長八木沼丈夫も猛反対したが、最終的には軍の意見に押されるかたちで決裂、宣撫官は新民会へ合併されることになり、八木沼は責任を取って辞職した。そして実際に華北政務委員会新民会総会の命令を受け、宣撫官は新民会に統合されるかたちで廃止された。

その後、笠は同年十二月にはようやく慣れてきた河南省を離れて、より奥地の山西省へと異動し、南北に長い山西省の南部にある臨汾《りんぷん》県の陸軍特務機関に配属され、同県公署財務補佐官・新民会臨汾県参事に着任した。臨汾の北北東五十キロほどのところには、洪洞移民伝説（河北、河南、山東、安徽などの各地に広まる、先祖が山西省洪洞県の大槐樹下より移住してきたものとする伝説）で有名な洪洞県があった。広大な中国大陸にはいくつかの移民伝説が存在するが、この山西省から多くの移民たちが広く各地へ散っていったとする神話的な伝説はもっともポピュラーなものの一つである。

笠が配属された特務機関は諜報・謀略や宣撫を取り扱う機関であり、機関に所属する者を「県政連絡員」として中国側の行政機関に派遣、中国側もこれを「顧問」「補佐官」として受け入れた。すなわち「県政連絡員」は特務機関長の分身のような存在として内面指導にあたったのである（中澤善司『万里の山河に——北支県顧問回想の記』非売品、一九八四年）。

この人事は笠が宣撫官であり、中国語能力も高かったことと関連していたのかもしれない。県公署の財務補佐官としては県の予算・財政に、新民会臨汾県参事としては諜報活動・宣撫工作にたずさわった。臨汾県という一県レベルの財政、諜報・宣撫に関わったのは、笠が元宣撫官であることのみならず、商業高等学校や支那語学院で学んだことが生かされたものであった。

その約三年後の昭和十八年（一九四三）九月一日に、こんどは同じ山西省の中部で省都太原の北方八十キロに位置する崞《かく》県の陸軍連絡部政治班に勤務となった。さらに十二月一日にはふたたび同省南部へ向かい、潞安陸軍連絡部に配属され、潞安から東南へ五十キロほど離れた壺関県公署顧問、新民会県主席参事として勤務し、昭和二十年（一九四五）八月十五日に壺関県で敗戦を迎えた。

こうしてみると、笠は陸軍特務機関ないし陸軍連絡部に所属しながら、県公署と新民会の職務を兼任している。県公署は宣撫官と同様、占領地の急速な拡大、民衆統治の急務などから、日本人と中国人のつなぎ役を果たす政治要員が必要となった。その対策として始められたのが前述の「県政連絡員」制度であった。昭和十三年（一九三八）から募集が始まり、採用試験は東京・仙台・大阪・久留米の四ヵ所でおこなわれた。大学を卒業した大陸志向の青年が多数参加したらしい（中澤善司『知られざる県政連絡員――日中戦争での日々』文芸社、二〇〇三年）。県政連絡員制度は内地一期と現地一期しかなかったから、県顧問などには宣撫官が合流・登用されていくかたちになった。ただし、県政連絡員は中国語ができない者が多く、結局は宣撫官に頼らざるをえなかったという話もある。

図14　繆斌
（Wikipediaより転載）

一方、新民会は昭和十二年（一九三七）十二月二十四日、中華民国臨時政府に参加した繆斌《みょうひん》（図14）が主唱する新民主義（王道政治）を理念として創立された、政権と表裏一体の民衆組織団体であり、北京に指導部を置いていた。宣撫官が戦争直後の第一線に入って初期的建設工作に従事したのに対し、新民会は宣撫工作が一段落し、県政も回復した安全地区に入って来る、いわば第二線的性格をもっていた。昭和十五年（一九四〇）に両者は統合されて中華民国新民会となったのである（唐毓光《とういくこう》「新民会在臨沂的組織及活動」『山西文史資料選輯』二五輯、一九八八年）。

前述のとおり、笠はとくにまとまった回顧録のようなものを刊行していない。だが、戦後「戦犯」として抑留されたおり、供述書などのなかで断片的に宣撫官・新民会時代の実情や笠自身の記憶について書き残しており――あくまでもそれらは戦後のものであり、戦中とは価値判断や考え方が異なっている可能性はある――、それらをたよりに笠の敗戦までの道のりを追うことはできる。まず帰国後に自作した補償要求の文書「日中戦争による犠牲とそれに対する私の補償要求」のなかで、笠は敗戦までの経緯を述べる。

《昭和四年八月から昭和十四年三月まで、私は福岡県久留米市役所に勤務していました。昭和十三年七月七日、日中戦争が始まると日本軍は広大な華北の占領地の宣伝と住民宣撫のため、日本において宣撫官要員を募集しました。私もその五期として昭和十四年四月北支方面軍参謀部第四課に宣撫官として所属しました。北京で一応の訓練を受け、同年七月河南省開封県朱仙鎮に恩田部隊（隊長恩田忠録少佐）付宣撫官として赴任しました。昭和十五年十一月には山西省臨汾県の臨汾陸軍特務機関（後に陸軍連絡部と改称）に配属され、ただちに臨汾県公署財務補佐官としての命をうけ同県の財政指導に当りました。その後山西省内を二回転勤し、三回目には最前線の壺関県顧問として昭和十九年九月に赴任しました。赴任してみると潞安陸軍連絡部長は私が開封宣撫班時代の上司恩田忠録少佐でした》

この記述はさきに整理した笠の経歴をより明確に浮かび上がらせる。再度笠の道のりを確認すれば、福岡県久留米市の市役所勤務から、宣撫官として北京に、その後初任地として河南省開封県朱仙鎮に赴き、昭和十五年（一九四〇）以降は山西省臨汾・壺関県などに転任した。また、のちに因縁の関係ともなる恩田忠録少佐――ともに山西省で逮捕拘留されるが、上司である恩田は不起訴・釈放となるのに対し、笠は戦犯として長く抑留されることになる――との出会いが回顧されている。

さらに戦後中国から公開された供述書のなかには笠のものもあり、抑留当時の心情を吐露している。笠実「供述書原文」（中国国際放送局公開「日本人戦犯の中国侵略に関する供述」）がそれである。

《宣撫官として中国に侵略してからは、中国人は文化の程度が低く、永い間の内戦で自国の政府さえ樹立しえない政治自覚の低い民族だから、英米ソに騙されるのだ、戦禍にまみれた中国農民大衆を皇軍の恩威に浴させてやるとの思い上がった気持ちで、中国の平和は日本が衛ってやる、中国人は安心して我について来いという、あくまで主人と奴隷の関係で、口には中日親善を説きました》

これは抑留中のいわゆる「認罪」の過程で書き記したものであるから、この内容をどこまで信ずるべきか迷う点はあるが――中国から公開された「戦犯」の供述書をどう考えるかについては、豊田雅幸「侵略の証言戦犯供述書の全体像――公開された一一七七枚の史料の構成・形態をもとに、その意義と価値を読み解く」（『世界』六五一号、一九九八年）や張林・程軍川編『我認罪――日本侵華戦犯口供実録』（中華書局、二〇一五年）が参考になる――、奇しくも宣撫工作の二面性を明らかに表している。

宣撫官の夢であった、戦禍に惑う哀れな「支那良民の指導」は、「皇軍の恩威に浴させてやるとの思い上がった気持ち」の「主人と奴隷の関係」に置き換えられ、〈敵としての自己〉の存在をはっきりと打ち出している。戦後、笠のように少なからぬ宣撫官たちがこうした宣撫工作の二つの性格のあいだをさまよい、ときに自己を弁護し、ときにみずからを責めたのであろう。戦後に宣撫官たちがおかれた立場は、一方で前者のように戦争・軍隊から中国の民衆を庇護したという個人的な自負、自己肯定と、もう一方で戦後の反省のなかから、後者のように大局的には日本の軍国主義の片棒を担いでいたにすぎなかったのだという自己否定に引き裂かれた状態にあったともいえるかもしれない。

もう少し別の側面から、素顔の笠を掘り起こしてみよう。笠は供述書のなかで、山西省でたずさわった水田開発事業について振り返っている。

《一九四二年二月頃より同年六月まで、臨汾陸軍特務機関長関根淳一郎中佐の命で、私は臨汾県金殿鎮《きんでんちん》とその附近の耕地五百町歩の水田開発をおこないました。その目的は日本軍の現地自活を保証するためでありましたが、当時私は該地区の灌漑排水をよくして、水稲の品種を改良して、その増産を計ることは、たんに農民の生活を裕福にするばかりでなく、日本軍の現地自活にも有利であり、これこそ中日親善の具体的表現であると考えていました。四月上旬までは、私がこの開発事業の責任者でありましたが、その後は臨汾県顧問宮島喬《みやじまたかし》と交替しました》

昭和十七年（一九四二）二月から六月にかけて、笠が山西省臨汾県の陸軍特務機関在任中に金殿鎮付近の農村で水田開発、品種改良に取り組んだことが述べられている。ここでは比較的淡々と当時の状況が振り返られており、これらの農業指導には、もちろん日本軍の食糧の現地調達という目的もあったものの、中国農民の生活をも豊かにするとの考えから「中日親善の具体的表現」であったと笠は綴っている。

しかし、この農業指導はそれほど単純なものではなかったようで、帰国後の笠はふたたびこの問題を取り上げて評価を変えている。山西省で勤務した宣撫官を中心に彼らの活動の記録を残そうと、昭和五十八年（一九八三）に彼ら自身の手によって編纂された前出『黄土の群像』に、笠はみずから一文を寄せて悔恨の情を記している。

《私はまた県建設科長王餘慶《おうよけい》以下の職員数名と宣伝主任を金殿鎮に派遣し、区役所を督励し住民を「説得」脅迫した。臨汾陸軍特務機関長関根中佐の指示と宮島県顧問の命令で、臨汾県新民会では日系職員某（熊本県天草出身）が金殿鎮にはいり、その地の青年約五十名を強制的に新民先鋒隊に組織して武装させ、県政府の欺瞞宣伝と宣撫工作をたすけた。測量は約二ヶ月かかったが、その間、私は隔日あるいは毎日県城から乗馬で、途中敵襲の危険を冒して金殿鎮に通い、この測量を指揮した。丹精こめて育てた麦畑を、私たちが勝手に踏みつぶして歩くさまを見たこの地の農民は、どんなにくやしかったことだろう》

この金殿鎮付近は本来ならば麦作地帯であったが、日本軍は食糧の現地調達のために水稲耕作に切り替えさせようと測量と灌漑施設の建設を強行し、収穫後は自由販売を禁止し、強制的な買い付けをおこなったらしい。水田開発を推進した笠にとって結果的にそれは「脅迫」であり「欺瞞」であった。「それなのに「農民のための水田開発とか、土地は農民のものだし、米は買い上げてやった」とよくもぬけぬけといえたものだ」と告白したうえで、「私たち大日本軍宣撫官は青年の純情と燃える「愛国心」を中国大陸に注ぎ、東亜の建設を夢みたが、所詮は日本軍国主義者が発動した侵略戦争の走狗でしかなかった」と嘆きを隠さない。こうした笠の水田開発事業に対する否定的な評価や反省は決して奇異なものではなく、多くの宣撫官にも似たような傾向が見られるから、驚くには値しないし、また理解もできる。

一方、この水田開発事業にあたっては、村瀬忠雄ら数名の農業技術指導員が派遣されていた。指導員はいずれも善良で真面目であり、みずから鋤・鍬をもって先頭にたって耕作を指導したといわれている。村瀬は「活路を農民道に求めて」のなかで当時を懐かしく回顧している。

図15　加藤完治（左、加藤弥進彦氏提供）

《〔私は〕両親を口説いて内原訓練所へ入所したのである。……兼ねて、内原訓練所長加藤完治《かとうかんじ》先生と北支那方面軍第一軍参謀長花谷《はなや》正《ただし》少将が会談され、意見の一致をみた山西省農作改善指導班に関する計画は、慎重に進められていた。……この計画は、昭和十七年を迎え、急遽実行に移す運びとなり、内原訓練所において編成された指導班は、山西省特務機関の招聘により山西省に派遣、一農年の間現地で勤務することになったのである。……指導班は運城、臨汾、潞安、介休、楡次《ゆじ》、太原、晋祠の七ヶ班に組織され、省内に分散して最寄りの特務機関へ配属となった。私は臨汾班を受け持ち、臨汾特務機関へ配属となり、関根機関長、臨汾県宮島顧問初め関係者に着任の挨拶をおこない、今後の任務について指示を受けた。臨汾班四名に与えられた仕事は、水稲の試験栽培と水田開発事業に協力することであった。私たちが駐在することになった臨汾県金殿鎮は、県城の西北方約十キロの地点で、

……日系指導者（興晋会会員の宮島喬、笠実、伊藤政義、故寺門猛の各氏）も駐在または出張され、昼夜の別なく真剣に活躍しておられた》

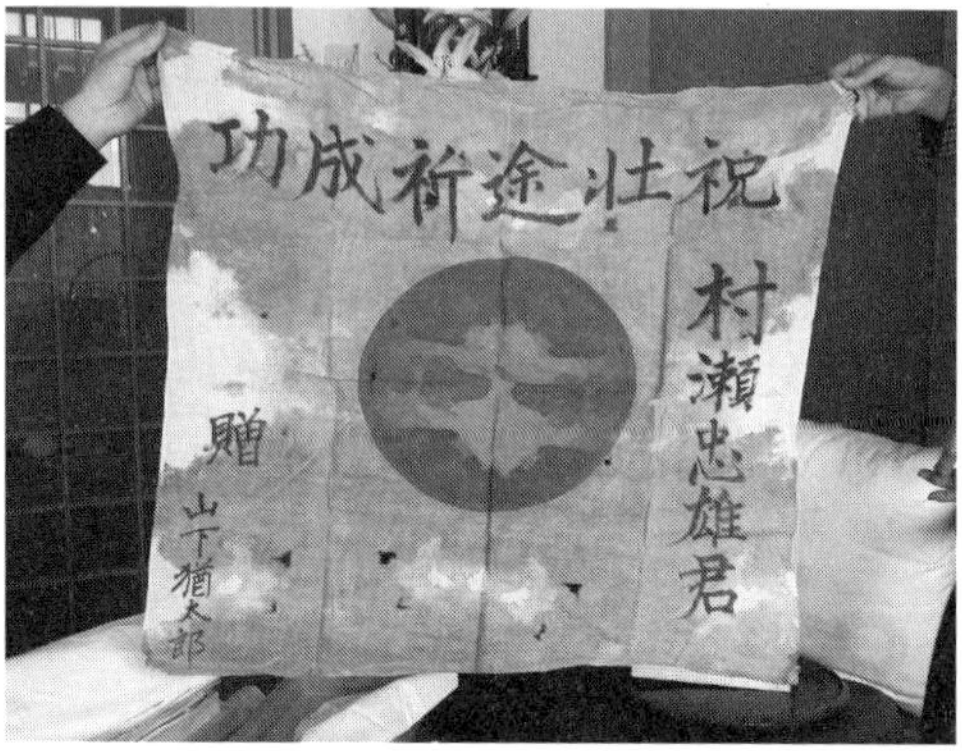

図16　血染めの日章旗（村瀬和男氏提供）

この水田開発はかなり入念な準備のもとで実行に移されたものらしく、満蒙開拓で有名な茨城県内原訓練所の加藤完治（図15）（中村薫『加藤完治の世界――満洲開拓の軌跡』（不二出版、一九八四年）を参照）と、北支方面軍第一軍参謀長花谷正とのあいだで会談・合意し、一回目の山西省農作改善指導班三十名が結成・派遣された。昭和十八年（一九四三）には二回目の指導班も編成され、村瀬はふたたび渡支した。昭和二十年（一九四五）五月二十三日には晋祠班が襲撃され死者も出た。村瀬の令息・村瀬和男氏は、父親忠雄が残した、死者（班員桜井好春の妻）が身につけていた血染めの日章旗や風呂敷などを私に見せてくださった（図16）。

村瀬ら四名から構成された臨汾班は、金殿鎮付近で水田開発事業を積極的に展開した。村瀬と笠実は当時から見知り合っていたらしく、村瀬も「昼夜の区別なく真剣に活躍しておられた」と笠に賛辞を贈っている。だが、農業の専門家として指導にあたった村瀬にとって水田開発への思いは笠と異なっていた。

「用水を引き込み、整地作業が終ると、今までの小麦畑は一変して水田となった。現住民にしてみれば、畑を水田にするなど考えも及ばぬことで、奇想天外な一大事であったと思われる」

あの加藤完治の薫陶を受けた村瀬は、その実践をあくまで肯定的に評価していたのだ。このように笠と村瀬は同じ事柄について振り返りながらも、その評価はそれぞれの立場や従事した内容によって明らかに異なっており、決して簡単に白か黒かをつけられるような単純なものではなかった。

同じ宣撫官であっても個人によって過去の振り返られ方が異なるのは当然のことであった。山西省で現地除隊されたのち、あこがれだった宣撫官へと転身した安部剛は「北支の想い出――潞安メイ医」なる一文のなかで笠との思い出を語っている。

《昭和十七年八月、現地除隊しました。なぜ現地除隊を希望したかというと、軍隊の乱暴と挑発のため、日中親善には百害あって一利なし、これを証明するためには自から現地に留まり、人間道の実践をするためでした。……日中親善の実践には、宣撫官として残留することだと現地除隊を決意したものです。召されて潞安特務機関に勤務、ただちに長治県公署に派遣され、村上修県顧問のもとに勤務し、同年、壺関県合作社顧問となり、笠県顧問と一緒に県務に就任しました。当時の軍の所要物資は内地からの補給が少なく、現地徴用が多くなり、物資交換による現地徴用工作のために、現地宣撫工作はもとより、収麦作戦・治安維持のためにも、現地軍の協力は受けておりました》

昭和十三年（一九三九）八月に関東軍に補充兵として入隊し、その後、北支塘沽《タンクー》港、山西省沢州清化鎮、長治県潞安へと進駐した安部は、同十七年（一九四二）に現地除隊、日中親善の実践のために宣撫官となって残留したという。軍隊の乱暴と徴発に嫌気がさしていた安部は、宣撫官に希望の光を見いだしていたのだ。しかも当時、安部の眼前に存在した宣撫官はまさに笠であった。笠が「侵略戦争の走狗」と恥じた宣撫官も、一兵卒にすぎなかった安部の目から見れば、まさに戦場に差し込んだひとすじの光明であった。

宣撫官・県顧問・新民会主席参事時代の笠実の行動や考え方を客観的に記したものはきわめて少ない。ただし、興晋会など笠が戦後積極的に参加した団体によって編纂された回顧録では、金殿鎮でおこなった水田開発のあり方を悔いる気持ちが吐露されていた。農民の土地・収穫を収奪したことが戦後の笠の心に大きな影を落としていた。戦後に「戦犯」とされた笠は、「供述書」のなかでは特務機関配属時代における彼の命令による殺害・討伐の話を認めているが、直接的な殺害行為に手を染めたことはなかった。だからといって笠の無実を主張するわけではない。結果的に農民から搾取をおこなってしまったことに対しても笠らしく〝後悔の念〟が溢れていたのだ。私は笠の「供述書」を読むと、彼だからこそ、彼のような真正直な人物だったからこそ、戦争によって利用されねじ曲げられてしまったのだと思われてしかたない。

ともに働いた村瀬や安部の回想を見ても、懸命に水田開発・農業指導にのぞむ笠の姿が目に浮かんでくる。村瀬は山西省における水田開発が内原訓練所の加藤完治らの準備・指導のもと、計画的に実行されたこと、彼の目から見れば、笠も熱心に取り組んでいたことを述べており、安部は日中親善の象徴的な存在として宣撫官の選択肢を選び取ったことを記録している。まさにその模範的な宣撫官として彼の目に映じたのが笠であった。しかし宣撫官をどのように評価するかは大変難しく、また個人によってきわめて多様である。みずからが宣撫官となった笠からは「侵略戦争の走狗」という否定的な評価、村瀬・安部など外部から宣撫官を見つめた者たちからは「日中親善の象徴」のような肯定的な評価が出されている点は歴史の皮肉であるようにも見える。

むろん、みずから「日中親善」の役割を果たしてきたと自負する宣撫官も少なからず存在している。事は単純ではない。個人のライフヒストリーのなかに中国大陸での宣撫官としての経験をどのように位置づけるか、それが人間としての生き方の一つを指し示すことになろう。こうした点から見れば、「おのれの生き方の啓示を見た」という青江舜二郎の指摘は、誠に正鵠を射たものであったといってよかろう。

ただし、笠の場合、他の宣撫官と異なり、昭和二十年（一九四五）八月十五日をもって戦争経験に一つのピリオドが打たれたわけではなかった。ここからさらに十七年ものあいだ、戦争の長い道のりがつづくことになる。ピリオドが打たれたのではなく、新たな戦争への扉が開かれたにすぎなかった。

宣撫官としての笠 実と日中戦争

日中戦争の最中、あこがれの宣撫官試験に合格して渡支し、河南・山西両省で宣撫官・新民会のメンバーとして占領地行政にあたった笠実の活動とその思想的遍歴を見ると〝情熱〟と〝後悔〟のあいだを往還し、両方が互いに複雑に入り交じったものとして回顧されている。もちろん、中国大陸で宣撫工作に取り組んでいたとき、戦後の抑留と反省のなかでみずからを省みたとき、そのときどきのおかれた立場や社会環境によって価値観や物事の判断基準は大きく揺さぶられたであろう。笠の心のうちは私のような戦争を知らない第三者には理解しえない部分が少なくないからである。

残念なことに、笠は日記や回顧録などを残していないため、詳細は判明しない部分も多く、笠の本当の心情に触れることができない。それでもかつての宣撫官仲間のご遺族や笠の子息のご協力を賜りながら、可能なかぎり、笠が残した断片的な記載や周辺の人びとの笠への回想を用いつつ、笠自身の宣撫官と宣撫工作に対する評価、そして他者から見た宣撫官・新民会時代の笠に対する評価について、その両方を明らかにし、相対化された笠の姿を浮かび上がらせねばならない。そこに本来ならば、中国民衆からの視線が必要となるが、それはのちほど、笠の生涯をひととおり振り返ったのち、もう一度、考えてみることにしたい。

これまで宣撫官・宣撫工作に関する評価は、宣撫官や宣撫工作をすべてひっくるめて、〝武器なき戦士〟〝人道的行為〟という肯定的なもの、あるいは真逆に〝侵略戦争の尖兵〟という否定的なものに真っ二つに分かれてきた。こうした古い枠組みは感情的な部分が少なくなく、また実際の宣撫官や宣撫工作は、そのように単純なものでも、正負一色に染められるものでもなかった。これを乗り越えるには、宣撫官を一括りにするのではなく、個々人の宣撫官に焦点をあて、彼らのライフヒストリーのなかで宣撫官や宣撫工作を考えなおしてみる必要がある。

ここまで笠実の長い日中戦争のまさに前半にあたる部分を顧みてきた。それは「認罪」「加害者意識」、そして「洗脳」といった従来の固苦しい枠組みからいったん解き放ち、宣撫官の人間としての内面の情熱や葛藤、苦悩といった、これまで取るに足らないものとして十分には目を向けてこられなかったところへ寄り添ってみたものであった。戦争という巨大な荒波のなかで、個人というちっぽけな存在がいかに期待を抱き、あらがいながらも流されていったのか、たとえ笠の生き様が時代の流れに翻弄されたものであったとしても、彼の苦しみもだえる叫びと嘆きに耳を傾けることは許されないとはいえないだろう。

笠の人生のなかで彼の宣撫官への就任は、間違いなく彼の人生を大きく変える一つの転換点となった。まさに人生の岐路であったといえる。市役所職員時代に比較すると俸給はたしかに倍以上であったが、笠の場合は大陸で一旗揚げるタイプではなく、笠は商業学校時代から中国語を学び、中国への関心をもつなかで、日中戦争が泥沼化していき、日本軍が宣撫官を必要とし募集しているのを見ると、日本国内で報道・宣伝されていた哀れな中国民衆に同情し、手を差し伸べて指導したいという〝純粋〟な感情、青年期の〝情熱〟から大陸に我が身を投げ出したのであった。たとえ笠がある程度の「シナ通」ではあっても、かぎられた情報のなかで笠の頭のなかに形成されていた中国像や中国民衆像は他の一般の人びとと大きく変わるものではなかった。

実際に大陸に渡って宣撫官として活動するようになると、しばしば指摘されるような宣撫工作――良民証の発行、物資の配布、伝単《ビラ》（ビラ）の散布やポスターの掲示など――にもあたっていたことは十分に想像できる。だが、帰国後の笠にとってはそうした小さな事柄（ときにそれは善行であった）にあまり関心がなかったようである。むしろ山西省臨汾県で実施した水田開発事業の進め方に疑問を抱き、〝悔恨の情〟を見せていた。

その一方で、笠本人のほか、村瀬忠雄など共同で水田開発に関わっていた者たちは、日本軍による食糧の現地調達よりも、農作改善指導という農民同志の協和と理解による一種の中日親善のためと考えていたし、笠もまた農民たちの生活を向上させたいという思いから参加したことは想像にかたくない。

たとえ日本軍国主義のもと、宣撫官として対中国民衆工作を順調に展開し、占領地行政を政府のミッションどおりに実行しようとしたとしても、実際には大陸という舞台のうえで中国民衆と何らかの接触・交渉を繰り返すうちに、自然とたんなる〈統治者としての自己〉だけでは説明しきれない〈指導ないし救済者としての自己〉を見いだすようになり、ときには矛盾を感じたり焦燥感に駆られたりしながら、そうした〈指導ないし救済〉を軸とした宣撫を施すことで自分自身を慰めていたのではないだろうか。

すなわち、笠をはじめ宣撫官たちは大陸各地に散って宣撫工作をおこなううちに、中国民衆とふれあうなかで次第に国内での報道や宣伝と離れて、それぞれの中国像・中国人像を結ぶようになっていった。日本軍国主義からは距離をおきつつも、いまだに国民党や共産党の論理に巻き込まれたわけでもない、いわばグレーゾーンとでも称すべきような状態へと移行していったのであった。宣撫官は、日本軍国主義の影を背負いながらも、中国民衆のなかで生活を送るうちに、みずからの中国像・中国人像を修正ないし再構築するとともに、将来の〝あるべき中国像〟という、いまの目から見れば何とも拙い理想像を無意識のうちに模索していたのであった。

しかし、戦後の笠の宣撫官時代に対する自己評価を見ると、すでに日本軍国主義の歴史的脈絡のなかの宣撫官としての立場から完全に離脱してしまっており、戦後の中国大陸における共産党（および国民党）と中国民衆からなる歴史的脈絡に絡め取られてしまっていた。もはや笠の運命は日本になく中国の手中にあったのである。そのため、みずからのすべての行為＝宣撫工作を〝悪〟としての日本軍国主義の延長線上で理解せざるをえなくなっており、かつて〝中日親善〟との信念から実行していた水田開発事業すらも根本から丸ごと否定されることになった。

大雑把にいうならば、笠は大東亜共栄圏の傘のもとである程度の自負をもっておこなっていた宣撫工作を、共産中国の論理のもとで再解釈を迫られ、結果的に自己の全否定として受け入れざるをえなかったのであった。それがどんなに理不尽なものであろうとも、弁解できる余地があるわけでもなく、責任の追及は国家だけではなく個人にもおよんだのである。これは軍国主義日本と共産中国の大きく異なる価値観・社会体制のもとで宣撫官個人の思想＝宣撫の思想が大きく揺らぎ、自己の行為の事実そのものの是非ではなく、むしろそれらをいかに解釈するかの変更が求められた結果であった。

したがって、現在の私が、宣撫官時代の笠の行為をすべて丸ごと否定するのはおかしいし、それはある意味、政治的主張を帯びた一種の脅迫的な所為であるといわざるをえない。たとえ戦後の価値観にそぐわなくとも、笠が日中戦争で宣撫をおこなったさいの心情や行動の論理は丁寧に記録され、後世に語り継がれていくべきであろう。それが正であれ負であれ、戦争が個人の物の見方、判断力をいかに狂わせ変容させてしまうものなのか、戦後八十年を迎えようとする現在こそ、書き留める貴重な機会なのである。

笠の日中戦争は昭和二十年八月十五日をもって終了したわけではなかった。敗戦後も山西省に留まり、いわゆる「内戦」へと巻き込まれてゆくからである。それはいわゆる「山西残留」問題の幕開けであった。「山西残留」も笠の人生にさらに大きな影響をおよぼすことになり、帰国後の笠の歩みを規定していくことになる。

笠は敗戦の報を山西省南部の壺関県で受けとった。信じられなかった。すべてが崩れ去った気がした。

「日本が戦争に負けただなんて。……八木沼総班長、僕らがしてきたことは間違っていたのですか。どうしてですか。答えてください」

笠は慟哭しながら心のなかで何度も何度も八木沼丈夫に問うた。瞼に浮かぶ宣撫官の精神的支柱・八木沼丈夫。彼の姿がいくども脳裏に浮かんだが、何も答えることはなく笑みを浮かべたまま儚く消えていった。このとき八木沼はすでにこの世の人ではなかった。

第3章　宣撫班総班長　八木沼丈夫

若き日の八木沼丈夫

夏のとある日、私は山口県周南市に下り立っていた。目的は宣撫班総班長であった八木沼丈夫の次女・武井伸子氏に会うためだった。彼女に電話を初めて差し上げたとき、その声、その言葉遣いから、私は瞬間的に察した。

「八木沼丈夫の次女・伸子氏は父親の生き様を心から誇りに思っている。尊敬しているのはもちろん、神々しくさえ思っている。父親丈夫、母親春枝の亡きあと、八木沼家の威厳を保ってきたのは、間違いなく彼女だ」

そうした予感があたったのは、呼び鈴を押した私を出迎えてくれた伸子氏の姿を見たときであった。

「お待ちしておりましたわ。どうぞお上がりになって」

思わず背筋がピンとしてしまうような透きとおった声、凛とした雰囲気、伸子氏の立ち居振る舞いは、写真や書籍で見た八木沼丈夫のそれを想像させるのに十分であった。

居間にとおされ対面して座ると、伸子氏はあらかじめ準備しておいてくれたとおぼしきさまざまな資料をテーブルのうえにおいたまま、私に向かっておもむろに口を開いた。

「八木沼丈夫のことがお知りになりたいのですね。ならば私をたずねてくださってよかったと思います。私がいちばん父親丈夫のことを理解していますから」

伸子氏は八木沼丈夫の次女として恥じぬことのないようかなり気張っているように見えた。そしてあたかも意を決したかのような表情を見せると、在りし日の八木沼について蕩々と語りはじめた。

八木沼丈夫は日清戦争終結のわずか半年後、明治二十八年（一八九五）十一月四日、福島県東白川郡常豊村に生を受けた。父は小学校校長だった松五郎、母はミノ、四男三女の次男であった。

八木沼自身にも二男五女があったが、長女の明子氏が、平成十七年（二〇〇五）五月二十日付けの『論田小通信』四四号という福島県古殿《ふるどの》町立論田小学校で発行・配布されたパンフレットのなかに、祖父松五郎と父丈夫の故郷論田を訪問したときのことを記している。

「いつか行かむ願いいだきて六十年　亡父《ちち》がふるさと　論田の山」と題された長文には、祖父松五郎・父丈夫への明子の思いがよく描写されている。

論田の地に住む祖父松五郎は、宮本小学校論田分教場の訓導を務めるかたわら、農閑期には夜学会を開き、漢文を勉強しようと向学心に富んだ青年たちに、仙台藩の儒者大槻磐渓《おおつきばんけい》の「近古史談」を教授しようと奮闘していた。母ミノも当時代用教員となっていた。常豊尋常小学校の小学生だった丈夫は、父にしたがって夜学会に参加し、那須与一や佐々木高綱などの故事を懸命に暗誦していたという。こうした幼少期の生活環境や学習体験は八木沼の人間形成に大きな影響を与えた。

後述するように、八木沼はのちに大連に渡り、満鉄社員、新聞記者を経て作詞家として活躍した。藤原義江・森繁久弥が歌った「討匪行」「どこまでつづくぬかるみぞ」などを作詞した。長女の明子氏は結婚して前田姓を名乗ったが、戦後に大連から引き揚げると、国語教師を務めたのち退職（具体的な期間は不明）。次女武井伸子、長男八木沼利篤らを伴って故郷訪問を思い立ったのだった。論田訪問は祖父・父の供養の意味が込められており、この最初で最後の故郷論田訪問をつうじて、祖父・父の家族愛が数十年たった現在でも子孫たちのあいだに脈々と受け継がれていることが確認できたと結んでいる。

話を八木沼丈夫にもどそう。八木沼は明治三十五年（一九〇二）に常豊尋常小学校、明治三十九年（一九〇六）に竹貫高等小学校に入学、明治四十三年（一九一〇）には岩城中学校二年級に編入した。そして明治四十四年（一九一一）、十六歳になっていた八木沼は従兄の急死をうけて中学を中退、小学校の代用教員となった。こうしてみると、もともと幼少期から漢文の素養をふくめて成績の良かった八木沼は、父松五郎、母ミノの家族愛を一身に受けながら、教員であった両親の意志を継いで教育職に身を委ねていくかのように見えた。

しかし、八木沼の青春時代、日本をめぐる国際環境は刻々と変化を遂げており、八木沼にそれを許さない外部環境が形成されつつあった。朝鮮半島をめぐっては、明治四十三年（一九一〇）八月二十二日、日韓併合条約が結ばれ、ソウルに朝鮮統監府が設置された。中国では、明治四十四年（一九一一）十月十日、辛亥革命が勃発、翌年一月に中華民国が成立した。臨時大総統には孫文が就任したが、最後の皇帝宣統帝溥儀が退位、清朝が滅亡すると、三月十日、孫文は臨時大総統の位を、強大な軍事力を背景に野望を遂げんとする袁世凱に譲らざるをえなくなった。大正二年（一九一三）七月十二日、これに不満をもった孫文は、袁世凱打倒をめざして第二革命を起こしたが逆に鎮圧され、革命は失敗に終わり日本に亡命した。

こうして八木沼丈夫が若き日を過ごした一九一〇年代は、まさに東アジアの国際情勢が大きな動乱に見舞われ混沌とし暗雲垂れ込め、ますます混迷の度を深めていく時期にあたった。そうしたなか八木沼は大正二年（一九一三）十二月、十八歳にして大きな決断をする。陸軍に現役志願したのだ。仙台歩兵第六十五連隊七中隊に入隊した八木沼の心のうちを十分に読みとることは難しいが、あたかも時代の潮流に吸い込まれるかのように、彼は満州へと引き寄せられていく。

このころ八木沼は、のちに陸軍中将として満州国で活躍する、かの石原莞爾（図17）の知遇を得た。石原との剣道の真剣勝負に感動した八木沼は瞬く間に石原ファンとなり、日蓮主義者だった石原を追うかのように日

図 17　石原莞爾（Wikipediaより転載）

図 18　若き日の八木沼丈夫（右）と春江（ハルビンにて、武井伸子氏提供）

蓮信仰に傾倒していった（中山正男『一軍国主義者の直言』鱒書房、一九五六年）。

そして大正六年（一九一七）六月、八木沼は渡満、満州独立守備隊歩兵第二大隊に配属された。翌年には関東軍陸軍倉庫付となり、旅順・大連本庫で勤務した。

こうした部隊勤務のなか、大正八年（一九一九）九月、八木沼は大連において生涯の伴侶を娶ることになった。川島鋭三郎の長女春枝である。八木沼は二十四歳、春枝は二十歳であった（図18）。

「僕は春枝に一目惚れでした」

もともと優しい性格で愛妻家であった八木沼は、二人のあいだに生涯をつうじて長女明子、次女伸子、三女康子、長男利篤、次男元之典、四女木美子、五女文美子と二男五女をもうけた。八木沼はいずれの子もいたく可愛がったが、長男誕生のさいにはとりわけ喜んだという。だが、一方では悲報もつづき、大正十年（一九二一）五月二十七日には母ミノ、三年後の三月二十七日には父松五郎が相次いでこの世を去った。当時満州北部の都市ハルビン（哈爾浜）滞在中であった八木沼は、父母の死を看取ることもできなかったことを悔やんでいたという。

母ミノが亡くなる前年の大正九年（一九二〇）十一月、八木沼は独立守備隊第二大隊一等計手として現役満期を迎え除隊となった。しかし、八木沼は内地へともどる意志はなく、さらに満州に活躍の場を求めた。そして満州日報社に入社、『満州日日新聞』特派員として、日本人のほか、満州人、中国人、ロシア人が闊歩する異国情緒かおる街ハルビンに引きつづき残ったのである。

当時、八木沼は松崎鶴雄と出会った。松崎は、本業は満鉄大連図書館の職員であったが、その職位を利用しながら漢籍研究を進め、漢詩も詠む漢学者であった。松崎について丹念に調べあげた柴田清継によれば、満州日報社が主催した座談会において松崎と知り合った八木沼は「支那人も感服するほどの支那古文書に詳しい方」と松崎をもちあげ、他の数氏からも賛同する学識称讃の声があがったという（柴田清継「漢学者松崎鶴雄　その民国文人との文化交流――大連在住期を中心に」『日本語日本文学論叢』六巻、二〇一一年）。

この時期、八木沼は前述のとおり、金子雪斎に師事、また太田誠、千田万三、上村哲弥らと出会った。金子雪斎は大連振東学社大連本塾を設けた漢学者で、かの玄洋社を創設した頭山満と並び称された人物である。太田誠は振東学社の寄宿舎の社監だった人物で、前出『雪斎先生遺芳録』を整理・出版した。千田万三は『新満洲への里標』（満鉄社員会叢書、一九三二年）、『満洲文化史・点描』（大阪屋号書店、一九四三年）などを著した文筆家であった。上村哲弥は満鉄総裁松岡洋右の援助のもとで発足した第一公論社の社長となり、急進右翼雑誌『公論』を創刊した人物であった。

ここで松岡洋右と上村哲弥、八木沼を結びつけるエピソードを一つ紹介しておこう。大正十年（一九二一）に満鉄の理事、昭和二年（一九二七）に副総裁となった松岡洋右は、昭和五年（一九三〇）にいたると、満鉄を退職し、第十七回衆議院議員総選挙に山口二区から政友会所属として立候補した。松岡は見事初当選を成し遂げるわけだが、その裏には満州で固く結びついていた八木沼と上村ら、いわゆる満州派の積極的な支持があったこともたしかであった。八木沼と上村の二人は連名で「松岡洋右とはいかなる人ぞ――長州青年諸君に送る公開状」と題された檄文を書き上げ、山口県二区の有権者に向けて発表した。

《親愛なる第二区の青年諸兄　……松岡洋右先生ほどの偉材を称うるに何の憚りがあろうぞ……と。それは疑いもなく在満邦人が等しく負える当然の義務なのです。たとえ僭越のそしりはあっても、当為のまえに怯懦《きょうだ》であることは許されぬことでした》

《山口全県下の先輩各位ならびに青年諸君……行き詰まれる邦国外交を双肩に荷ない、清新溌刺の新局面を展開しうるものは、吾等の松岡洋右先生であると……。亦吾等の松岡洋右先生でなければならぬ……と。

動もすれば指弾の的となり易き政友会を救うの任に耐えうるものも、亦吾等の松岡洋右先生でなければならぬ……と。

満蒙の地位を確立し、対支外交の局面を刷新して、吾国を原料難、燃料難、食糧難より救いうる新進路を開拓しうる先天・後天の賦力を兼有する者も、吾等の誇るべき松岡洋右先生であると……。

国際的規模において内外の諸政策を立案し、国家をして泰山のやすきに置きうる識量を兼備せる当今稀有の異材はいうまでもなく、吾等の松岡洋右先生である……と》

《親愛なる第二区の青年各位　……今また、松岡洋右先生を持たれる諸兄の光栄に対しては、遙かに羨欣《せんきん》にたえぬところであります。何卒、この好機において、諸兄の誇りのまえに協力戮力、この偉才を議政壇場に送り、日本現下の難局に任じてさせてください。百の選良よりは一の松岡。そこに期待さるるものは清鮮なる外交であり、明朗なる政治であり、豊潤なる対内的努力であります》

この檄文には、八木沼と上村が衆議院選挙に向けて松岡を強く推薦している様子がよくうかがわれる。ここに抜粋したのはほんの一部であり、檄文のあとには八木沼が書いたと思われる「松岡先生の人物と経綸」なる長文も付され、パンフレットのような印刷物として配布された。いずれにせよ、山口県第二区の青年に向けて松岡洋右の為人を丁寧に説明し、彼の中央政界への進出が日本の政界のみならず、満蒙や中国のためにもなると力説し、松岡洋右への支持を求めたのだった。

松岡は当選後、幣原喜重郎の対アメリカ・イギリス協調路線と中国内政への不干渉を方針とする外交、いわゆる幣原外交を鋭く批判し、当時は喝采を浴びた。その後の松岡の国連における演説とそれに伴う国連脱退（昭和八年、一九三三）、満鉄総裁への就任（昭和十年、一九三五）は周知のとおりだが、こうした後日談から見れば、八木沼と上村はともに満蒙における特殊権益の確保に十分に理解のある松岡を中央政界へ送り込むことにひとすじの光明を見いだしていたように思われる。

八木沼丈夫という人間を語ろうとする場合、後述のように、日蓮宗との関係やそうした信仰心にもとづく宣撫工作と人間愛、いわゆる「八木沼イズム」が指摘されることが多い（前出「日蓮信仰と戦前大陸での活動」）。その一方で、現実的な国際政治をめぐっては、アメリカ・イギリスの帝国主義に抵抗し、日中親善を説きながらも、日本による満蒙権益の確保、北支進出を正当化する松岡を熱烈に支持していたのであった。このことは人間愛を前面に押し出した、あたかも〝宗教者〟のような八木沼像のみを一方的に強調することだけでは十分ではなく、彼が熱血的なアジア主義者でもあったことにも注目しなければならないことを意味する。

実際、八木沼は大正十四年（一九二五）十月に『満州日日新聞』ハルビン支社長、昭和三年（一九二八）五月に満鉄社員機関紙『協和』編集長となり、そして昭和四年（一九二九）四月、三十三歳にして満鉄に入社、情報課弘報主任となった。弘報といえば、印刷物・映画・宗教・芸術などを用いた宣伝宣撫活動が中心の部門である。八木沼が宣撫と関わりをもつようになったのもこのころからであった。同時に、満州協和会の前身である満州青年連盟や、満鉄社員で二十代の帝国大学出身者を中心に結成された右翼団体・大雄峰会の結成にも参加した。

八月には新居格《にいいたる》（文筆家）、堀口九万一《ほりぐちくまいち》（外交官・漢詩人であり堀口大学の父）、柳瀬正夢《やなせまさむ》（美術家）ら文化人を満鉄に招聘した。また同年、八木沼は京都で開催された太平洋問題調査会（IPR、太平洋会議）にも出席した。当調査会は環太平洋域内の民間の相互理解や文化交流を目的とし、当時はほとんど唯一の国際研究機関であったから、八木沼の関心の所在が満州国に限定されるような狭小なものでは決してなかったことを示している。

昭和七年（一九三二）、八木沼はいったん満鉄を退社、関東軍嘱託（弘報処）として満州国の建国宣伝を担当し、全満遊説隊東北班を組織して東北一帯を巡回講演した。六月には弘報処の解散に伴い、満鉄に復帰、十月には満鉄を代表して東京で開催された国民大会に出席した。昭和八年（一九三三）になると、ふたたび関東軍にもどり、十一月に初めて宣撫官として服部部隊に従軍、十二月には天野部隊、独立守備隊にしたがって従軍宣撫をおこなった。八木沼の宣撫官デビューである。あの軍歌「討匪行」（昭和七年十二月、ビクター新譜）はこのときに作られた。二月には宣撫工作を拡大するために関東軍宣撫班を奉天に組織、西部隊とともに熱河作戦（錦州、朝陽、承徳、古北口、密雲など）に参加した。

関東軍宣撫官としての任務を八木沼はつぎのように振り返る。

「僕の理解するところにしたがえば、宣撫の期するところは、日本および日本軍を知らず、かつ満州国の独立をも知らぬ所在の大衆を開眼して、忠実なる満州国の構成要素たり、進んで友邦の盟友たらしむるにあったと思う。一面また独立満州国に反感を有する新旧支那軍閥の頤使《いし》下に踊る、無知の大衆をして、速やかにその悲劇的役割を棄てしむるにあったと信ずる」

この熱河作戦のおり、八木沼の有名な歌集『長城を踰ゆ』（満州郷土芸術協会、一九三二年）が詠まれ出版された。八木沼は陣中に『万葉集』や『朝の螢』『唐詩』などの書籍をたずさえていったというから、当時から筋金入りの歌人であったことがうかがえる。そして七月には満鉄に三たび復帰、九月には鉄路局警務主任となって愛路村（鉄道愛護村）の組織に奔走することになる。愛路村についてはのちほど触れることにしよう。

このように二十歳から四十歳にいたるまでの八木沼は、満州で軍隊を満期除隊したのち、おもに満州日報社、満鉄と関東軍を活動拠点にしながら、宣伝宣撫を中心とする弘報活動に従事した。このころ拠点を転々と移しながらも一貫していたのは、宣伝宣撫など広く弘報活動にたずさわりつつ、のちの宣撫官養成、宣撫班組織の基礎、宣撫の思想・意義を固めていったことである。その才能を開花させるのは、四十歳以後、宣撫班総班長として本格的に宣撫班を統合・運営しはじめて以降のことであった。

歌人八木沼丈夫とその人間的魅力

宣撫班総班長としての八木沼を見るまえに、アララギ派歌人としての彼を振り返っておこう。八木沼ははたしていつ頃から短歌にのめり込んでいったのだろうか。八木沼は回想する。

「僕が歌に志したのは、昭和三年秋、北満旅行中、斎藤茂吉先生の「朝の螢」を読んで、いたく心をうたれたのに端を発します」

昭和三年（一九二八）といえば、八木沼はすでに三十二歳、次女伸子をさずかり、『協和』の編集長をしていたころの話だ。八木沼はアララギの会員にこそならなかったものの、斎藤茂吉をはじめアララギ派の短歌に没頭していた。

昭和四年（一九二九）には、八木沼の主宰のもと、城所英一《きどころえいいち》（満鉄社員、歌人）、富田充（歌人）、原真弓（歌人）、河瀬松三（満鉄社員、歌人）、森厚、上村哲弥、香川末光（歌人、香川美人の兄）、石森延男（児童文学者）、千田万三（文筆家）、長谷川兼太郎（文筆家）、出口王仁三郎《でぐちおにさぶろう》（大本教の二大教祖の一人。一九二四年に全モンゴルの統一と独立を図るパインタラ（通遼）事件を起こした）ら錚々たるメンバーを迎えて『満州短歌』が創刊された。これは昭和十六年（一九四一）に終刊を迎えるまで十二年間刊行されつづけた。

昭和五年（一九三〇）三月、八木沼は北原白秋、富田砕花《とみたさいか》の両名を満州に招聘、満鉄沿線の北満を案内した。同年十月十六日から十一月八日にかけては、みずからが師匠と仰ぐ斎藤茂吉を迎え、ともに北満を旅してまわった（図19）。小雪のちらつくロシア・満州の国境のマンチュリー（満州里）まで行ったという。八木沼はとくに斎藤・北原の両巨匠の満州視察に同行できたことに相当感激したようだ。

図19　八木沼丈夫（左）と斎藤茂吉
（乃木保典の戦死した場所にて、武井伸子氏提供）

八木沼から斎藤茂吉との北満の思い出を語ってもらおう。八木沼が主宰していた『満州短歌』昭和十年（一九三五）一月号に掲載された「遺稿随伴漫筆」には、アララギ派の巨人・斎藤との邂逅が、あたかも積年の宿願を果たしたかのように綴られている。

八木沼によれば、斎藤の渡満は満州情報課の計画によるもので、「ゆっくり満州を見ていただいて、芸術に餓えたる満州に、この巨匠のもつ芳香、神韻をとどめてもら」うことを目的としていた。そこで昭和四年（一九二九）四月に八木沼自身が上京して直接に斎藤の自宅を訪ね、渡満を乞うたのであった。

「満州は是非一度行きたいと思っていたところでした。それでは行きましょう」

「満州は僕の兄が日露戦争に出征し、負傷したところです。黒溝台はどう行ったらいいでしょう」

「正岡〔子規〕先生も金州まで行かれたし、〔島木〕赤彦も良い歌をのこしています」

斎藤の口から矢継ぎ早に渡満への思いがあふれ出る。

「何とすばらしいことか。あこがれの斎藤茂吉先生を満州にお迎えできるなんて」

斎藤の思いもよらぬ快諾に、八木沼はまさに天にも昇る心地であった。そしてみずからの案内のもと、斎藤が満州の大地をめぐりながら短歌を詠む姿が脳裏に何度も浮かんでは消えた。

昭和五年（一九三〇）十月十六日、ついに待ちに待ったその日がやってきた。八木沼は大連港の埠頭で息をのみながら斎藤の到着を待ちつづけた。そしてようやく斎藤が客船の甲板上に姿を見せると、八木沼は小躍りして喜んだ。

八木沼は斎藤を当時満鉄が経営し、満州国随一と呼ばれた大連ヤマトホテルの一室に案内した。

「先生、少し休まれますか」

八木沼がたったいま到着したばかりの斎藤の疲労を気遣いながら休息をすすめると、斎藤はにっこり笑って答えた。

「八木沼君、ありがとう。でも大丈夫だ。早速、大連の街を見に行こうじゃないか」

逆に斎藤に急かされるようにホテルを出発し、大連の街へと繰り出した。中国人苦力《クーリー》の宿舎を通り過ぎ、目抜き通りに出て、小崗子《シャオガンズ》の露天市場に行った。古道具や骨董などが斎藤の目には珍しい物に映ったらしく、いたく興味を示した。古本も手にとった。独特の香りを漂わせる屋台や小料理屋、がやがやとしゃべりながら歩き回る苦力たち、客を引く声、軍談師の小家、たむろする娼妓の姿をながめては、斎藤はノートに書き留めていく。

「さすがは斎藤先生。眼力が鋭いな。何事も見逃さず丁寧に書き留めていらっしゃる」八木沼は黙って斎藤を見つめる。

「いやあ、おもしろいねぇ」言葉はわからなくとも軍談師の語りに耳を傾ける斎藤の顔はすっかりほころび、心からリラックスしているかのようだった。

翌日は旅順におもむいた。日露戦争の戦跡を見て回り、爾霊山《にれいざん》にのぼって、かつての塹壕のうえに立った。

「ここで赤彦は良い歌を詠んでいますね」

斎藤はそうつぶやきながら、砲弾の破片や人骨のかけらを一つずつ丁寧に拾っては紙に包み涙を流しているかのようだった。斎藤の日露戦争への思い入れは深く、なかなか下山しようとはしない。「夕暮れまでいましょう」という斎藤の熱望にこたえて、八木沼も山上でときを過ごした。そのため夜にアララギの方々が大連でととのえてくれた晩餐会には大幅に遅刻してしまうことになった。でも八木沼には一片の後悔もなかった。いやむしろいとおしく大切な時間にさえ思われた。

「僕は貴重な時間を斎藤先生と共にできたんだ。生涯でもっとも幸せなときだったのかもしれないな」

これは斎藤と八木沼の北満旅行の一断片にすぎないが、二人の心のきずなの深さは十分に伝わってくる。八木沼の斎藤に対する態度はまさに「師を敬うこと父のごとし」を地で行くような尊敬と親しみを内面にたたえたものであった。

その一方、斎藤茂吉も十三歳年下の八木沼をかなりかわいがっていた。それは同じく八木沼が主宰していた

『短歌中原』終刊号（昭和二十年五月）の「八木沼丈夫先生追悼号」のなかに「八木沼氏を憶う」なる一文を寄せていることにあらわれている（武井伸子『連翹の咲く家』不識書院、二〇一七年）。

《八木沼丈夫氏の永眠は私等仲間にとってのみならず、国家にとっても非常の痛恨事であった。常陸の練成所に来られたついでに、私を訪問せられ、事を談ずるにあたり、その爛々たる眼光を以って私を射るのを常として居られたが、その烈々たる愛国の情は、徹底して事に当たらしめたのであるが、大戦の最中にして永眠されたことは、実に痛恨の極みであった》

斎藤は八木沼の死を悼み、歌人仲間としてだけではなく、日本という国家にとっても一大損失であると嘆いた。八木沼を「心友」とまで称している。右の「常陸の練成所」とは満蒙開拓青少年義勇軍を育成した、加藤完治の内原訓練所をさすのであろう。八木沼と加藤も昵懇の仲であったらしい。満州の「開拓」をめぐって八木沼と加藤は意見を交わすなかで意気投合したものと思われる。生涯に八木沼は幾度となく内原訓練所に加藤をたずねている。

さきに八木沼が斎藤に同行して北満を旅行したことを述べたが、実際に八木沼がすべて案内し、奉天の満州医科大学教授大成潔《おおなりきよし》（ピック病の研究で有名）と晩餐会を開いたとき、大成は斎藤を揶揄してこういった。

「斎藤は偉いよ、満鉄の高級社員を案内役にしちょる」

「はは、八木沼君には大変お世話になっています」

八木沼も照れながら口をはさむ。

「斎藤先生のためなら僕は何だってしますよ。なにせ斎藤先生は僕のあこがれの人ですから。いっしょに北満を旅行させてもらっているだけでまるで夢心地なんです」

八木沼の斎藤に対する尊敬の念は、かくも篤かったのである。

前述のとおり、二人はマンチュリーまで行ったが、そのさい日本人墓地にまで足を伸ばした。その帰り、二人は中国人兵に「おまえたちは何をしてきたのか」と声をかけられた。中国語もロシア語も堪能だった八木沼は、即座に流暢な中国語で返答した。会話がまったくわからなかった斎藤が「八木沼さん、いま何と返事されたのですか」と驚いていると、「礼拝をして帰るところだと答えたまでです、はは」と何事もなかったかのように笑い飛ばしたという。

斎藤は八木沼との思い出を振り返ったのち、「短歌中原は八木沼氏を失ったけれども、その精神は亡失することがないから、永久にその健在をいのってやまない」と結んでいる。斎藤にとっても八木沼の存在とその精神はかけがえのないものだったといえよう。

かくして斎藤と深い師弟関係にあった八木沼は、しばしば斎藤への想いを短歌に詠んで表現した。

歌かたるすなはち大人が事のみに触りゆく吾をとがむるなゆめ

短歌を詠めばいつも大人（斎藤茂吉）のことばかり触れている私をどうか咎めないでください。

戦ひしましのひまに大人の書平沙の水のごとく恋ひ読む

戦いのしばしの休息に、大人（斎藤茂吉）の書を、広大な砂漠に見つけた水のように、恋しくむさぼり読んだ。

生くる日の吾わたくしの願ひごと大人に報いむ歌一つあれ

生きている日々の私の願い事は、ただ一つでもよいから大人（斎藤茂吉）の心にかなう歌があって欲しいということである。

これらの短歌のなかに見える「大人」とは、明らかに斎藤茂吉をさしており、八木沼の斎藤を遠く慕う心情が溢れている。それほど八木沼は斎藤に心酔していたのであり、それは彼が死を迎えるまで終生変わることはなかった。

八木沼と日蓮宗（日蓮信仰）との関係については、坂輪宣政が詳細に語っている（前出「日蓮信仰と戦前大陸での活動」）。坂輪によれば、青江舜二郎は「〔宣撫官は〕公募されたのではなく、ほとんどが八木沼丈夫の縁故関係か、日蓮宗の同信者ですぐ指揮班長もしくは班長に充当しようというものであった」と述べ、八木沼が宣撫班幹部としての〝教養ある紳士〟の選抜に日蓮信仰を基準としていた可能性を指摘している。

同じく当時の宣撫活動と日蓮信仰の深い関わりを述べた人物に中山正男がいた。陸軍画報社の社長で従軍雑誌『陸軍画報』を刊行していた中山は、昭和十二年（一九三七）に天津に初めて八木沼のもとをたずねた。彼は著書『花をたむけてねんごろに』（太平出版、一九六六年）のなかで、八木沼が欧米帝国主義の排斥、アジア、とくに日中両国の友好に熱心であったこと、八木沼の精神が多くの宣撫官に「信仰」され、「八木沼イズム」とまで称する信奉者がいたことを語る。

中山はさらに前出『一軍国主義者の直言』でも、八木沼に多くの紙数を割いて、彼の精神・思想に踏み込んでいる。中山がいかに八木沼に心酔していたか――あたかも八木沼が斎藤茂吉にそうであったように――をよく示した一節である。

《八木沼丈夫の記述に多くの枚数を費やしたことは、彼こそ日本軍の人間愛を表徴した一人として、永く将来に残しておきたかったからである》

《八木沼は人道主義の総本山のような人物で、彼の挙措動態のすべてが美しい人間愛によって貫かれていた。……私が彼に会って、はじめて彼に問うた言葉は、「宣撫班とは何をするのです」であった。これに答えて、「宣撫とは民心把握である」と、八木沼が言った。「どうして民心を掴むのか」「それは親切心によって」》

中山は八木沼を、人間愛を基軸とし、それを宣撫として実践している人物として持ち上げる。八木沼のいう「親切心」による「民心把握」についても「真の親善」を追求するヒューマニストとしての八木沼の精神の真価が発揮されたものとして受けとめられる。

《日本と中国の真の親善、提携ということは……、或いは千年もかかってやるという意気込みがなくてはならない。それにはまず日本人自体の姿を正しくすべきである。戦勝国としての支配感や、民族的な優越感をもってはいけない。一時的に中国人に頭を下げさせてもだめである。中国人の本当の友達になって、一人が一人とその一人がまた一人の友をつくる。まず一人の民心把握からはじめて真底大にすることである。それが日中和平、親善の一番の近道である》

たしかに、八木沼は当時の日本人のなかでは一種独特の感性を有していたといってよかろう。日中戦争初期の戦勝気分から中国を侮蔑するような雰囲気のあるなかで、八木沼は中国人とのあいだに真の友人関係を見いだそうと試みているからだ。しかし逆にそうした言説を唱えれば唱えるほど、八木沼のアジア主義（興亜論）には、日中親善・提携が謳われながらも〝哀れむべき〟あるいは〝同情すべき〟人たちとしての中国人を日本人が指導してやらねばならぬという、本来あってはならないはずの「優越感」あるいは優生的な思想が無意識のうちに表明されてしまっているようにも見える。ここに宣撫の本質的な限界が見え隠れしている。私は八木沼に対して、彼がそうした二面性を有していたのではないかという疑念がぬぐえなかった。

ただし、中山の八木沼に対するきわめて肯定的な評価が、決して彼一人のものではないことは、八木沼とともに金子雪斎の弟子であったアジア主義者・中野《なかの》正剛《せいごう》が八木沼のことを「君は興亜の浄魂だ」と呼んだことによく表れている。

こうした日蓮宗にもとづいた精神・思想のみならず、八木沼は人を惹きつける、いわば〝カリスマ〟的な魅力をたたえた個性の強い男であったらしい。

小説家として有名な尾崎士郎は、八木沼をモデルとして小説『後雁』（河出書房、一九四〇年）を書いている。主人公の宣撫班長「谷田部丈介」こと八木沼丈夫について「痩せて背の高い谷田部丈介が宣撫班の制服を着て心持ち肩を怒らしながら一股に入ってきた。頬髭はざらざらに伸び、窪んだ眼にはするどい光があふれて、ぢろっと一座を見わたしたと想うと、茫然として立ちすくんでいる視線を弾きかえすようにして緒方の方に近づき……、右手をぐっと差しだして緒方の手をにぎりしめ、「友は天下に多い、しかし真の友は少ない、緒方君

図20　歳森薫信宣撫官（歳森マサヨ氏提供）

——ほんとに待っていましたぞ。」……緒方はひた押しに来る谷田部の感情から身を躱す隙もなく、壮烈とも言わば言える彼のムキ出しな言葉にむしろたじたじとな」ったと記し、八木沼の眼光鋭く〝カリスマ〟性溢れる容貌と行動力を明晰な筆致で見事に描き出している。

八木沼のもとで汗を流した宣撫官たちの目線から見てみよう。歳森薫信《としもりしげのぶ》宣撫官（図20。山西宣二一。明治大学卒。のちに小説家として活躍）は「断章・八木沼丈夫——指導者の大器」（前出『黄土の群像』）において八木沼に敬意を払いつつ述べる。

《鷲のような鋭い目、それが八木沼丈夫宣撫総班長の印象である。第二回宣撫官採用試験の口頭試問に、はじめてその目に出会った。誰もが、鋭くはげしく、さながら心のたぎりを目に蒐めたような、そんな目でみつめられた経験はなかったにちがいない。質問のきびしさもさることながら、金壺まなこで射すくまれては、大変な人に出くわし、やがてはこの人の指揮下に入るのかと怖れさえ覚えたものである。しかしそれは次第に卓絶した人柄への畏敬にかわり、信頼感へと移っていった》

《その〔八木沼の〕理想とするところが若い心をとらえたのは、その頃の国内情勢にもあった。二・二六事件以後の暗い世相。赤表紙の本をもっているだけで、……特高警察に目をつけられる時代。加えて政治機構はがんじがらめに固められ、若者の入りこむ隙はなく、まして意欲をみたし、伸ばしてくれる余地はまったくなかった。憤懣やる方ない思いの若者は地にみちていた。この若い世代の群像を受けとめ、とら

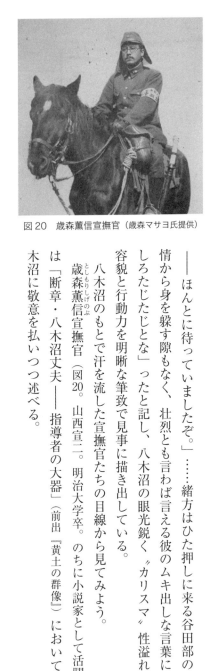

えてゆさぶるほどのものを八木沼丈夫はもち合せていたといえる。そして次つぎと八木沼精神に培われた新鋭宣撫官が加わってくる宣撫班は、北支戦線に一大勢力を築くに至る》

《いずれにしても、八木沼の熱情はいまも宣撫官精神として、もと宣撫官一人一人の胸裡に息づいている。偉人というほかない》

同じく宣撫官の一人、鈴木巳之助《すずきみのすけ》（山西宣四）も「宣撫官とは何であったのか」（前出『黄土の群像』）のなかで八木沼の思い出を語っている。

八木沼丈夫は当時、満鉄参事警務部次長で、満州建国に取り組んだ関東軍関係シナ通の軍人（鈴木のいう「軍人」の定義は曖昧）。土肥原賢二、板垣征四郎、石原莞爾のほか、そのころまだ大佐で、北支の師団参謀長だった矢崎勘十《やざきかんじゅう》（北支独立混成旅団参謀。のちに広東陸軍特務機関長）ら多くのシナ通の軍人と格別の親交の間柄にあった。とくに矢崎との関係は深かった。つまり八木沼は当時軍部におけるシナ通と一脈を通じた民間の第一人者で、戦場体験をとおして「討匪行」や北支戦線に関する短歌などをつくった熱血の詩人であった。

また、豊かな経験と情熱をもって軍命により満鉄社員を率いて、戦火のなかで宣撫を創始・実践した。鈴木は第七回宣撫官採用試験に合格すると、他の合格者とともに茨城県の内原満蒙開拓青少年訓練所に集められ、団体生活訓練を受けさせられたり、陸軍偕行社で軍と訓練所の連絡、採用業務の整理などの訓練を受けたりしたうえで、広島県宇品港から戦傷病患者輸送船・千歳丸で中国の秦皇島に上陸した。北京に到着すると、ただちに北支軍宣撫班訓練所に入り、八木沼総班長の戦火のなかの体験を通じた民衆工作や精神教育など、人間造成の鍛錬を受けたという。

またつぎのような体験もあった。鈴木がある夜に宣撫班本部の事務室で書類整理をおこなっていると、八木沼がやってきていった。

「いつも勉強しているようだがご苦労。この書庫の書類をひととおり勉強したまえ。しかし、絶対口外してはならん。機密の取り扱いは知っての君を信頼するから」

「わかりました」

鈴木が書庫に入って書類を繙いて夢中で読んでみると、軍事機密のなかに今後の軍の方針、すなわちイギリス・アメリカ・フランスとの対敵関係、ドイツ・イタリアとの友好関係の方針などが明記されていて仰天した。顔面蒼白となったが、八木沼のみずからへの厚い信頼に応えなくてはという感情が沸々と湧いてきた。

阿部《あべ》寿宣《ひさし》撫官（山西宣五）も八木沼との出会い、彼に対する印象を記している。阿部は第五師団の熊本におもむいて宣撫官採用試験の試験場にのぞんだ。筆記試験ののち、口頭試問には歴々たる軍服の肩章が光っていたが、そのなかに「八木沼宣撫班長がおられる」ことを聞かされ驚いた。緊張していると、偶然というか皮肉というか、初対面の八木沼総班長から試問を受けた。

「写真で見る蒋介石によく似ているな」

そんなふうに考えていた阿部に、八木沼は問うた。

「履歴書によれば、君は判任官八級とあるじゃないか。宣撫官に採用されれば、給料は下がることになるだろうが、それでもよいのか」

八木沼の言葉にたじたじとなった阿部だったが「もちろん給料の多寡を問題にして応募したのではありません」と毅然として答えた。

「そうか。ふふ」

それまで厳しい顔つきだった八木沼が緩んで微笑むのを見ると、阿部はまた驚いた。のちに無事に合格したことがわかると、阿部は八木沼のもとで宣撫工作にたずさわれる喜びをかみしめた。

吉田宇一《よしだういち》宣撫官（山西）も「ある宣撫官の回想記」（前出『黄土の群像』）なかで八木沼に出会うまでの経緯を述べている。

吉田は昭和六年（一九三一）に北海道の庁立小樽商業学校を卒業したのち、銀行勤務。しかし「覇気にみちた何かすばらしい生き甲斐のある途」を模索しているときに、新聞紙上で宣撫官の公募を知り、旭川師団司令部偕行社で受験した。三十人に一人という高倍率を突破し合格、昭和十三年（一九三八）十月十八日、二十五歳のとき、小樽を出発、宇品港を経由して大陸の秦皇島に上陸した。

北京の梅檀寺の宋哲元の兵舎だった訓練所で宣撫官としての訓練を受けるなかで、無味乾燥な内容が多かったが、興味をもったのは中国語教育だけだった。

しかし、もっとも強烈に印象に残ったのは総班長八木沼丈夫の訓示であった。訓練生が緊張して整列していると、八木沼が壇上にあがった。その風貌は彫りが深く、でこぼこで伎楽《ぎがく》の面を見るかのようだった。とくにつりあがった目は鋭く、はげしい怒りと悲しみをたたえていた。日焼けしているが、もともと色白だから、満州に長くいる日本人のような干からびた土色ではなく、つやがあり、はげ上がった額にほのかな〝赤光〟がさしていた。短い口ひげが前方に攻撃的に突出している。八木沼は目を輝かせ力強く語り始めた。

「現地に入ってまず君たちがやらねばならぬのは、日本人に対する宣撫である。軍人でも、官吏員でも、商人でも、あやまった優越心から中国人をまるでドレイのように扱う者が多く、これがどれほど、聖業の完遂を妨げているか知れんのだ」

「諸君がもし現地にあって、絶体絶命の危機に直面したならば、そのときはまず落ち着いて正座して静かに東天を拝むのだ。そのときとるべきみちの啓示をうけるであろう」

こうした八木沼の言葉は宣撫官在職中、吉田の心のうちに生きつづけ、職務遂行の道しるべとなった。

なかでも重要なのは、宣撫工作の対象が中国人のみではなく、日本人をもふくむ、いやむしろ後者のほうをどう宣撫するかがカギと見なされていたことだろう。それは平田五郎宣撫官（山西）が「大日本軍宣撫官」（前出『黄土の群像』）において「「大日本軍宣撫官」とは日本の軍を宣撫するためにも存在するのだ、という八木沼総指揮班長の言葉があったが、現実そのものを衝いたものとして痛感されるのが情けなかった」と述べているのと合致する。こうした八木沼の時局と現状認識に対する鋭敏な感覚は、多くの宣撫官の心をわしづかみにし、支持をあつめるのと同時に、軍の恨みを買うことになったのも容易に想像できる。

青江舜二郎も前出『大日本軍宣撫官』のなかで「とにかく、それまでの若い幼い私の人生においてこのような特異な風貌をした人物にはまったく会ったことはないのである。そしてその弁舌はじつに雄弁で情熱的で、聞き手は全身を電光でつらぬかれたような強烈な刺激と感動をうけ、さすがは支那大陸の宣撫班をしょってたつだけの人物だとその名調子ともいうべき弁舌に聞き入っているうちに、青春の血が沸き、肉が踊るのを覚え、「いよいよ一死をもって国に報いるべきときがきたのだ」というよろこびと、勇気が湧き上がってくるのであった」と、八木沼の特異な風貌と弁舌の鮮やかさ、聞く者に与える衝撃を明断に記している。

尾崎・歳森・鈴木・吉田・青江らは異口同音に八木沼の不思議な魅力を切々と語っている。〝宗教者〟としての落ち着きのなかに煮えたぎる情熱が同居したかのような八木沼の人間性は、まさにヒューマニストとしての人間愛の発露であるといった当時の評価にもうなずかざるをえないものがある。

しかしながら、前出の中山正男は『一軍国主義者の直言』のなかで、いくつかの八木沼の別面も描いている。

《一度八木沼に会った人は、その慇懃さに、一種の気味のわるささえ感ずるくらいだ。その謙虚な態度も口吻も、なにか気にくわぬことがおこるとガラリと一変し、鬼気面に迫り、悽壮な口吻となる。しかも愛憎はげしく、あるときは無限の愛情を示したかと想えば、その同じ人物にこんどは非情な憎悪を表白する、端倪すべからざる異常性であった。この明暗多彩、激変するすがたに私は幾度か瞠目したものであった》

中山は、八木沼の慇懃で謙虚であった姿勢が、突如はげしい憎悪をむき出しにするかのように変化する〝異常性〟をも指摘している。こうしたまったく異なる二面性を秘めたればこそ、出会った人びとはその差異におどろき、その彫りが深く日本人離れした風貌とも相俟って、次第に八木沼の魅力に引き込まれていったのであろう。

さらに中山は『立正興亜論』（高山書院、一九四一年）のなかの「宣撫官の歌」の一節で、テーブルに宣撫班員たちを集め、瞑目した八木沼につぎのような台詞を言わせ、その宣撫の思想を語らしめている。

《この〔明治天皇の〕大御心を体して宣撫の業にたずさわる者、われわれであらねばならぬ。……その第一業が、このたびの支那事変である。われわれ宣撫官たちはすべて手力男命《たぢからをのみこと》なのである、横雲に閉ざされている大陸の岩戸を、力をこめて開きまいらすその使命に立つものなのだ。この崇高なる理想のもとに進んでゆくならば、現実の足もとの苦難など、いとやすく越えられるものである。宣撫班にはいままで宣撫班としての血潮に彩られた歴史もある。功績もある、ではあるが、この際は、一切の私情を捨てねばならぬ。これが宣撫班なのだ。精神なのだ。時代はつねに飛躍と創造とを要求する。われわれは、国策の命ずるところ、軍旗の進むところ、莞爾として死ねばよいのだ。宣撫班の使命は、内にあるのではない外だ。

外なる大陸、その支那民衆にあるのだ》

八木沼はこう語ったのち、瞑目を開き、涙を溢れさせた。集まった班員たちの目にも涙が滴っている。ここには中山から見た八木沼精神、すなわち総班長と班長たちの精神的な一体感、中国民衆に対する情熱と悲壮感が十分に伝えられている。

八木沼自身の言葉でみずからの精神を語ったものはきわめて少ない。だが、中山や多くの宣撫官たち、八木沼の身辺に集った多くの者は彼の姿を、精神をつぶさに観察し報告している。彼らの言葉は八木沼という男の生き様を十分すぎるほど私の脳裏に刻みつけたのだった。

図21　北京時代の八木沼丈夫とその家族（武井伸子氏提供）

宣撫班総班長 八木沼丈夫

熱河作戦において宣撫官デビューを果たした八木沼は、四十歳を過ぎると、みずからが中心となって宣撫班を組織・指導していくようになった。

昭和十二年（一九三七）三月、満鉄鉄道総局参事となった。同年七月七日、日本軍と中国軍が衝突したあの盧溝橋事件が発生すると、ついに宣撫班を編成するよう内命が下され、八木沼は天津におもむいて急遽、支那駐屯軍宣撫班を組織した。いわゆる「大日本軍宣撫官」の誕生である。九日には早速、宣撫班が北寧線に配置された。十二月、八木沼は北京にもどると、十四日の中華民国臨時政府（河北・山東・河南・山西各省および北京・天津・青島の諸市）の成立と同時に、北京にも宣撫班を設けた（図21）。一方、八木沼は中国人側の行政組織・新民会の発足にも尽力し「新民会綱領」を起草した。

当時、八木沼は宣撫班の歌「武器なき戦士」を発表している。

一　空に照る陽はひとつだぞ　　ああ飜《ひるがえ》る飜る
　　旗の下にわれ死なん　　屍越えて乗り越えて
　　君大陸の柱たれ　　武器なき戦士宣撫官

二　四億の民は待ちなんぞ　　ああ奮い立ち奮い立ち
　　兵馬と倶にわれ征かん　　充ちたる恵みさながらに
　　脈打てと君雄叫けべよ　　戦場の母宣撫官

三　残存匪団なにものぞ　　ああたぎり来る赤き血を
　　夏草深き野に注ぎ　　乾ける土を呼び醒まし
　　興亜の泉湧かしめん　　武器なき戦士宣撫官

「君大陸の柱たれ」「興亜の泉湧かしめん」「四億の民は待ちなんぞ」「武器なき戦士宣撫官」「戦場の母宣撫

官」といった文言が踊り各所に散りばめられ、八木沼精神を体した宣撫官の使命がよく表現されている。この曲は、ビクターのレコードに吹き込まれた、前出の「討匪行」とならんで日本の民衆のあいだにも広く流行した。八木沼の宣撫工作、作詞活動の最盛期を飾るものの一つといっても過言ではない。

昭和十三年（一九三八）一月には、第一回の宣撫官合格者を迎え入れるため、北支那方面軍特務部宣撫班が設けられ、八木沼は総班長に任じられた。四十三歳のときであった。八木沼は江蘇省徐州や山西省にも赴いて宣撫戦線を視察した。

昭和十四年（一九三九）八月、関東軍の命によってノモンハン（満州国・日本とモンゴル人民共和国・ソ連とのあいだに発生した国境紛争）に従軍した。九月には満鉄北支事務局警務部次長、警務部部長代理へと昇級している。この年末までに宣撫班は軍の占領地拡大に伴い、北支各地の三百八十九県のうち二百七十五県に配置、宣撫官は日満中などをふくめて三千二百七十名にもおよんだ。

一方、戦死傷者数は百二十四名に達したという。ある記録にはつぎのような数字も見える。

北支方面軍宣撫官
戦死者　日本人二十八名　中国人十五名
戦病死者　日本人十七名　中国人四名
行方不明者　日本人五名　中国人十一名

この数字では八十名にしか達しておらず、最終的な数は判明しないが、「武器なき戦士」宣撫官とて決して安全な環境におかれていたわけではなく、少なからぬ戦死傷者を出していた。そこには中国人宣撫官もふくまれていた。

　この年、笠実が宣撫官採用試験に合格し「宣五」として中国大陸にわたってきた。笠がはたして八木沼と直接的な面識があったのかはわからない。しかし、他の宣撫官たちの回想を見ると、採用試験の面接で対面したり、天津ないし北京に到着後に訓練所で八木沼の講演を聴いたりしている。したがって、八木沼が笠を認識していたかはともかく、笠自身は八木沼の姿や講話に接した可能性はきわめて高い。前出の中山正男によれば、笠が耳にした講話はおおむねつぎのようなものだったろう。八木沼は情熱をこめて語る。

「宣撫班は八尺瓊曲玉《やさかにのまがたま》の大御心を体して支那民衆を、宣正撫民する。宣正は正義を宣べる。撫民は民を撫す。従って宣正することによって民を撫するのであります。これを仏教の解釈によりますと、八紘一宇が、一天四海、皆帰妙法、破邪顕正が折伏《しゃくふく》、宣正撫民が摂受と云っているのであります。ですから宣撫班は仏教精神によれば、摂受にあたるわけであります。又、皇軍をお父様に譬えれば、宣撫班はお母様になるわけであります。容共抗日の迷路にさ迷うている支那民衆を日支協和の正しい道に引き戻すべく父親の折檻が行われる。その民衆に道理を解いて正しい道に就かしめる母親の救護が施されるこの姿が、聖戦の姿であります」

「宣撫工作に大事な、医療器、薬品、食料、伝単、そう云うものが何一つなくなったとき、宣撫官はいかなる方法によって宣撫するのか。それは「まごころ」の満ち溢れた笑顔を与えることだ。真実の笑顔と笑顔の交流によって、立派に宣撫の成果を挙げることができるのだ」

　八木沼の情熱溢れる講話に感動した笠は、言葉を失ったにちがいない。他の宣撫官たちと同様、「本当にこの八木沼総班長についていけるのだろうか」と不安に感ずるとともに、「いいや、宣撫官たるもの、八木沼総班長の期待に応えられなくてどうする」という尊敬と決意の念を強く抱いていたのだ。笠は相反する二つの気持ちを抱えながら北支の任地へと向かった。しかし、どこで宣撫するにも、笠の心のうちには八木沼精神があり、それが心の支えだったのだろう。敗戦のときも、戦犯管理所抑留中も、そして帰国後もそうした気持ちは変化することがなかった。当然、宣撫廟で八木沼を祀るときには、いの一番に駆けつけ、他の宣撫官たちとの連絡、慰霊祭の準備から当日の司会まで、何でもこなした。

「八木沼総班長との出会いが、僕の人生を変えたんだ」

笠の脳裏には終生八木沼が去来していたのであった。

歌人八木沼丈夫はじつに多くの短歌を現在に残している。『満州短歌』『短歌中原』『短歌精神』などの雑誌上はもちろん、前出『長城を踰ゆ』、八木沼春枝編『遺稿　八木沼丈夫歌集』（新星書房、一九六九年）としても整理・発表されている。ここでは宣撫に関するもの五つを紹介しよう。

一弾はよく一敵を斃すべし伝単一枚をおろそかにすな

一つの弾丸はよく一人の敵を倒すことができるが、宣撫官が貼付する伝単を甘く見るな。一枚の伝単ですらも多数の人びとの考え方を変えさせることができるのだから。

乾ききりしこの大陸に新らしき泉湧くまで汝が鍬を打て

すっかり乾ききったこの大陸に、新しい泉が湧き出すまで（新しい中国が生み出されるまで）、君たち若い宣撫官が大地に鍬を打つかのように力を尽くさねばならない。

旅人とけふは来しかどここに死にし宣撫班員は十名をこゆ

本日は旅人とやってきたけれど、すでに大陸に散華した宣撫班員は十名を超えている。悲しいことだ。

国原はいたく瘠せぬとわれいひて熱きは黄土の乾きたるみち

広い国土はとても痩せてしまったといいながらも、黄土の乾燥した大地に私の情熱はそそがれている。

年古りし龍神廟に香炊きて額伏す群の吾も一人ぞ

古びた龍神廟で線香を焚きながら地面に額をこすりつけるように拝んで無事を祈る人びと。そのなかに私もふくまれるのだ。

いずれも宣撫班総班長・アララギ派歌人たる八木沼丈夫の面目躍如というべきか、宣撫官個人、中国農民の目線にまで下りた使命感や悲壮感が詠み込まれている。こうした宣撫官のおかれた状況に対する鋭敏な観察力、農民たちを思いやる心配りは、さきの仙波郁文や他の宣撫官たちよりも強く看取され、また総班長としての決意・責任感が明確に表現されているように私には感じられた。

新民会への統合と八木沼丈夫の死

盧溝橋事件により日中間に戦火が開かれたのち、日本軍は主要な都市を占領すると、そこへ宣撫官を配置していった。前述のとおり、北支三百八十九県中、二百七十五県に宣撫官がおもむいたというから、じつに七割を占めたことになる。宣撫工作の詳細は後述するが、そこではたした八木沼丈夫の役割は決して過小評価してはならない。もちろんすべてに直接に八木沼が関わったわけではないが、派遣された宣撫官たちの多くは赴任前に何らかのかたちで八木沼の薫陶を受け、八木沼精神を注入されたうえで、宣撫工作にあたっていた。まず日本軍や日本人を、ついで中国民衆を宣撫の対象にしようとする八木沼の方針は宣撫官たちのあいだに深く浸透していた。「大日本軍宣撫官」の腕章を腕にまき北支の各地におもむいた宣撫官たちは、八木沼精神をそれぞれの方法で模索・実践していったのだった。

しかし、昭和十五年（一九四〇）三月、宣撫班は突然、解散・統合されることになった。八木沼、四十五歳のときである。軍の嘱託であった宣撫官は、中国民衆の側にたっていたため、自然と軍との関わりも悪くなり、軍にとっては思想的に相容れない、まさに〝目の上の瘤〟であった。その結果、軍から切り離されることになったのだといううわささえもあった。宣撫班員はこれに対抗、「宣友会」を結成し、八木沼を会長に推戴した。

一方の新民会は「中国の政治は中国人に委ねる」という名目のもとに編成された行政組織であった。あくまでも「中国人を中心」としていたから、そこへ統合された元宣撫官たちは、県政連絡員と名称を替え、各県顧問などに任じられて、行政を側面から指導するというかたちをとることになった。一部の宣撫官たちには満鉄に復帰する者もあった。新民会の側もこうした措置を喜ばず、「軍」から派遣されてきた宣撫官と肩を並べて仕事するのを嫌がったらしい。

それまで宣撫班の精神的支柱として指導にあたってきた八木沼もむろんこれには猛然と反対の意志を示した。しかし、軍は強引に推し進め、八木沼には新民会中央訓練処長のポストを用意して懐柔しようと試みたが、八木沼はこれを拒否、軍との関係を断った。ここに宣撫班は〝発展的に〟解消されたのである。それでも宣撫班を基礎づけた八木沼精神は元宣撫官たちのあいだに共有されつづけ、その後も彼らは新民会にあっておもに宣撫・宣伝、情報収集の任務にあたりつつ、八木沼精神をつらぬいたとされる。

樋口忠宣撫官（山西）は統合にさいして一つのおもしろいエピソードを残している。統合が間近に迫っていたころ、樋口の勤務していた山西省臨汾に八木沼が来た。満州以来の盟友であった矢崎勘十が南方へ転出するのを見送り、時局を話し合うためであったが、じつは現地宣撫官の声を直接聞くことも目的であった。八木沼、矢崎、樋口らは夜遅くまで議論を重ねたが、新民会との統合に賛同する意見を述べた樋口は八木沼にこっぴどく叱られた（「宣撫指揮班長」前出『黄土の群像』）。統合の形式に不本意だった八木沼にとって、現地宣撫官の口から出た、みずからの存在意義を否定するような発言に驚き、怒りを隠しきれなかったのであろう。

図22　汪精衛
(Wikipedia より転載)

軍を辞したのち、八木沼は歌人としての活動を精力的にかさねた。昭和十六年（一九四二）から翌年にかけては、幾度か南京におもむき、南京国民政府の汪精衛（汪兆銘、図22）と単独会見、招かれて南京大学の講師となった。そのさい、八木沼は中国人青年に向けて講演をおこない熱弁をふるった。

「中国はいくつもの顔をもち、また矛盾せる幾多の性格をもつ。ゆえに狭小な国土に統一されている日本などと違って、中国の全貌を把握することは決して容易ではない。中国が謎の国といわれている理由はここにある。最近の中国の一部青年層の動きを見、南京の建設、上海の雑踏を見れば、中国はたしかに新しい動きと、危険なまでに過敏な反応をもっていることがわかる。しかし、それは一部特殊の様相でしかない。大体において中国は老廃の国である。大陸の士はすでに年老いて、風雪霜雪に曝されるだけ曝されて若々しい力を失っている」

「この老廃と自覚のない中国を救う道は、新鮮にして清潔な青年の『われに覚めた魂』以外にはない。この土中に埋もれた東洋の教えを揺りさまして、新しい生命に蘇えらせるもの、地下百尺を揺るがして、そこに眠る先哲の霊をゆり動かす者はだれか。それはこのたびの日中の戦争である。この戦争をとおして「血震いなば、新しき泉湧きぬべし」としなければならない。この意味において今度の戦いは、文字どおり日本の血潮が、中国の血潮とともにこの大陸にそそがれた。日中相戦う悲劇は、まさに血湧菩薩の百万現生である。この戦いが若き中国の魂を揺り動かして地下に眠る聖教の再興になってもらいたい」

南京大学着任当初、あまり中国人青年たちに相手にされなかった八木沼だったが、こうした講演や講義、学生たちとの対談のなかで次第に受け入れられるようになり、その神秘性のある風貌も相俟って、周囲に人の輪ができるようになった。

汪精衛の夫人・沈碧君《しんへきくん》もその一人で八木沼の教育ぶりを見て感心し、彼に革命の本場である広東に行くように勧め、二人で飛行機に乗り広東へと向かった。

広東で出迎えたのは旧知の矢崎勘十であった。彼は広東特務機関長になっていた。彼は八木沼にいった。

「八木沼君、汪夫人は排日だぜ。日の丸の国旗と日本軍が大嫌いなんだ。いつだったか県城で中日両国旗が交叉しているのをみて、その県長をどなりつけたこともあったんだ。でもそんな彼女もどうやら君には一目をおいているようだ。どうか彼女を説得してくれんだろうか」

八木沼は矢崎のために一肌脱ごうと決心し、ただちに汪夫人と会見。得意の中国語で日本軍の立場を述べ、誠意を尽くして協力を仰いだ。汪夫人は八木沼の情熱と迫力に圧倒され、「そうですね。そのとおり」とだけつぶやくのが精一杯で、最終的には日本軍への協力を誓った（前出『一軍国主義者の直言』）。

このように宣撫班総班長を辞職したのちも、八木沼精神が微動だにしなかったエピソードには枚挙にいとまがない。

昭和十七年（一九四二）から十九年（一九四四）にかけては、茨城県内原訓練所に出張したり、華北交通青年隊本部長・錬成部長を務めたりした。満州や中国、日本を股にかけて精力的に活動をつづけたのであった。

しかし、八木沼の体は次第に病魔に蝕まれていった。若い頃すでに肋膜炎に罹ったことがあり、なかなか完治できないでいた。それどころか宣撫班総班長の職務が多忙であったこと、年齢とともに体力が衰えていったこともあり、症状はひどくなるばかりであった。自宅療養をおこなって体調の回復を図ったものの、むしろ具合は悪くなる一方で、彼の「生きたい」という気魄がなんとかボロボロの肉体を支えているような状況だった。

昭和十九年（一九四四）十二月十二日の寒い朝、八木沼は自宅のある北京東城小羊毛胡同二十三号、クビライハンの観象台下の桂花荘において吐血、駆けつけた同志たちが見守るなか永眠した。享年四十九歳。諡号は法徳院能雄日顕居士。日本の敗戦まであとわずか八ヵ月のことであった。

生前の八木沼には、斎藤茂吉など歌人の友人が多く、彼らとさかんに歌会を催した。歌人と濃厚な結びつきをもった珍しい軍関係者の一人だった。一方で、宣撫班総班長として煙たがられながらも、一部の軍人やその関係者とのあいだにも深い信頼を築いていた。

昭和十年（一九三五）五月に大連にわたった桶谷茂は八木沼の「討匪行」に魅せられた。桶谷は奉天の路警（鉄道警察）講習所に入り、八木沼作詞の「路警の歌」を学んだ。講習中には八木沼が「愛路と宣伝宣撫について」と題して講演した。痩躯に背広、ネクタイ姿で、頭髪ははげあがり、眼光は鋭く、剽悍な風貌ながら話はじつに巧みであった。桶谷は『北満歌人』のほか、『満州短歌』『短歌精神』の会員となったが、八木沼に直接会って話せなかったことを悔いている。そして最後はつぎのように締め括る（「『討匪行』の八木沼丈夫」『一億人の証言』）。

《先生は昭和十九年十二月十二日、北京において病没せられたが、第二次大戦は苛烈の頂点に達し、しかも北支の治安は容易ならぬ時期に突入していただけに、死にきれぬものが去来したであろう。享年四十九歳の男盛りであり、悔いても余りあるものがある。

長城を興安を詠み余さざりし八木沼大人のこゑいまも聞こゆ

(長城を満州の興安嶺をも詠み余すところのなかった八木沼丈夫の声が今も聞こえるかのようだ。引用者)》

アララギ派歌人の柴生田稔は『思い出す人々――わが点鬼簿より』(短歌新聞社、一九九二年)のなかで八木沼丈夫を「歌人として」取り上げたいとしている。そこでは宣撫班で活躍した八木沼はもとより、斎藤茂吉との北満旅行におけるエピソードまで多くを語っているが、自身の思い出も綴っている。

《そのころのいわゆるカフェ(西銀座)に(八木沼を)案内したのだが、結局八木沼さんのおもてなしにあずかることになり、生まれて初めてハイボールを二杯、いい気持ちで飲み干して、立ち上がるときに腰が抜けそうな思いも味わったのであった。その間、諄々と語られた八木沼さんの話の内容は一向思い出せないが、胸に沁み透るような感銘だけは、今に残っている。……「頭髪をみじかく刈りし八木沼丈夫われを励ましたちまち帰る」と茂吉先生の歌に詠まれた八木沼さんの「風丰《ふうぼう》」、また「八木沼丈夫先生は、凛冽な気魄と無類の人間愛をもって、その生涯を大陸のために捧げられた」という香川美人氏の言葉などが鮮明に浮かび上がってくるのである》

歌人香川美人《かがわよしと》は「ああ八木沼先生」と題していくつかの短歌を詠んでいるが、うち一つを紹介してみよう。

戦のきびしきときにみ命のかぎりをつくし逝きたまひける

戦局の大変厳しいなか、御心のかぎりを尽くして逝ってしまった八木沼丈夫先生。なんと悲しいことだ。

香川は大正十五年（一九二六）から昭和二十三年（一九四八）までの大連生活を振り返りながら、抑留・帰国後ようやく出版できた『碧落――大連二十三年』（檸檬社、一九九二年）のなかに右の短歌を掲載した。「後記」では「私は次兄の影響を受けて十五歳のときから作歌をはじめ、斎藤茂吉を神のごとく尊敬した八木沼丈夫先生に師事することができた」と、青春時代を大連に送り、八木沼と出会えたことに感謝の意を表している。

その兄香川末光も歌人であり、前述のとおり、『満州短歌』に関わったが、その歌集『叢島《そうとう》』（短歌新聞社、一九八〇年）の「後記」を読むと、彼も一時期宣撫官を務めていたとわかる。

《私は十八歳のころから大連において作歌をはじめ、昭和四年に創刊された満州短歌に入会して八木沼丈夫先生に師事した。八木沼先生にお目にかかったのは翌、昭和五年のことであったが、その峻厳なうちに無類の親しさを秘めておられる人柄に魅了せされ、その後に受けた影響は今日でも生活の信条となっている。先生は、斎藤茂吉先生に学ぶことを「生くる日のよろこび」として徹底的に傾倒された人であった。満州事変、日中戦争を通じ、軍の要請によって宣撫の任務を統括指揮され、純粋な人間愛にもとづく烈しく妥協のない思想と行動に終始され、昭和十五年、軍と意見を異にして要職を去られたが、その後も日中両国の青年指導に奔走され、昭和十九年十二月、その心身を燃焼しつくされて四十九歳の若さで北京に客死された。昭和十三年に私は先生に呼ばれて北京に赴き、宣撫官として従軍し、終戦のときは河北省滄県の県公署顧問室に唯一人の日本人として勤務していたが、公舎の庭に立って多くの書類が炎になってゆくのを見守ったときの虚しい気持ちを忘れることができない》

末光の息子で歌人の香川哲三も父を病床に見舞ったときのことを詠んでいる。

八木沼丈夫語りて尽きぬ病床の父をまもれば目に力あり

師事した八木沼丈夫のことになると話の尽きない父末光を見守っていると、その目には生気があった。

末光・美人兄弟はともかく、末光の息子哲三にも八木沼の生き様が語り継がれたのであろう。八木沼は戦中・戦後の短歌界に大きな足跡を残したのである。

八木沼が勤務した華北交通は戦後に解散されたが、その後も華交互助会を結成し、定期的に雑誌『華交』を発行してきた。その『華交』一一九号（一九八六年七月一日）には、加藤文吉が「八木沼丈夫のこと」と題した文章を寄せ、八木沼の思い出を語っている。

昭和六十一年（一九八六）五月十三日、互助会第三十二回全国大会がパシフィック・ホテルで加藤ら二百九名が集まって開催された。席上、参加者全員で八木沼の「討匪行」を熱唱した。加藤はいささか「時代離れの感」もあったが精一杯声を出したという。八木沼の訃報を徐州で聞いたが駆けつけられなかったこと、八木沼の面影と声が今も脳裏をよぎったことを述べている。

加藤は茨城県内原訓練所の思い出も語っている。昭和十七年（一九四二）秋、華北交通は新入社員を訓練として一ヵ月間内原訓練所に派遣した。八木沼が隊長、加藤は助手となった。日中は訓練所の方針どおり農作業。夜は日輪宿舎で足を円形の中心に向け、加藤と八木沼は枕をならべた。夕食後には「討匪行」を朗誦することもあった。あの風貌、澄み切った声、独特の節回し。自作の歌を朗唱する八木沼の姿に感動を覚えた。斎藤茂吉の話をすることも多く、八木沼は斎藤を「現代の歌聖」と呼んでいた。加藤は「先輩（八木沼）と暮らしたこの一ヵ月は私にとって生涯忘れえぬ感激の月日であった」と懐かしく回想している。

『華交』一六四号（一九九八年四月一日）には、松谷隆男も「内原訓練所」という文章で八木沼のことを語っている。右の加藤の思い出とは逆に当時、華北交通内部では「なぜ新入社員にわざわざ内原訓練所で訓練を受けさせるのか」といった不満もあったらしい。それについて松谷はつぎのように推測する。

《その最大理由の一つに、新人社員の内原訓練に総隊長としてたびたび八木沼丈夫氏を起用していることである。八木沼氏は人ぞ知る愛路畑の重鎮であり、生粋の鉄道屋ではない。氏は満鉄時代に独創的な「鉄道愛護村」運動を進めて、沿線の治安安定に大成功を収めて関東軍の多くの将兵からも敬慕されたという。その後、北支に戦乱勃発以来、ここでも軍に乞われて宣撫班を組織して成果を挙げたが、氏の宣撫活動の要諦は、常に日中和平を築き上げる一番底の石になることを願って民心把握を第一義として、他国の民衆のなかにみずから飛び込んで真の友をつくることであったといわれている。

八木沼氏は、日蓮主義者として宗教的な世界観をもち、詩歌をよくし、当時、巷間よく口ずさまれた氏の作詞になる「討匪行」はあまりにも有名であるが、この作品に見られるように、その語句には悲愴、繊細な感情が溢れているとともに人道主義への美しい人間愛に満ちており、これが氏の人間としての基本的

な性格を表しているといわれている》

《〔宇佐美〕総裁が新入社員の入社時にあえて内原訓練所を選び、その指導をこの八木沼氏に託したことは、その心の中には、やがては会社を担って立つ新入社員になによりもまずはこの意識を叩き込むことが民族提携を実践し、建業の礎石として働いてもらうための最大の課題だと信じてこのスケジュールを進めたのであろう》

松谷の八木沼への思いは、もしかしたら戦後の満鉄・華北交通関係者のあいだに一定程度流布した一種の八木沼の〝神格化〟の影響を受けたものであるかもしれないが、宣撫班・新民会関係者のあいだでもよく似た言説が拡がっていたことを念頭におけば、八木沼の影響力を過小評価してはならない。私には八木沼丈夫という人物の〝魅力〟が当時の思想・精神世界において想像以上の拡がりをもっていたと思われてならない。

私も八木沼と加藤完治の関係を知るべく、茨城県の内原訓練所まで足を伸ばし、完治の四男弥進彦《やすひこ》氏に話をうかがいにいったことがある。残念ながら、八木沼との関わりについては手がかりを得られなかったが、満州への思いをめぐって、八木沼と加藤とのあいだに強烈なつながりがあったことを、父完治をしのぶ弥進彦氏の語りのなかに十分に感じることができた。

八木沼を締め括るにあたって、彼の親友の一人であった矢崎勘十に登場してもらおう（図23）。私の知るかぎり、矢崎が八木沼について記した刊行物は見当たらないが、武井伸子氏より「八木沼を回想する」という矢崎親筆の文章を提供していただいた。矢崎に八木沼の生涯を整理してもらうことにしよう。

図23　矢崎勘十参謀長
（前列左端、青江舜二郎『大日本軍宣撫官』より転載）

矢崎にとって八木沼は「最も心を許しあった友人」であった。八木沼を宣撫班に招請したのも矢崎であったと告白する。昭和六年（一九三一）九月の満州事変以来、「プロパガンダ」が流行語となるなか、関東軍司令部で対中国関係の宣伝を担当していた矢崎は、満鉄弘報課の上村哲弥、加藤新吉、里《さと》見《み》甫《はじめ》（阿片王として有名）らの協力を得ていたが、八木沼は参加しなかった。矢崎が奉天ヤマトホテルに八木沼を呼び出したところ、軍の宣伝工作に痛烈な批判を加えたため、矢崎は頭を下げて協力を依頼した。

「八木沼君、どうしても君の力が必要だ。頼むよ」

「わかりました。矢崎さん、全力を尽くしましょう」

これが矢崎と八木沼の関係の第一歩であり、後世にまで名を残す名宣撫班長の誕生であった。

日支事変が起こると、八木沼はただちに天津に向かい宣撫班を編成した。矢崎は参謀として兵団を率いて天津にいたると、まず八木沼を訪問し対支方策を語り、翌朝第一線へと出発した。保定・石家荘付近の会戦が終わり、矢崎の兵団が順徳に到着すると、八木沼は華北交通の宇佐美総裁と貨物列車に乗り、順徳まで慰問に来た。この八木沼の友情に矢崎は涙をおさえきれなかった。

昭和十三年（一九三八）、矢崎は山西省臨汾駐屯兵団の参謀長となった。北京から臨汾までの行軍は鉄路の不良、客車の不足、匪賊の横行などのために困難をきわめたが、「八木沼は早速慰問に来た。無蓋貨車の米俵のうえに乗り、防寒帽に防寒外套を着用してほこりだらけで降りてきた。二人は無言で手を握って涙を流した」。八木沼の友情と情熱の発露だった。二人は宣撫工作の進め方、軍の宣撫工作の問題点などを語り合い、互いに今後の活躍を激励し合って別れた。

昭和十五年（一九四〇）春、矢崎は広東特務機関長を拝命した。するとまもなく八木沼が北京を去って広東にやってきた。宣撫班が新民会に統合され、八木沼は軍を見限ってきたのだ。矢崎が八木沼に広東の宣撫工作を一任すると、八木沼の元部下の宣撫官たちがつぎつぎと広東にやって来た。

八木沼にとって、宣撫班を軍機関の一部とするか、中国側機関とするかで、宣撫の意味が大いに異なっていた。前者の場合、軍はその作戦目的を現地民に知らせ、また作戦に付随して起こる軍と現地民のトラブルを解決する。対して後者は、自己の政治を国民に知らしめ、対日本軍の態度について指導するためのみずからの宣撫工作が必要であった。八木沼は前者を重視し、矢崎も賛同した。

「かりに数万の良民が罪なくして生命を奪われ、あるいは私財を剥奪され、または住家と食糧を失うがごとき状態が惹起したならば、いかに宣撫してもその効はない。ゆえに八木沼はつねに日本軍の正しい行動を望んで、これがために八木沼は日本軍部にも嫌われた。しかし、信念の人八木沼は笑って自己の所信に邁進した」と矢崎は語る。

むすびで矢崎はいう。八木沼の活動は彼が作詞した「勘十会の歌」に凝集されている。名は矢崎からとってこそいるが、内容は八木沼および部下の宣撫官たちの行動を称えたもので、彼の世界観・戦争観を歌ったものである。

一　東辺道を叱咤して　征衣つくろうひまもなく
　　樺の林に雲凍る　興安嶺を突破して
　　国境遠く救いなき　吾同胞《はらから》を護りたり

二

ゆめのごとしと起《お》き転《まろ》び
老いたるもの稚《ママおさな》きも
到りたまうと咽《む》せびつつ
はては涙にかきくれて
双手《もろて》ひろげて神の兵
ああ東《ひむがし》に額伏《ぬかぶ》しぬ

三

征《ゆ》くは熱河ぞ沙帽山
長城高く日の丸を
北京は近し指呼《しこ》の間
廟嶺凌源《べうれいれうげん》ふみ破り
吹き翻しなお迫る
満城の敵混乱す

四

槐《えんじゅ》のもとにかがり焚《た》き
連りて翔《と》ぶかりがねを
吾がますらを照らしたる
結ぶ露営の夢さめて
叉銃線外《さじゅうせんがい》に立ちてきく
月の光ぞ身には沁《し》む

五

雲突く勇士悠々と
よしいざさらば通州に
地雷に馬は躓《つまづ》くも
鬼参謀は想《そう》を練《ね》る
巨弾を雨と叩き込め
莞爾《くわんじ》と座《すわ》す畠《はた》の中

六

雨また雨のぬかるみに
弾丸《たま》のみにして戦わむ
生の芋噛む部隊長
砲車はゆかず糧《かて》も来ず
馬上に兵をかえり見て
眼《まなこ》二つぞ光りたる

七

ああ戦は香《か》ぐわしき　芸術にしも比ぶべし
閃《ひらめ》くまにま追い撃《う》ちて　機を逸するな突き崩せ
柾馬《きょば》の河畔のゆうやみに　叱咤のこえのとどろけり

八

結ぼほれたる糸玉と　心焦《あ》らず釈《と》き放ち
いまとこしえに両国の　和平の基《もとい》さだむべし
おもいひそめていにしえの　堯《ぎょう》の廟をぞ繕《つくろ》いつ

九

水ゆたかにぞ流れたる　珠江のほとりいまもなお
くれないの花咲ほこり　ここ南《みんなみ》に燃えたぎつ
若き血しおは雲喚《よ》びて　革命の渦はびこりき

一〇

東亜のために叫びたる　孫中山はここに出ず
地下のいのちをいまよびて　大同の鐘打ち鳴らせ
あじあはついに一つなる　世紀の陣に先駆せん

一一

ものに怖れるを知らぬ身は　いづくのはても汗たりて
民の情《こころ》に触れむとぞ　しばしのひまも惜しみたる
君が心はいざよえる　山の彼方の雲にとえ

一二　いざよう雲よ言問《こと と》わむ　水はひくきにつきぬべく
人に情《なさけ》のかよいては　村のまつりのこえ和ぎて
日支一家のよろこびを　誰たのしまぬものかある

一三　ああ天《あま》つ風吹き立ちて　迷《まよい》の雲はいまはれん
臣《おみ》の誠をつらぬきて　生ける験《しるし》を広東の
新建設に捧げたる　功《いさお》は高し勘十会

一四　厳《にご》し岩根に雲抽《ひ》きて　立つ松が枝《え》の雄々しさを
君が指導に仰ぎつつ　崇《たか》き使命に身ぶるいて
ここに死なんも惜《くい》なしと　命かたぶけ来りたれ

一五　いま国策の適《ゆ》くところ　ああゆうぐものちりちりに
別れかゆかむ西東　さもあらばあれ国のため
結ぶ誓いの固ければ　また会う日までいざさらば

八木沼はつねづね語っていた。

「人は僕に歌を作ってくれ、莫大の金を払うから歌を作ってくれと頼むが、僕にはとてもできない。僕はあることに感激したとき、その感激が抑えきれなくなって自然に歌となるのであって、歌を作りたいと思っても、また頼まれては歌にはならない」

八木沼の歌は、彼の感情が堪えきれず爆発したものであった。そんな情熱の詩人八木沼を、矢崎はイタリア人で詩人・作家、ファシスト運動の先駆的政治活動家であったダヌンツィオ（一八六三〜一九三八年）になぞらえる。「南欧ラテン文壇の典型的詩人ダヌンツィオは、第一次世界大戦当時は熱烈なる国民詩人として活躍した。また一九一九年みずからフィウメ占領を断行して皇帝から公爵を授けられた。八木沼の世界観、人世観あるいは戦争観は、その構想においてはダヌンツィオに勝るとも劣らないものがあったと信じる」と八木沼を高く称讃した。一方で「日本人は軍歌の八木沼を知るが、彼の本領を知らないのものが残念である」と八木沼の功績を惜しむ言葉で締め括っている。

私は八木沼丈夫の次女伸子氏から多くを語り聞かされた。彼女の口から紡ぎ出される父親丈夫の生前の思想と実践、残された貴重な史料が語ってくれる八木沼の真の姿。八木沼自身が残した短歌は多く文章は少ない。だが、八木沼の信念や生き様は、家族や周囲の関係者が過去の八木沼を想像させるに十分なほど鮮やかに記録・記憶してくれ、現在の私に伝えてくれた。伸子氏がすべてを語り尽くしたとき、八木沼に惹かれる私がそこにいた。私はあたかも八木沼と対座して語り合ったかのように、その人間性に魅せられ、何とも不思議な感覚にとらわれた。

武井伸子氏に謝意を伝え邸宅を離れるとき、外はすでに夕闇につつまれていた。そのオレンジ色の空の遠く彼方から、威厳のある風貌に温かい微笑みをたたえた八木沼丈夫の激励する声が、私には聞こえたような気がした。「よく来てくれた。僕ら宣撫官の生き方と精神を現代の人びとに伝えてくれたまえ」と。私が驚いて空を見上げると、八木沼の姿はふたたび闇のなかへと消えていった。

第4章　中国人宣撫官 陳一徳と宣撫工作

宣撫とは

笠実が務めた宣撫官の思想的精神的基礎をさぐるために、私は宣撫班総班長だった八木沼丈夫の遺族をたずね、八木沼と宣撫班にまつわるさまざまな話をうかがってきた。

つぎに私の脳裏に浮かんだのは、笠たち宣撫官が戦場となった中国大陸で日々どのような任務を果たし、何を考えて過ごしていたかであった。笠の令息・晋一氏はもちろん、より多くの元宣撫官ご本人、遺族の方々をさがそうと日本全国をたずねる旅に出ると同時に、文献史料も収集しようと試みた。

結論からいえば、かなり多くのご遺族にお会いでき、夫としての宣撫官、父としての宣撫官の話を聞き、残された手紙や日記、写真、ポスターなどを入手できた。八木沼丈夫をはじめとする宣撫官たちのご加護があればこその収穫であった。

図24　坂根正雄宣撫官
（坂根タケ子氏提供）

第1章の冒頭で紹介した藤田寧一氏は、元宣撫官の父春雄の若きころの話をしただけでなく、久留米市の宣撫廟まで車で案内してくださった。東広島市の広島大学では、インド哲学研究室に在籍しておられた満田《みつだ》幸子氏と知り合い、義父の満田捨身《すしみ》宣撫官について話をうかがったり、写真を提供していただいたりした。島根県の坂根タケ子氏は、ご当地の名物出雲そばをふるまってくださったうえ、夫の坂根正雄宣撫官（図24）の写真を見ながら思い出話をたくさん聞かせてくれた。前出『黄土の

図25　津田康道宣撫官（津田雅行氏提供）

図26　岸本清夫宣撫官
（左の支那服姿、岸本勘也氏提供）

残照』の著者である村上政則宣撫官のご遺族は「自由にご利用いただければ」と多数の史料群を宮崎から郵送してくださった。岡山県笹岡市の津田《つだ》雅行氏は、ご自宅に多数所蔵されていた津田康道《やすみち》宣撫官（図25）の写真を閲覧させてくださった。東京都東久留米市の藤井《ふじい》元孝《もとたか》氏は、大陸にいた父藤井顕孝《あきたか》宣撫官との往復書簡を多数お見せくださった。福岡県の野田《のだ》武太郎《たけたろう》氏（二〇一七年四月逝去）は、みずからが代表取締役社長を務める福岡ビルサービス株式会社の創業者である松尾末彦宣撫官に関する情報を積極的にご提供くださった。ほかにも多くの遺族の方々の協力が得られ、ここにすべてを書き切れないほどの元宣撫官に関する情報が届けられた。

　このようにうれしい出来事があった一方で、私が痛感したのは、本格的に活動をはじめた十年ほど前、すなわち二〇一〇年代は、宣撫官調査はやや遅きに失した感があり、ご健在を確認できた元宣撫官はわずかに三名、直接お会いできたのはたったの二名にすぎなかった。岸本《きしもと》清夫《せいお》宣撫官（図26）は令息・勘也《かんや》氏のおかげで滋賀県の病床に見舞うことができたが、残念ながらインタビューすることは不可能だった。もう一人の中国人宣撫官陳一徳氏は車椅子を必要としたものの、矍鑠としており、幸運にも直接お話をうかがうことができた。これについては後述することにしたい。

ともあれ、ときの流れは無情なほどはやく、元宣撫官はほとんどが鬼籍に入られてしまい、歴史の濁流のなかにのまれてしまった。もっとはやく着手していればと悔やむ気持ちがないわけではない。それでもお会いできた元宣撫官ご本人や遺族の方々からは温かい励ましの言葉や協力の申し出を受け、何としても宣撫官たちの記録を整理し、後世に残したいと思うようになった。本章では、私がたずね歩いた元宣撫官や遺族の方々から提供された情報や史料をもとに、北支宣撫官であった若き日の彼らについて叙述してみたい。

「五族協和、王道楽土」をスローガンとして日本軍の満州国建国・北支占領は始まった。そこに果たした宣撫官の役割はまったくもって過小評価することはできない。宣撫官について語るならば、やはりまず八木沼丈夫の記録を参考にする必要がある。八木沼本人が執筆した「北支宣撫班の活躍」（『偕行社記事』七七八号、一九三九年）を中心に宣撫官の活動を描いてみよう。

その冒頭ではまず「宣撫班の任務とし目的とするところは所在民衆を宣撫教化し、治安の確立と協力せしめるとともに、民心の安定、民生の向上を図り、さらに進んでは、今次聖戦の意義を徹底し、興亜の禍源たる容共・抗日・反満の思想を根絶し、もって東亜新秩序の確立に邁進せしむることにある。要するに民衆を愛撫し、皇道を布くことである。北支民衆の牧者となり、民衆を混乱・困難の中から救い、正しい秩序の建設に進ましめることである」と述べている。

そして宣撫班は従軍宣撫班と定着宣撫班に分けられる。前者は、部隊の討伐にしたがい、軍の手足となって

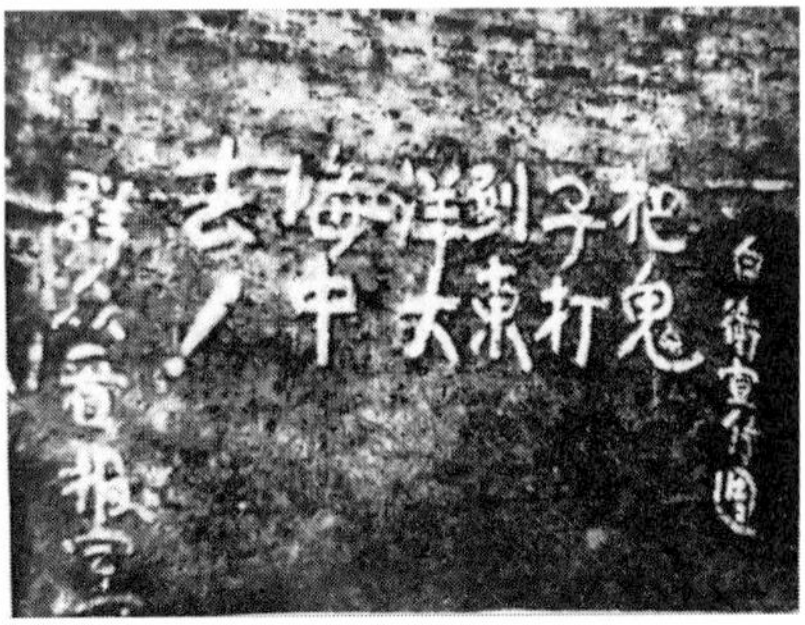

図 27　「自衛宣伝週　鬼子（憎むべき日本軍）を東洋大海（東シナ海）に叩き込め！　群衆看報室」と壁に書かれた抗日スローガン
（青江舜二郎『大日本軍宣撫官』より転載）

図 28　「赤魔（共産党）が死なざれば大乱は止まず」と書かれたポスター（宣撫廟蔵）

動くとともに、恐怖に逃げ惑う民衆を慰撫・誘導する。敵の抗日宣伝ビラや、壁に刻まれた抗日スローガン（図27）を剥ぎとる。「軍が休むときこそ、われらの働くときである」という標語のもと、軍が休止すれば、宣撫班は大急ぎで食事をすませ、村落工作に出発する。村民に皇軍到来の意義と共産党・国民党の悪業をわかりやすく説く。

後者は、皇軍が地域を占領すると同時に任務を開始する。占領直後にはまず逃亡した住民に帰来勧告をおこなう。相当数が帰来すれば、良民証を与えて安心させるとともに、難民収容所・施薬所・施米所・施粥所などを開設する。その後、発生するさまざまな問題に対応するために徳望の高い土地の長老を選んで会長とし、治安維持会を結成する。

このほか宣撫班の大切な任務としては、布告・宣伝ポスター（図28・図29）・伝単《ビラ》（図30・図31）の貼付、経済・産業上の諸工作、日本語学校の設立（言語の不通による摩擦を取り除くため）、小新聞紙の発行、青少年隊・婦女団の結成、キャラメル・仁丹などの食べ物や薬品、農作物の種子の配布、映画・絵はがきを用いた教化などがあった。

図 31　「共産党は世界の全人類の公敵だ」と謳った伝単（筆者蔵）

図 29　「躍進する新中華、天地は常に明朗である」と書かれたポスター（宣撫廟蔵）

図 30　「日本軍は物資が豊富であり、長期戦となれば国民党軍は滅亡する」と謳った伝単（筆者蔵）

図 33　演芸会に集まった津田康道宣撫官（前列左から２番目）と中国の群衆（津田雅行氏提供）

いくつか宣撫工作の場面を紹介しておこう。

宣撫官は通訳たちをひきつれて行く先々で住民をかき集めて宣撫講演を実施した。まず菓子やタバコを配布し、城壁の少し高いところに立って演説を始める。住民は「何事だろう」と見つめている。笠実のような中国語の堪能な者は中国語で直接に語りかければよかったが、すべての宣撫官が流暢だったわけではなかったので、そうした場合には中国人や満州人、台湾人の宣撫官・通訳が即座に中国語に翻訳していった（図32）。

「皇軍が来たからにはもう安心してよろしい。皇軍は怖くない。逃げた親戚や友人、一族郎党があれば、一刻もはやくもどるよう伝えなさい。困ったことがあれば、いつでも相談にのってやる。宣撫班をたずねるがいい。われわれは君たちの味方だ。さっそく本日午後から廟の前で演芸会（図33）や紙芝居（図34）を催すから見に来るといい。以上（完了《ウワンラ》）！」

住民たちは恐怖心もあって不可解な表情のまま、互いに顔を見合わせながら聞いていたが、「以上（完

図34　紙芝居の準備をする宣撫官
（小島利八郎『宣撫官』より転載）

図32　宣撫官による講演
（小池秋羊『北支宣撫行』より転載）

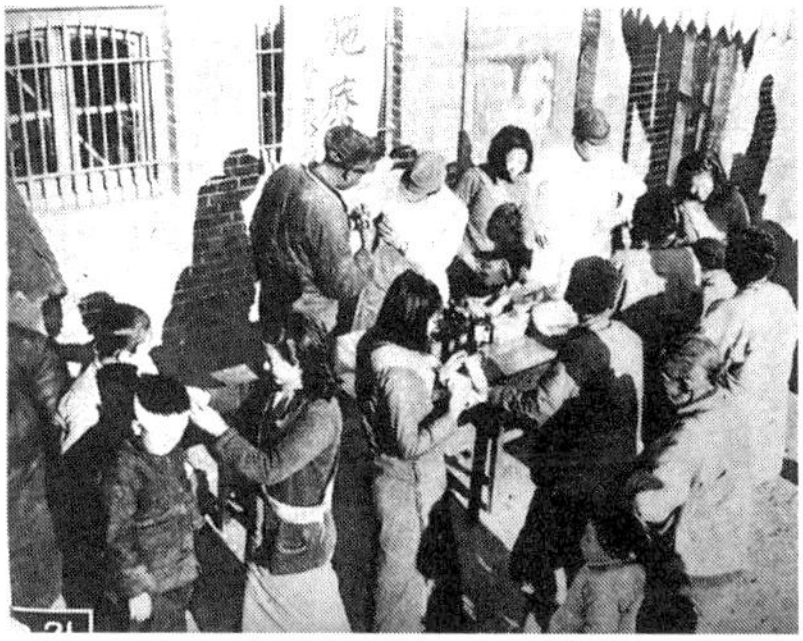

図36　医療宣撫の様子
（『写真週報』118号、1940年より転載）

図35　トラックで農村に行き講演する宣撫官
（小島利八郎『宣撫官』より転載）

了）！」の声とともにどよめき、隣同士で何やらザワザワと話しはじめた。頃合いを見計らってキャラメルや伝単をばらまいて、宣撫は終了した。

もちろん宣撫官は農村へも足を伸ばした。小島利八郎宣撫官は『宣撫官』（錦城出版社、一九四二年）のなかでみずからの体験談を書き残している。小島らがトラックに乗って、ある村にさしかかると、すぐに子供たちが歓声をあげながら走ってくる。

「メシメシ進上」「めしめし進上」

どこで覚えたか、日本語で口々に叫んでいる。キャラメルや菓子を投げてやると「わあ」と群がっていく。

「はは、子供たちはかわいいな。あんなに喜んでる」

小島らも目的の村に到着すると、同じように宣撫講演や紙芝居をおこない、ビラを配布、宣伝ポスターを貼ってまわった（図35）。

しかし、新しいビラやポスターを貼り終え、数日してまた宣撫にやって来ると、そのあいだに風雨があったにもかかわらず、真新しいビラやポスターのままであった。村長に仔細を問い詰めるとじつはこうだった。宣撫班が去ったのち、八路軍が来るというのでビラやポスターを剥がし、彼らを迎えた。彼らが去り、宣撫班がまた来ると聞くと、隠してあったビラやポスターを貼りなおして宣撫班を迎えた。村民たちも宣撫班と八路軍のあいだにはさまれて相当苦労していたのである。

また大河原秀雄宣撫官の手記をもとにそれを記事として『都新聞』に連載した、前出の小池秋羊『北支宣撫行』には医療宣撫（図36）についても記している。

村のなかで施療していた中国人医師の白宣撫官が、大河原宣撫官を大声で呼ぶので行ってみると、四十代の女性が腫れ上がり膿を出して変色した足を投げ出していた。

「痛くてたまらないよ、アイヤー」

女性は泣き叫んでいる。

「思い切って膿を出してやりたまえ」

白宣撫官がやっとメスを入れると、膿がどっと流れだしたので、大河原は脱脂綿できれいに拭きとってガーゼに軟膏を塗って傷口にあて包帯を巻いてやった。すると数日後には回復した。そのほか、やけどを治療したり、アスピリンや咳止めの薬を与えたり、淋病の患者が多かったから白檀油《びゃくだんゆ》を施してやったりした。農民たちはもともと切開や医薬品を施されることがほとんどなかったから、大変効果があり、次第に宣撫官に心を許すようになった。しかし、「日本から来た医者は体に毒を注射して村人を皆殺しにする」とか、「傷ついた日本軍の傷兵に使うため、支那人の血を根こそぎ搾りとる」という流言蜚語が執拗に拡がり、宣撫の実をあげるのは想像以上に難しかった。

図37　八木沼丈夫『愛路画本』（筆者蔵）

八木沼の宣撫工作に話をもどそう。八木沼の主導による宣撫を考えるとき、外せないのは、さきにも述べた鉄道愛護村の結成による愛路運動（鉄道愛護運動）の展開であった（図37）。北支ではコーリャンが重要な食糧であったが、これが鉄路に沿った地帯でみのると、列車は視界をさえぎられ、結果として匪賊の襲撃に悩まされることになった。そのため沿線に鉄道愛護村を設け、コーリャンなどを刈り取らせ、車窓からの視野を左右に開けるようにする。さらに「一人愛路、万民享福（一人の愛路がみんなに幸福をもたらす）」の標語のもとに愛護村民が交替でパトロールをおこない、怪しい者を発見すれば、宣撫班に急告させる。こうした愛路運動を満州で成功させた八木沼は、それを北支にも導入したのである。愛護村に包まれて北支の各大動脈は支障なく軍事輸送の大任を果たすことができたといわれる。

愛路運動と宣撫官

満州国では鉄路沿線の両側五キロメートル以内の村を「鉄道愛護村」に指定し、宣撫・管理を加えながら、鉄道の防備を担わせていた（筒井五郎『鉄道愛護村——私説・満州移民史』日本図書刊行会、一九九七年）。華北交通が出版していたパンフレット『華北交通』一九四〇年版でもそれを踏まえて、当時の愛路運動の様子を紹介している。

《日支事変勃発直後、満鉄が占領地の鉄道沿線に逐次鉄道愛護村を組織したのは、満州における経験と実績にもとづくものである。華北交通もこれに学んで、鉄道路線ではその両側各十キロ、自動車路と水運路線とはその両側各五キロの地帯内にある村落を網羅して、愛路村を設定している。而して現在指導しつつある愛路村の総数は八千ヵ村、その人口は三千万に達している。……駅を中心とする数ヵ村が集まって地方愛路区を結成し、その区長は駅長である。村長の補佐役となって一切の指導訓練にあたるのは、華北交通社員たる警務段員である。「以民護路」あるいは「一民愛路、万民享福」などの標語を掲げておこなわれる愛路工作は、直接には民衆自体の手によって交通路を防御せしむるのを目的とするが、抗日意識を打破して親日に転向せしめ、あわせて民生の利福向上をはかり、ひいて沿線の産業開発に資すべき遠大な理想に根ざしているのである。このため交通会社は、村民の思想善導に努むるかたわら、無償で多量の優良種子や樹苗を配布したり、施療施薬班を巡回せしめたり、あるいは廉売品と演芸班を満載した愛路列車を運転し、……村民の福祉厚生のためあらゆる手を尽くしている》

これは華北交通のパンフレットの一節であるから、プロパガンダの要素があることにも配慮する必要があるだろうが、北支における鉄道愛護村の具体的な設置方法と目的が簡潔に述べられている。

逆にいえば、それだけ列車転覆を目的とした八路軍の爆破・襲撃事件がつづき、北支の治安上の深刻な問題になっていたことを意味しよう。直接的にはこうした問題を解決するために愛路運動が展開されたのであった。

しかし実際のところ、愛路運動はより広い構想のもとに進められていた。一九四〇年十二月四日の『朝日新聞』（東京）の「愛路農民道場――中堅指導者育成」という記事は以下のとおり。

「北支蒙疆の水陸交通網を綜合経営するかたわら、愛路村八千村を結成して鉄道、自動車、水運、路線一帯の治安確立、三千万同村民の産業指導、民生向上などに顕著な実績を収めつつある華北交通の愛路運動は、世界各国に類例を見ない珍しい文化宣撫工作として、各方面から注目・期待されているが、このほど新たに愛路勤農場規定を制定、三千万農民の愛路農民道場を天津、泊頭、北京、保定、坊子、太原、承徳、徐州の八個所に設け、新生中国に活躍する中堅指導階級の農民の育成を図ることになった」

ここにいう愛路農民道場とは『北支』一九四二年七月号の「支那事変五周年、鉄路愛護村一」に見える愛恵民研究所と同様の機関で、優秀な愛護村青年を収容、農業技術の改良・指導をおこなうことを任務としていた。「世界各国に類例を見ない珍しい文化宣撫工作」とまで呼びうるのかどうかは判断しかねるが、満州国・北支の鉄道沿線において農業指導までをもふくむ愛路運動が展開されていたのである。

愛路運動の担い手としては、愛路少年隊や婦女隊といった中国人の青少年の男女が想定されていた。内閣情報部編輯『週報』七六号、陸軍省新聞班「武器なき戦士・宣撫班」には詳細に記す。

《当局（宣撫班）は村民の危急が迫った場合、優先的に保護するばかりでなく、欠乏物資や菓子、日用品、雑貨の配給をおこなってやったり、優良種子や苗木を分譲したり、愛護村民の教養のため村塾を開設し、文化の恩恵に浴させるなどの特権を与えるので、村民は我が真意を次第に理解し、宣撫班をしたい、匪賊が襲来したとき、民衆が「宣撫官にもしものことがあったら大変……」と自分たちの家にかくまってくれた、うるわしき情景も見られた。民衆の友になり切っているだけに宣撫班には犠牲がほとんどない。また班員が村を去るときが来ると、村民はこぞって班員とともに退去しようとするなど、涙ぐましい場面も生まれる。鉄路愛護村には村内の青少年男女をもって鉄路愛護村青年隊、少年隊、婦女隊などが編成され、

将来の確固たる愛護村の指導者となるための訓練を受けている》

占領地行政の現場では、もちろん宣撫官のみでは職責を果たせず、鉄道愛護村を編成し、青年隊・少年隊・婦女隊を組織して、愛路運動に貢献しうる人材の育成に努めねばならなかった。「うるわしき情景」や「涙ぐましい場面」がどこまで真実を反映しているかはわからないが、宣撫官と中国民衆の関係には一つの言葉では括れない多様なものがあったろう。

図38　小島利八郎宣撫官
（『宣撫官』より転載）

前出の小島利八郎『宣撫官』は宣撫官自身による宣撫工作に関する回顧録である。小島は北京から天津、済南、徐州へと移動し、徐州で第九一宣撫班に配属され、最初の任地は安徽省宿遷県となった。その後第一四五宣撫班勤務を命じられ同省亳《はく》県へと転任、さらに江蘇省徐州宿県夾溝《きょうこう》県へと転勤し、新設の第一七八宣撫班に所属した。そこでの主要な任務が愛路運動だった（図38）。

《私たちの宣撫班の主目標は鉄道愛護村工作であった。鉄道愛護工作は、一口に云えば、鉄道沿線の村々を組織して列車通過の無事故を図り、そのかわり鉄道による利便と恩恵をそれらの村民に遍くあずかり知らしめ、それらと並行して東亜新秩序建設の現実を彼らに周知せしめることにあった。まず所定区域の村長を召集して、愛護村長会議を開催し、東亜の現実を周知徹底せしめると同時に、各自の村の責任分担区域を設定し、その区域に各自監視小屋を設置すべきことを命じた》

鉄道沿線の都市に配置された宣撫班は、愛路運動がもっとも重要な任務であった。宣撫班が管轄区域内の村長を召集して愛護村長会議を開催し、各村が管轄する路線を決定、沿線に監視小屋をもうけるとした。

できあがった監視小屋には、各村から交替で監視人が派遣され、小島たちが巡視してくると、旗をふって合図した。小島たちは監視人たちにタバコやマッチ、キャラメルなどの慰問品をあたえて励ました。小島はつづける。

《監視小屋が完成するとともに、それらの村々に情報網を完備させることが急務になった。……その〔監視小屋の〕後方にある各愛護村に情報網も完備して、事を未然に察知しなければならなかった。そのために各村に青壮年をもって自衛団を結成せしめ、その中に情報班を設けて、毎日情報を夾溝にある宣撫班まで持ってこさしめた》

監視小屋の監視人は何か異状を察知したら、村長および愛護村にもうけた自衛団の情報班に伝え、情報班はこれを宣撫班に急報するという連絡網が構築されていた。

しかし、情報網の構築というのはたやすいが、実際にこれを確実に運用していくことはきわめて難しい。とくに言語上の問題だ。かりに監視人たちが真面目に監視・報告しようとも、それが正確に伝わらねば絵に描いた餅になりかねない。

ここで重要な職責を果たしたのが、中国人・満州人・台湾人などの宣撫官ないし通訳であった。かつて宣撫官だった張成徳《ジャンチェンドア》なる人物の貴重な証言が残されている。彼は、山東省寧津《ねいしん》県に住んでいたが、十六歳のとき父親が奉天で鉄匠鋪（鉄工所）を開いたため、ついていって手業を学ぼうとした。しかし、父親は勉学させようと日満書院、すなわち日本人が経営する私立の日本語専門学校へ通わせた。二年もたたないうちに、新聞紙上で宣撫官募集の広告を見たので受験したところ採用された。昭和十三年（一九三八）、彼が十九歳のとき、日本軍の山東占領にともなって、膠済線の普集車站（車站は駅の意味。以下同様）・龍山車站・蘭村車站・城陽車站と即墨・海陽両県の宣撫班で宣撫官になった。

「鉄道沿線の宣撫班はまず愛護村を組織し、線路の保護、破壊活動の防止をおこないました。沿線両側十キロメートル以内の村落はすべて愛護村に指定されました。毎朝、愛護村長はかならず一つの情報を送らねばならず、もし何も異状がなければメモに「平安無事」と書きました。送られてきた情報は、専門人員が登録しました」（張成徳「日軍侵華的特殊工具――〝宣撫班〟」『山東文史資料選輯』二五輯、山東人民出版社、一九八八年）。

張の話によれば、愛護村長は毎朝報告を提出する義務があり、何もなければ「平安無事」とだけ記せばよかった。村長であれば「平安無事」と記せる程度の識字レベルがあったのであろう。

ところが、それはあくまで「平安無事」であった場合であり、重要なのはむしろそうでなかったときの報告方法、とりわけ、緊急を要する報告の場合である。内容は複雑となるうえ、識字レベルが低い、ましてや日本語はまったくわからないのだから、当然ながら口頭での中国語による報告にならざるをえない。そうしたときに大きな役割を果たしたのが外国人宣撫官ないし通訳であった。外国人宣撫官の存在についてはすでにふれてきたが、彼らの存在は情報の正確な伝達はもちろん、中国民衆との接触が必要な宣撫にとっては不可欠なものであったといえよう。張のような外国人宣撫官については、本章の後半部分で詳しく述べたい。

こうした情報網を正しく維持するためには、宣撫官は愛護村民に物資的な援助、福利の増進を図らねばならなかった。小島はいう。

《このように愛護村民の負担は大きかったが、……何か鉄道による恩恵を施してやらなければ、彼らの負担はたんに肉体的のみならず、精神的に不満を増長させることになるであろうと思われた。そこで私たちは、民衆の喜びそうな品物や、支那芝居や医者を載せた厚生列車が来ることを希望し、種々問い合わせてみたが、早急に来そうな様子もなかった。それで協議した結果、とりあえず昨今、民衆が困っている塩や石油などの民需物資を斡旋することになった。〔宣撫〕班長が徐州に行って軍当局と交渉し、必要な塩と石油缶を列車に満載して帰ってきた。それを各村に割り当てて配る日には、各村から集まってきた牛車が夾溝の町に満ちあふれた》

宣撫官にも愛護村民にも期待されていたのは、前述の愛路厚生列車の到来であった。さまざまな品物や劇団、医者や看護婦をもたらしてくれる愛路厚生列車の手配は、愛護村民の協力に対する大きな〝見返り〟となった。実際に『写真週報』など当時のグラフ誌には、愛護村民と思われる多数の人びとが群がるように愛路厚生列車に殺到して品物を買い求めているシーンが収められている（図39）。

図39　愛路厚生列車に群がる中国の民衆
（『写真週報』118号、1940年より転載）

愛路厚生列車はあくまで鉄道沿線に限定されたであろうが、沿線に位置しているわけではない都市や農村には、陸運でこうした物資や娯楽、医療がもたらされ、宣撫に一役買っていたものと思われる。

こうした愛路運動を宣撫官たちはどのように感じていたのであろうか。小島はつぎのように回想する。

《このような情勢のうちに愛護村は次第に固まっていくように思われた。私たちは間断なく各村を巡回宣撫して歩いた。隣の班の分担区域では列車事故が突発したけれども、私たちの班の分担区域にはいまだ一度も起きなかった。……各愛護村ががっちり手を組んでいることが無言の示威となって、敵も潜入しがたいのであろう。そう思うと、私たちは村民に無限の感謝の念を覚えるのであった》

《夜の九時頃、浦口発北京行の国際列車が私たちの分担区域を通りすぎるのであったが、それが通りすぎるまでは眠る気なんかしなかった。無事に通過したという知らせがあると、ああこれで今夜も無事であったと大きく安堵するのである。もし何か不吉な情報でも入手すると、それが心配になって、ついにはみずからその場所に出向いていって、警戒兵とともに警戒に任ずることすらあった。そのようなさいに監視小屋をのぞくと、監視人が寒さに震えながらうずくまっている。「辛苦《シンクー》（ご苦労様）」「辛苦」と声をかけてやると、彼らはうれしそうにほほえむのであった。……やがて列車の車輪の轟きが聞こえ始めると、各監視小屋の人びとは一斉に小屋の前に出て、線路に異状がないことを知らせる合図につぎつぎとカンテラを振るのが、闇の中に丸く輪を描いてつぎつぎと移っていく。その様子を見ていると、眼の前を地響き立てて走りすぎる列車の食堂車に酒を飲んでいる人びとを思い浮かべて、おそらくはこの警戒兵や村民たちの苦労も知らないだろうと急に憤懣の情をおぼえたりするのであった》

小島はたしかに日本軍の支配のもとで、宣撫の名のもとに愛護村民たちを監視人として使役していた。しかし、みずからも軍から課された鉄道保護、列車事故の防止という重責を担うなかで、愛護村民たちの協力によってはじめてみずからの責任が果たされていることに気づき、深い感謝の念を抱くようになった。監視小屋で震える村民たちにねぎらいの声をかけるとともに、小島は何も知らず、何の苦労もすることなく安全と贅沢をほしいままにする乗客たちに憤りすら感じていた。

軍と中国民衆のあいだに立たざるをえなかった宣撫官たちは、多かれ少なかれ、小島と同じような境遇に立たされたであろう。たしかに宣撫官をファシズムの手先と批判することはたやすい。だが、宣撫官という職務にあった者は、何が中国民衆のためになるのか、心に葛藤をもっていたであろう。自分のしていることは「いったい誰のために」なるのか。ここには「愚民を指導してやる」という考え方とは一線を画するみずからのおこないの意味を考える契機がひそんでいたといえる。

戦後になって、元愛路少年隊員が来日した例がある。前出『華交』一一九号には、山西省平遥県の警務員だった森本重太郎が「四十年振り、感激の再会、元愛路少年隊員」と題して、おおむね以下のように少年隊員との再会を記している。

今年五月十四日突然、賈継《ジャアジィ》君より電話があった。

「森本さんですか。中国の賈です」

「何、賈君、今どこから、太原？」

「日本に来ています。いま大阪にいます。お元気ですか。四十年振りに話ができ、とてもうれしいです」

賈君は涙声。通訳の仕事で来日したらしい。

「九時にホテルへ行きます」

四十年ぶりの再会が決定。九時前にホテル前の路上で食事から帰る一行に出会い、たがいに気づいて駆け寄る。

「賈君」

「森本さんですか」

手を取り合い感涙にむせぶ。

二人の出会いはこうだった。昭和十五年（一九四〇）、森本が華北交通に入社して平遙警務段勤務となり城内へ出かけると、老弱男女を問わず、自分の姿を見ると一目散に家にもどり門をぴしゃりと閉じた。「これでは……」と感じた森本が毎日出かけ、笑顔で挨拶を交わすと、鎮長（市鎮＝市場《いちば》町の長）の賈侃璋《ジャアカンジャン》（日本語では「か・かんしょう」）が大いに協力してくれるようになった。

このころ結成されたのが愛路少年隊と婦女隊であり、前者に入隊したのが賈の九歳の息子賈継君だった。森本は教練や日本語を指導し、賈君は小柄で利発、真面目な少年だった。森本はしばらくして転勤したが、後継の西野夫妻の指導を受けた。十二歳のとき、愛路部の日本留学選考で選ばれて愛媛県の松山・日華育英会へ行った。終戦後、連絡が途絶え、森本が心配していると、昭和二〇年（一九四五）十二月中旬、山西軍の鉄道護路第一大隊に留用されていた森本を突然、賈君がたずねてきた。

「やっと日本から帰ってきました」

二人は無事を喜びあった。しかし、その後しばらくするとまたも消息がつかめなくなり、森本は昭和二十一年（一九四六）五月、再会の機会を得ないまま帰国を果たした。そしてこのたびようやく四十年ぶりの再会を果たしたのだった。

「われわれと関わりをもったばかりに、随分苦労させたね」

「いいえ、当時はどん底の暮らしで、もう一生駄目と覚悟していました。しかし、今は幸せに勤め、こうして日本にも来ることができました。日本語を習ったからで、みんな森本さんと西野さんのおかげです。二人にはとても感謝しています」

これはまれな例なのかもしれないが、森本と賈継は旧交を温めあうほど関係がよかったといえる。

ここでもう一度、宣撫に話をもどそう。中国研究者として有名な竹内実は戦後「宣撫の思想」に正面から向き合った。まず田代弘宣撫官の回顧録（『宣撫班とは如何なるものか』軍特務部宣撫班本部、一九四四年）などから宣撫の現場を再現した。

図40　宣撫官の講演に聴き入る中国群衆（『宣撫官』より転載）

「民衆を集め、王宣撫官が演説をした。そのとき、民衆の一部からウォーッという泣き声が起こった。思わずその方をながめると、いままで立っていた民衆はつぎつぎと地に坐りこみ、手をあわせて泣き出したのだ。それはみるみる拡がっていった。何百、おそらくは手にあまる民衆は地に座って、ともども泣いたのである」

「僕も泣けてきた。匪賊のために、こんな困苦にあう民衆が悲しかった」（図40）

竹内は、こうした感覚は宣撫官の〝純粋さ〟をあらわしているが、それは決して慟哭する民衆たちと溶けあうものではなかった。つまり宣撫は独善的、独りよがりに過ぎないと鋭く指摘する。

すなわち「中国の民衆にとって、日本軍は敵なのである。しかし、〈中国の民衆に見えている敵としての自己〉が、〈宣撫の思想〉からは欠落している。宣撫班員には、そのような〈自己〉は見えない。あるいは見えたとしても、〈思想〉にくみいれようとしない。自己の敵である、八路軍・共産主義が中国の民衆にも敵なのだと信じ、その敵の存在を中国の民衆に教えようとする。その教える行為が、宣撫班にとっての〈宣伝〉であった」（竹内実『日本人にとっての中国像』春秋社、一九六六年）。

竹内が述べるように、たしかに宣撫官と中国民衆の感情はクロスしていない。宣撫官の〝独りよがり〟〝幼稚さ〟も少なからず見受けられる。宣撫を「思想」として掘り下げ、厳しく糾弾する竹内の語り口は、戦後日本の思想界を代表したものの一つだ。ただし〝独りよがり〟〝幼稚さ〟を実証することはきわめて難しく――当時の中国民衆の気持ちを推し量ることはほぼ不可能だ――、現場の状況を熟知していた宣撫官たちが、中国民衆を目の前にして自分たちの〝使命（何ができるか、何をすべきか）〟――彼らも十分とはいえないまでも中国民衆に分け入って情報を収集したはずである――をどのように認識し行動していたかをより深めて考えていかねばならない。

宣撫官の戦死

宣撫官はその名が示すとおり、戦場からは後方に位置する占領地で職務にあたることが多かったため、一般に安全な環境下にあったと思われがちだが、従軍宣撫をはじめとして、危険な討伐にしたがうことも少なくなく、多くの宣撫官が戦死している。

八木沼は前出「北支宣撫班の活躍」のなかで具体的な日付は記さないものの、宣撫官の犠牲に言及している。尾崎熊一宣撫官の討伐中における壮烈な戦死のほか、満州人宣撫官三名と日本人宣撫官一名が襲撃され、身に重傷を負いながらも匪賊を撃退した満州人宣撫官張宝中《ジャンバオジョン》（ちょう・ほうちゅう）の活躍を「日満の両国民が完全に一体であることを、身をもって示した」と褒めあげている。また「共産匪」に事務所を襲われたが、機密書類を燃やしたうえで自決した小宮宣撫官（名は不明）の決死の行動についても語っている。

満鉄社員会編の雑誌『協和』にも宣撫官の戦死が悲しくも華々しく報じられた。昭和十三年（一九三八）二月十五日の二一一号には、前述の尾崎熊一宣撫官の戦死が「満鉄魂燃ゆ！　宣撫官尾崎熊一君の戦死」と写真つきの記事で掲載されている。とりわけ、彼の死は宣撫官最初の戦死者であったから「君の遺芳は永く後代に伝えられるであろう」と特別扱いだった。葬儀では松岡洋右満鉄総裁、八木沼丈夫宣撫総班長らの弔辞が捧げられた。

同年五月十五日の『協和』二一七号には立山芳光宣撫官の戦死が「敵匪三百と勇猛死闘し、立山宣撫官殉職す」と報じられた。山東省第四十宣撫班副班長であった立山は、四月八日、敵敗残兵と遭遇し、終始先頭にたち奮戦したが、腹部に狙撃を受けた。病院にはこばれたものの、「四月十一日二十一時三十五分、ついに護国の鬼と化したが、死期の迫るを知るや、遙かに東方を拝してニッコリと微笑みさえ浮かべた」と一種の美談として語られている。

これらはわずかな例にすぎないが、宣撫官の任務は決して安全を保障されたものではなく、少なからぬ危険をはらんでいた。金森千春「山西への追憶」（前出『黄土の群像』）によれば、「宣撫官の首は〇〇元〇〇元と評価されて、懸賞づきで狙われている」といううわさがあったほどである。

一方で、宣撫官の死は右のように一種の「健闘美談」として語られる傾向が強かった。同年二月一日の『協和』二一〇号掲載の倉橋敏夫「北支宣撫班の現地報告」には「宣撫班員は、今や北支の各地において孜々営々として、明朗新支那誕生の礎石を築きつつあるが、そこには血の出るような苦心に彩られた幾多の涙ぐましい佳話が、数かぎりなく生まれている」と記し、〝啓蒙〟〝使命〟〝決死〟という文字が躍る宣撫官の美談が綴られ、「北支児童の感謝文」がそれを傍証するものとして掲げられている。

しかし、さきの「宣撫の思想」と関わるが、宣撫官の思いとは裏腹に中国人は宣撫官をどのように見ていたのだろうか。この問題を考えるのはかなり難しい。中国人側の証言を入手するのは困難だからである。そこで次善の策ではあるが、日本側がおこなった座談会から、日本側がどのように見ていたかを再現してみよう。昭和十三年（一九三八）八月十五日の『協和』二二三号には「宣撫班の活躍を語る座談会」（参加者は満鉄社員）なる記事が載せられている。

〈支那人は宣撫班をどう思っているか〉

青木芳郎　近頃は宣撫の仕事も非常にやりやすくなりましたよ。というのは、前には兵隊さんが宣撫班を知らなかった。夜おそく歩哨線などを通るとき宣撫班だといってもわかってくれない兵隊さんがいて困りましたよ。最近、軍と協力するものであることがわかったので、いろいろな点で助かります。……

朱膳寺春三　僕が北支へ派遣されたのは去年の八月九日だ。満鉄はそのとき第一回八ヶ班を天津で組織した。当時の天津は民心が非常に緊張しており、長辛店などは第一線でもっとも危険地帯だった。郎坊や長辛店に行く者は死ににでも行くかのように思っていた。今じゃ北支到るところに宣撫班が活躍していて、まるで一年前に夢想もしなかった状態になっている。

組織からいっても、満州事変当時の宣撫班に比べて非常に機械化し科学的宣撫とでもいうべき状態になっている。従来のやり方は、従軍宣撫一点張りで台風一過式なところがあったが、今回は定着宣撫班がいて民心の収攬をやるので、その効果は非常に大きなものになっている。……

記者　支那人は大体宣撫班のことを何と思っているのでしょうか。

向島要吉　恐いと思っていますね。だんだんわかってきますが、結局宣撫班の勢力のおよぶ範囲しかわからない。日本軍にしてもさようで、支那ではばかばかしい宣伝をやっているので、捕虜となった支那兵など、聞くと見るとは反対だといって喜んでいます。村民を可愛がっているし、飯はくれるし、親切で丁寧で、今まで鬼のようだと聞いていたのが、こんな有様だから、だんだん日本軍の真意がわかってくる。

本座談会はこのような状況で話が進められていくが、はっきりとわかるのは、せいぜい、宣撫班が昭和十三年（一九三八）頃から中国各地に派遣され、戦場に姿をあらわし、宣撫工作を活発に展開するようになったこと、そして中国人が宣撫班を日本軍と同様「恐い」存在と見なしていたことの二つである。それ以外はすべて日本側が「そうあって欲しい」という希望的観測、自己正当化の表現にしか見えない。もちろん宣撫官の役割を過小評価するわけではないが、中国民衆にとって宣撫官は決して「味方」だったわけではなく、まさに「溺れる者はわらをもつかむ」といった状態で宣撫官にすがったにすぎないだろう。座談会の内容は日本人の目から見た、あまりにお気楽な日本側の主張を代弁したものにすぎない。これまでに紹介してきた宣撫班の高邁な理想や、宣撫官個人の犠牲的精神を完全に否定するわけではないが、やはりもっと客観的な立場からの理性的な議論が欲しかったところである。

宣撫官の果たした仕事にも批判的な目を向ける人びとがいる。とりわけ性暴力の問題においてだ。石田米子編『黄土の村の性暴力——大娘（ダーニャン）たちの戦争は終わらない』（創土社、二〇〇四年）は、山西省における日本軍の性暴力を告発した。そのなかで宣撫班（宣撫官）の「資質の劣化」「士気の低下」があたかも彼らによる慰安所の設置・利用に帰結したかのように述べている。客観的に見て、むろんそうした例があったことは否定できない。しかし宣撫官のほか、県顧問・新民会・県政連絡員などがすべて同様のことをおこなったかのように断罪するのは、逆に〝結論ありき〟の安易なレッテル貼りにしか見えないのも事実なのだ。

それだけ宣撫官という存在は中国民衆や日本軍兵士の人間一人ひとりに近い位置にあったのであり、結果、功罪相半ばするようなグレーな立場にあったといえようか。

中国人宣撫官 陳一徳

再三述べてきたように、宣撫官のなかには外国人宣撫官も存在した。中国人・満州人・台湾人・朝鮮人などが通訳をおもな任務とする者として採用されていた。

前出の樋口忠宣撫官は、もともと満州国官吏として中国語を学んでいたが、八木沼丈夫から「君が必要だ」という電報を受け取って感激し、北京におもむいて第四十五班班長に任じられ、「日系三名、中満系五名」の宣撫官と行動をともにしたという（前出「宣撫指揮班長」）。

飯島易邦宣撫官は「支那事変の拡大に伴って、八木沼宣撫総班長より「国家が君を必要としているのだ、宣撫班に来て活躍してくれ」との要請を受けた。よって、警護総隊に辞表を提出し、〔昭和十三年（一九三八）〕五月三日に依願退官の発令を受けた。河北警務段、当時愛路少年隊員として訓練した優秀な青年崔雲瑞《ツィユンルウイ》（さい・うんずい）と二人で、八木沼総班長を北京の〔宣撫班〕本部にたずねた。大変喜ばれ、崔雲瑞とともに北支那方面軍宣撫官とな」った（「支那事変と大東亜戦争の思い出」）。

また、蓮井敏雄宣撫官も「私〔蓮井〕と張《ジャン》〔宣撫官〕とは、ビラ、ポスター、その他の宣伝資材をリュックサックに詰めて歩行で従軍した。隊が部落にさしかかると、部隊の先頭に走り出て部落に入り、住民に廟に集まるように呼びかけるとともに、ポスターを各所に貼り、集まった村民に対しビラを配りながら、張が街頭演説をおこな」った（「河東道の思い出――明朗宣撫官の記」、以上、前出『黄土の群像』）。

このように宣撫班が日系と呼ばれる日本人と、中系・満系と呼ばれる中国人・満州人などから構成されていたことは他の戦記物にも多数確認でき、しかも言語上の問題から両者がペアで活動していたことを想像させるものが少なくない。笠実のように、そもそも中国語が堪能だった者ばかりだったわけではなく、むしろそれは少数派で、こうしたペアを組んで宣撫工作にあたった例のほうが多いと考えたほうが妥当であろう。

また台湾人通訳が活躍したこともしばしば語られる。中支の例ではあるが、宣撫工作にあたった関田生吉は『中支宣撫行』（報道出版社、一九四三年）のなかでつぎのように吐露している。

《帰来した良民の産業を援助するにも、一番困るのは言語の不通なことである。……通訳がなくては用は辨ぜられない。……つけ焼刃的に北京官話などを学んだだけでは物の役に立たない。そこへゆくと自然のうちに中国語を覚えて来ている台湾人の独り舞台である。そんなわけで台湾出身の通訳は数知れぬほど採用されているし、またいくら採用しても足りない実状である。この台湾出身の通訳が介入すれば、皇軍の中国土民の指導はすらすらとゆく。……捕虜を得れば「通訳！　快々的来々！」と叫ばれるし、地方要人が警察隊を訪ねて来れば「通訳！」と呼ばれるし、通訳もなかなか忙しい。この忙しい通訳が殆んど各隊毎にいるから、その数から言っても大したものである。私は戦地に来て台湾同胞の有難味を痛切に感じた一人である》

しかし現在となっては、これらかつての外国人宣撫官や通訳をさがしあてることは容易ではない。時間的な問題だけではなく、政治的な問題にも関わるからだ。アジア太平洋戦争で日本が敗戦し、中国大陸から撤退すると、とりわけ中国人・満州人で日本軍に協力していた者たちは「漢奸《ハンジィェン》（中華民族の売国奴）」として扱われ、漢奸《かんかん》裁判にかけられたあげく投獄・銃殺された者も少なくなかった。代表的な人物としては汪精衛《ワンジンウェイ》（兆銘）、繆斌《ミャオビン》、周仏海《ジョウフォハイ》などがあげられる（劉傑『漢奸裁判――対日協力者を襲った運命』中央公論新社、二〇〇〇年、益井康一『漢奸裁判史――一九四六〜一九四八』みすず書房、二〇〇九年）。

同様のことは宣撫官についてもいえる。すでに述べたように、日本人宣撫官に積極的に協力してきた外国人宣撫官や通訳たちは、敗戦とともにその後ろ盾を失ってしまい、同国人の恨みや攻撃の対象となったことは間違いない。戦後中国の文化大革命にまでおよぶ巨大な政治的変動のなかで、彼らは自己批判を迫られ耐えきれず自殺したり、漢奸として私刑・公開処刑されたりするなど、きわめて過酷な状況下におかれた。宣撫官や通訳であったことをうまく隠しとおすことはあるにしても、それを堂々と語ることなどはありえない。さきに紹介した張成徳は、日本軍の諜報・スパイ行為、奴化教育を告発するために故意にかつぎだされた可能性が高い。私もこういった事情を理解していたために、外国人宣撫官をさがし出して話をうかがうことはまったく期待していなかった。そもそも思いつきもしなかった。

ところが、前出『黄土の群像』の末尾に附された興晋会会員の名簿・住所・電話番号を見たとき、「これはもしかして！」とカミナリに打たれるようなショックを感じた。なかに「陳一徳」というあきらかに中国系と思われる姓名を発見したからである。幸いにして連絡方法も記載されている。「もしかしたら、この電話番号はまだ生きているかもしれない」という根拠のなき期待と、「いや、使われている可能性はもはや高くはないだろう」という半ば確信にも似た不安という二つの感情が心に同居していた。

「よし、ともかく電話してみよう」

私は思いきってその番号に電話を入れた。プルプル、プルプル、電話のコール音が鳴り響く。誰も出ない。でもつながるにはつながったようだ。「だめかな」そうあきらめかけたとき、突然電話がとられ、男性の声が聞こえた。

「はい、もしもし中越ですが……」

「え、すみません、中越さんのお宅なのでしょうか。私は陳一徳さんという方をさがしてお電話を差し上げた者なのですが……」

図41　来高中の元宣撫班メンバー新村須一氏と
（右が陳一徳、中越景之氏提供）

「はい、陳一徳は私の祖父のことです」

「そうですか！　陳一徳さんはご健在でいらっしゃるのでしょうか」

「元気ですよ。九十歳を超えてますがね。いまは足を悪くしたので、車椅子には乗っています。でも体のほうは大丈夫です」

　まさに奇跡がおとずれた瞬間だった。結論からいえば、私がさがし出すことができた宣撫官ご本人三名のうち、一人は中国人宣撫官の陳一徳氏（図41）であった。しかも孫の中越景之《けいじ》氏からうかがうかぎり、お話しすることもできるという。私は喜び勇んで、陳一徳氏の住む高知県高知市へと向かった。

　まもなく温かな春を迎えようとするある日の正午すぎ、私は高知市内の中華料理店「華珍園」に到着した。大きくて立派な門構えの高級感あふれる「華珍園」は陳一徳氏が戦後に創業した本格的な中華料理を提供するお店だった。私がお店のドアを開けると、中越景之氏が「お待ちしていました」と笑顔で話しかけてくれた。

「そちらの席におかけになってください。いま父を連れて来ますから」

現在、陳一徳氏はすでに現役を引退し、景之氏が後を継いで店を切り盛りしていた。私は緊張しながらも勧められるままに席に座り、陳一徳氏の登場を待った。まるでときが止まったかのようだ。

「お待たせしました。祖父の陳一徳です」

景之氏が車椅子を押しながら入ってきた。

「わざわざお越しくださりありがとうございます。私が陳一徳です」

にこやかに語りかけてくれる一人の老人。白髪で小柄だが、がっちりした体格、それとは対照的な何とも柔和な笑顔。

「この方が陳一徳さんか。彼の人生はきっとわれわれが想像もつかぬほど大変なものだったに違いない」

そう思いながら、私は立ち上がって陳氏と握手し、挨拶を交わした。温かな、やさしさを感じさせる手だった。

ひととおり挨拶をすませると、景之氏が私にいった。

「ご覧のとおり、父はまだ元気ではありますが、残念ながら長いインタビューに答えるだけの体力はございません」

それは私にも十分に理解できた。たしかに矍鑠としてはいらっしゃったが、耳もやや遠くなり、受け答えの反応も若い人のそれとは異なっていた。とまどう私に景之氏はつづけた。

「でもご安心ください。祖父はこのような日が来ることを見越して、自分の人生をカメラの前ですべて語りつくしたのです」

景之氏がすっと一枚のＤＶＤを差し出した。

「これを差し上げます。これをご覧になれば、祖父がどのような人生を送ってきたかわかるはずです」

私が目を落とすとそのＤＶＤには「有限会社　華珍園　会長　中越一徳の記憶」の文字と、家族一同の写真が印刷されていた。中越一徳とは陳一徳氏の日本名だった。ちなみに陳一徳という姓名も本名ではない。本名は公開しない。それを約束にインタビューを受けてくれた。興晋会には陳一徳の名で登録されているから、陳一徳はあくまでも日本での通称として用いているようだ。

「ありがとうございます。じっくり拝見させていただきます。これは大変貴重な記録になると思います」

私がそういうと、陳一徳氏と景之氏はにこやかにうなずいてくれた。それから一時間ほど簡単なインタビューをしたのち、私は華珍園を離れた。陳一徳氏はちょこんと車椅子に乗りながらも、最後まで玄関のところで見送ってくれた。それが「出会い」であり「永遠の別れ」でもあった。その日の晩、自宅にもどった私は、陳一徳氏の波瀾万丈の生涯を知ることになる。

陳一徳（以下、敬称略）は大正六年（一九一七）七月五日、中国は河南省清豊県に生まれた。村名、本人の姓名、父母の姓名も判明するが、身元の特定を防ぐため、ここには記さない。陳は姉二人、妹一人、弟一人の五人兄弟の長男として誕生した。

小学校は地元の小学校を卒業したと思われるが、中学は姉の義父にすすめられて大連に行くことになった。昭和六年（一九三一）四月に大連小崗子の日満合弁高等中学校——現在のところ、この校名の学校は確認できていない。大連小崗子公学堂あるいは商業学堂ではないか——に進学し、中高六年間学んだ。その生徒は七割近くが日本人で占められており、日本語が必須であった。小崗子は大連市街の西北に拡がる中国人街で、露天市場があり、中国人労働者であふれていたという。さきに述べたように、八木沼丈夫と斎藤茂吉も偶然ここをおとずれている。三人の歴史がクロスした現場だ。

卒業後は、日本語をもっと勉強したいとの理由で、陳は日本人が雑貨・酒屋を営む福貴洋行で働いた。

昭和十二年（一九三七）になると、北京の杉山部隊（杉山元北支那方面軍司令官）が軍の嘱託として宣撫官を募集した。陳はこれに応募、合格して六ヵ月間、訓練を受けたのち、昭和十三年（一九三八）四月十日に山東省済南市の二十一師団鷲津部隊（鷲津鉛平中将）に所属し、徐州市の宣撫班に配属された。日本が敗戦する昭和二十年（一九四五）八月まで徐州で宣撫工作に従事した。

陳一徳の言葉を借りれば、宣撫班とはつぎのような役割を果たす組織であった。

「宣撫班というのはね、日本軍の宣伝活動部隊。宣伝活動部隊とは中国市民に日本軍の理解をうながす部隊で、市民を戦争の巻き添えにしない、あくまで中国政府との戦いであるとの広報をおこない、また中国の日本軍に対するテロ情報など、情報提供を依頼し、一方で、薬や電池を提供、困ったことがあれば相談にのるといった活動をさしています。つまり日本軍が占領した地区の混乱を防ぎ、安定化をめざした活動のことです」

陳一徳はこれ以上、宣撫工作について掘り下げた話はしていない。しかし、中国人宣撫官がおこなった具体的な工作内容は、これまで見てきたように、軍が通りかかった村落や占領した都市などで中国の民衆を集めて、中国語で日本軍の真意を説いて治安の回復・安定を図り、ビラを配ったりポスターを貼ったりするとともに、キャラメルやマッチ、薬品などを配布して民衆の心をつかみ、日中相互の交流を着実に進めていこうとするものであった。

陳一徳自身はとくに発言していないが、得意の日本語を駆使しながら、彼なりに中国民衆の生活の安定のために努力しようとした結果として宣撫官の道を選んだと思われる。そうした選択が正しかったか否かはさておき、当時の中国人の選択肢の一つに日本軍への協力が存在したこともたしかであった。つぎの為政者がだれとなるのか、民衆には皆目見当がつかないなかで、「生きていくために」身近な選択肢――陳一徳にとって「日本」はきわめて身近な存在だった――のなかからいずれかを選びとる判断を迫られたのであった。

そして陳一徳は運命の終戦日、昭和二十年（一九四五）八月十五日を迎えた。陳は宣撫官として対日協力者となった以上、日本軍撤退後も中国に留まれば、「漢奸」として罪に問われる可能性は十分にあった。陳自身もこの点を十二分に理解しており、中国政府による身の危険が身近にまで迫っていることを察していた。陳はそのときの上官で宣撫班班長であった武田一郎に相談をもちかけた。

「班長、僕はこのまま中国に残ったら、きっと酷い目に遭わされるに違いない。もしかしたら殺されるかも」

ブルブルと震え、青ざめる陳に武田は意を決したように告げた。

「おれらといっしょに日本へ行かんか。日本はアメリカに負けて、それほど厳しい管理はおこなわれておらんだろう。命が助かる可能性は十分にあるぞ」

「いいんですか」

「いいも何もそれしか方法はないだろう。任せておけ」

その後、陳は武田とともに青島（チンタオ）に向かい、引揚げの日本軍兵士に紛れ込んで日本行きの船に乗った。そのさい、さまざまな書類の提出を要求されたが、武田が何とかうまく誤魔化してくれ無事に中国を離れたという。父母にもまったく連絡を取らぬままの逃避行であった。陳はいう。

「親不孝者ですよね。音信不通でしたから。たぶん父母は私が戦死したのではないかと悲しんでいたでしょう。日本で落ち着けるようになってからようやく手紙を出しましたがね」

図42　国際新聞社時代の陳一徳
（中越景之提供）

そして昭和二十一年（一九四六）二月二日、長崎の佐世保から入国した。ツテをたよって香川県丸亀市へと移動したが、当初の予定どおりには事がはこばず、大阪におもむいた。陳は大阪から中国へ帰国することも考えたが、当時の国際的な状況、中国国内の政治的状況から見て、帰国には大きなリスクがともなうと断念、途方に暮れていた。そのとき偶然にも一人のアメリカ人と知り合った。陳は思い切って打ち明けた。

「僕は正式なルートで日本に入ったわけではないし、日本の国籍があるわけでもない。華僑の知り合いもいないから、どうしたらいいのでしょうか」

アメリカ人は陳のために一計を案じた。

「いい案があるぞ。『自分は日本軍の捕虜として、日本に連れてこられてしまい困っている。どうにかならないか』っていうのさ」

これが思わぬ好結果をもたらし、陳はアメリカ軍から中国人捕虜が集まっているところへ行くように指示され、現地（具体的な場所は不明）で一ヵ月ほどすごした。戦勝国アメリカ軍のもとにいたため、比較的裕福な生活が送れたという。そのさい中国からもってきていた紙幣（中国元）と、中国へ帰国予定の中国人捕虜の持っていた紙幣（日本円）を交換してもらった。中国人捕虜は解放されたとき、日本における過酷な労働に対する口封じのため、多くの賄賂をもらっていたからだった。

しかし、その後も国共内戦のため、陳は帰国を果たせず、当時大阪に設立された中華民国国際新聞本社に就職した。この会社は華僑が経営したもので、半年後の昭和二十一年（一九四六）十月五日、陳は高知支局に転勤となった（図42）。

そもそも中華民国国際新聞社とは何だったのか。陳によれば、昭和二十年（一九四五）二月のヤルタ会談において、降伏後の日本を、アメリカ・イギリス・ソ連・中国の四カ国で分割統治することが取り決められた。イギリスは九州から関西まで、ソ連は北海道、中国は四国、アメリカはそれら以外を統治する予定だった。中国側の四国統治の準備機関として設立されたのが国際新聞社で、中国人と日本人が採用され、日本語と中国語で新聞を発行した。しかし、マッカーサーはソ連の日本への介入を拒み、さらに中国をも排除したため、国際新聞社の存在理由は霧散し、廃業にいたったという。

陳がおもむいた当時の高知は、戦後の焼け野原のままだった。高知支局の宿舎は旅館「臨水」があてられていた。これがまたもや陳の人生を変えたのだった。「臨水」で初めて陳を出迎えたのが、のちに妻となる中越富士恵だったのである。富士恵は寅年生まれのまさに「肝っ玉母さん」といった感じの女性で、テキパキと仕事も家事もこなしたが、寂しがり屋な一面ももっており、二人は次第に恋におちたという。

陳は昭和二十二年（一九四七）八月まで国際新聞社に勤めたが、廃業間近と知り、富士恵と結婚、高知市内に中華料理店「華珍園」を開業した。陳は妊娠した妻・富士恵とともに、昼間は新聞社に勤務しながら、夜間は店を手伝った。

昭和二十二年（一九四七）十一月、華珍園は現在の場所に移転。昭和三十六年（一九五一）十二月には有限会社華珍園を設立、陳は代表取締役に就任し、華珍園を見事、立派な中華料理店にまで育てあげた。

こうして陳一徳は大連小崗子の学校に通って以来、得意の日本語を用いた宣撫班への配属、「漢奸」として処分されることへの不安からの日本への渡航、アメリカ占領軍との関わり、国際新聞社への就職と高知支局への転勤、富士恵との出会い、そして日本での永住と、まったくだれにも予期できないような複雑な道を歩んできた。それは濁流のように押し寄せる時代の流れに翻弄された人生にあって、がむしゃらに〝生きよう〟とした結果でもあった。

こうした一生のなかで、宣撫官となったことは陳の人生で最大の転換点であったといってよい。それに対して陳は肯定もしていなければ否定もしていない。そのときを懸命に生きてきたからこそ、陳はあえて何もいわぬまま、歴史に評価をゆだねたのかもしれない。

そして二〇一〇年、陳はみずからの生涯をＤＶＤに焼いて残そうと決意した。同年二月四日、冬の暖かな日差しがさしこむなか、華珍園に景之氏ら血縁者八名を呼び集めた。すでに九十三歳になっていた陳は、白髪に眼鏡をかけ、おだやかな笑顔で語り始めた。

「お休みのところ、皆さんには私のために時間を割いてもらって、大変申し訳ない。今日は私の生い立ちについて、これまでみんなには話したことのなかったことをいうておきたいと思います。いま九十三歳、数えで九十四歳ですかね、よう、この歳まで生きてきたなというのが偽らざる心境という次第でして、――」陳は終始笑顔を絶やさず、温厚な好々爺といった感じで最後まで話しきった。

私は陳のＤＶＤを見終えたとき、結局、日本軍が中国民衆にもたらしたものは何だったのか。濁流に押し流された人びとは、何を思いながら、何にどう抗おうとしたのか。最後にはどのような心境に到達したのか。その真っ只中にあった一人の中国人の人生を垣間見させられたような気がした。

陳は日本に落ち着いたのち、興晋会の会員となった。とくに山西省にゆかりのない陳が興晋会に入会した理由はわからないが、興晋会は宣撫官の戦友会である宣友会と深いつながりがあったため、宣撫官関係のツテで入会したものと推測できる。しかし、興晋会が『黄土の群像』を編纂したさいには、もう一人の中国人会員と思われる楊叔衍《ヤンシューイエン》（よう・しゅくえん）なる人物とともに「中国人から見た民政工作について」の部分を担当するよう依頼されたが、残念ながら陳・楊いずれも最終的には寄稿しなかったようである（作内秀雄『興晋会（綴）』）。やはり中国人の矜持として書くことは憚られたのであろうか。

残念なことに陳は本書を手に取ることができない。平成二十九年（二〇一七）一月二十八日、彼は永遠の眠りについたからだ。享年九十九歳。私の筆が遅いことを恥じるのみである。今はただ彼の冥福を祈りたい。

笠実ら宣撫官たちの多くは、きっと陳一徳のような外国人宣撫官と肩を並べて、宣撫工作をおこなった経験をもっていたであろう。彼らが中国大陸に託した夢は戦場に儚くも散った。戦後、福岡県久留米市の宣撫廟に日本人宣撫官だけでなく、中国人・満州人・台湾人・朝鮮人宣撫官をも祀ったことは十分に理解できる。ただそれは決して〝真の友好親善〟ではなく、日本人の陳ら外国人宣撫官への〝良心の呵責の念〟のあらわれでしかなかった。

スローガンとされた「五族協和」がどこまで真剣に追求されたのか、どの程度成功したのか、現在では否定的な評価が多く提出されている。私もそれに異論はないが、時代の濁流をただ茫然と見つめて歴史的な価値判断をくだすのではなく、そこへ否応なしに巻き込まれていった、笠や陳ら個人のライフヒストリーをしっかりとつむぎ出し、後世に伝えていくことも、いまわれわれに求められている重要な仕事なのではないだろうか。

陳は昭和二十一年に敗戦後の日本に命からがら渡ることができたものの、その後の人生も決して平坦なものではなかった。一方、私が追いかけてきた宣撫官笠実の日中戦争は、昭和二十年（一九四五）八月十五日では終わらなかった。あの「山西残留」に巻き込まれていくからである。むしろ笠の長い日中戦争はここからが本格的な幕開けだったといってもよいのかもしれない。新たな物語は山西省太原での城野宏らとの出会いから始まった。

第5章　山西顧問補佐　城野宏と山西残留

東京大学本郷キャンパス近くのとある高級マンションに私は向かっていた。不昧堂出版の水谷安見《やすあき》氏という編集者の方と待ち合わせていたからである。

「こんにちは。ここが城野さんのお宅のあるマンションですか？」

「そうです。こちらの６階です」

「さすが城野さんですね。こんな高級マンションとは」

編集者と私は挨拶もそこそこにエレベータに乗り、６階へと上がっていった。不昧堂出版は城野宏の書籍の再版を手がけており、水谷氏はその担当編集者だった。「城野」と表札のある扉の前に立つと、私は緊張しながら呼び鈴を押した。

「はい」

扉の内側から声が聞こえる。

「不昧堂出版の水谷です」

「ちょっとお待ちになって……」

しばらくすると扉が開き、一人の年配の女性が顔を出した。

「城野さん、お久しぶり。お体はいかがですか？」

水谷さんが親しげに声をかける。

「まあまあかしらね。どうぞ上がってください。わざわざ遠くからいらっしゃって。お待ちしていましたのよ」

やや小太りの体を少し重そうにしながらも、城野さんはにこにこと笑ってわれわれを迎え入れてくれた。体調が必ずしも良いとはいえないと水谷さんから聞いてはいた。

「この方があの城野宏の奥様か。どんな話が聞けるのか、楽しみだな」

私はそんなことを考えながら、奥の居間にとおされ、すすめられるままにソファーに座った。

「こちらの方がなんでも城野宏さんのことをお聞きになりたいそうなんですよ」

水谷さんがそういうと、城野さんがすぐさま言葉をつないだ。

「わたくし城野宏の妻で利江《としえ》と申します」

「早速ですが、ご主人の城野宏さんのことを調べています。よろしければ、昭和三十九年（一九六四）四月に中国の最後の三人の戦犯として、城野宏さんがご帰国されてからのことを中心にお話をうかがいたいのですが……」

「彼は帰国したときもう五十一歳でした。彼は先妻とは死別していて、お二人のあいだには娘さんが一人いましてね。私とは再婚だったんですのよ。彼からはいろいろな話を聞いたわ。私のわかる範囲内ですべてをお話ししますね」

私が城野宏のことを問いかけると、利江氏は体調があまり優れないにもかかわらず、うれしそうにしながら一つひとつ大切そうに思い出を語ってくれた。

東京帝国大学から中国山西省へ

大正二年（一九一三）年八月三十一日、城野宏は長崎県西山町八番地に生まれた。幼少のみぎりから「神童」と呼ばれるほど利発な子供だった城野は、成績もきわめて優秀で、昭和二年（一九二七）には長崎師範附属小学校を、昭和七年（一九三二）には東京府立第四中学校（現在の戸山高等学校）を卒業、名古屋の第八高等学校

（現在の名古屋大学の前身の一つ）に入学した（城野利江『在りし日の城野宏』不昧堂出版、二〇一四年、「城野宏供述書原文」）。

第八高等学校では柔道部に所属、合気道にも精通した。

戦後の昭和五十七年（一九八二）九月十八日、名古屋テレビ近くの料亭「玉翠」で開催された柔道部の同窓会・紫雲会総会に出席した城野は「相変わらずファイトの塊のようである」と評されている（『瑞陵』三三七号、一九八二年）。

「若返るとは、裏を返せば年老いたということではないか。日本人の男の平均寿命は七十五歳だ。これから人生を生きることを考えろ。柔道を生かし今後の人生をつくろう」

「現在の柔道の試合は〝ワク〟が作られているが、もっての外だ。角力と違うのだ。枠ははずすべきだ」

激動の戦中・戦後を生き抜いてきた男、城野らしいハッパに参加者一同タジタジとなり、「中国大陸から生きて帰ってきた城野らしいや」と苦笑いするよりほかなかった。

ついで東京帝国大学法学部政治学科に進んだ城野は、当時の時世の影響もあってか、大学二年次に中国に興味を抱き、中国語を履修した。東京大学のなかで最初に中国語を学んだ学生だったともいわれている。東京大学時代の城野の逸話はほとんど伝わっていないが、政治学科に進んだぐらいだったから、当時の政界や国際政治に相当の興味関心を有していたものと思われる。

唯一、城野本人が語っているのは、東大でたった一人の中国人女子留学生との思い出だ。どうもこの女性に城野はひそかな恋心を抱いていたらしい。そしてみずからの中国語にも磨きをかけ、次第に自信を深めていった（「中国革命と日本人」『講座中国Ⅲ革命の問題』筑摩書房、一九六七年）。

「彼女とのつき合いを通じて、中国語も少しできるようになりました。……シナ文学科というのもありますから、漢文はできるんですけれども、中国語ができる人はいなかったですね。いまはたくさんあるかもしれませんけれども、そのころとしてはあとにも先にも法科出て中国語が相当できるやつは私一人だったか知れぬのです」

昭和十三年（一九三八）に帝大を卒業した城野は、野村合名会社（現在の野村グループ）調査部に新入社員として入社した。だが、わずか半年にして徴兵され、東京第一師団輜重兵第一連隊留守隊の二等兵となった。そしてただちに中国東北龍江省泰安鎮の満州派遣第一師団輜重兵第一連隊に派遣され、輜重兵初年兵教育を受けた。その後幹部候補生に合格すると、一等兵、上等兵、伍長と昇格していった。昭和十四年（一九三九）十一月には福岡県久留米陸軍予備士官学校へと進み、軍曹となり、昭和十五年（一九四〇）五月に卒業、ふたたび東京第一師団輜重兵第一連隊留守隊附に転任した。

同年十一月、陸軍少尉となり、十二月には北支派遣第一軍司令部に転任、山西省の太原第一軍司令部に着任して、運城県にある第三十七師団輜重兵第三十七連隊附に配属された。昭和十六年（一九四一）五月には司令部参謀部附少尉となった。

ところが、ここで城野は病気に罹ってしまい、運城陸軍病院に入院することになった。

「まさか中国大陸で病に倒れるとはな……」

ベッドに横たわりながら、体力をもてあます城野は大きなため息をついた。「はやく、ここから出たい。──しかしこの山西省は本当におもしろいところだな。太原へも行って、オレの中国に関する知識や中国語をもっと試してみたい」

もともと地頭が良かったうえに野心家だった城野は、すでに退院後を見据えて自分の力をもっと発揮しようと夢を大きくふくらませていた。その夢を後押しするかのように、入院中の六月には山西省の運城陸軍特務機関への異動が決まった。

「諜報や謀略をおこなう特務機関か。まさにオレの得意とするところじゃないか。よし、見てろ」

こうした気力が勝ったのか、一ヵ月もたたない七月に退院すると、城野はただちに陸軍特務機関に参上し政治班附少尉に、八月には政治班長になった。このあと城野は特務機関、参謀部での活躍が目立つようになっていく。

図43　山西省の「土皇帝」と呼ばれた閻錫山（Wikipediaより転載）

城野が配属されたのは運城陸軍特務機関であった。笠実も同じく山西省の特務機関にあったが、堀井弘一郎によれば、当時の山西省は以下のような状況にあった（「山西省における日本軍特務機関と傀儡政権機構――盂県での性暴力に関連して」前出『黄土の村の性暴力』）。

一九一一年の辛亥革命ののち、袁世凱によって山西都督に任じられ、軍隊と民政の双方を握っていた閻錫山《イエンシーシャン》（えん・しゃくざん、図43）は、次第に北京政府とは距離を保つようになり、「山西モンロー主義」を唱えて、独自の路線を歩むことになった。日中戦争では国民党の側で戦っていたが、日本軍の攻撃がはじまると次第に後退していった。

昭和十二年（一九三七）十一月に山西省に侵攻した北支那方面軍第一軍は、太原を占領すると、まず太原陸軍特務機関（のちに山西省陸軍特務機関に改編）を設置し、さらに省内の臨汾、運城、汾陽《ふんよう》、雁門《がんもん》、潞安、陽泉の六ヵ所にそれぞれ地方の特務機関を組織した。

各機関には五、六十名ほどの人員がいたらしい。

地方行政機構も整えられ、同年には太原市政公署、山西省公署のほか、各県を単位に県公署が成立した。そこへ特務機関から顧問・補佐官・技術員・宣撫班・連絡員などが派遣された。特務機関長は県連絡員・宣撫班を指揮指導し、連絡員は県行政・治安維持、宣撫班は宣撫および治安回復期における自治機関の指導にあたった。

昭和十六年（一九四一）十一月、城野は希望していた太原第一軍司令部参謀部附少尉に転任、参謀部第二科政治課服務となった。十二月には山西省陸軍特務機関総務課服務、昭和十七年（一九四二）三月には同機関政治課服務となり、十一月には中尉に昇進した。城野は得意の政治・諜報能力を活かしてめきめきと頭角を現した。

図44　河本大作
（Wikipediaより転載）

「山西の特務には城野というやり手の秀才がおるらしい」

そんなうわさ話が北支那方面軍のあいだで持ちきりになるほど、城野の名は知れわたっていった。

このころだったか、城野は山西産業株式会社の河本大作（図44）と出会うことになった。河本といえば、昭和三年（一九二八）に起きた張作霖爆殺事件の首謀者として名を馳せた人物であることは周知のところだろう。河本はその後、停職処分を受け、満州炭坑株式会社理事長、山西産業株式会社社長などを務めていた。

山西産業は昭和十七年（一九四二）四月一日、太原に設立された国策会社である。じつは城野も計画段階でこれに関わっていたらしい。河本は第二代社長であった。軍管理工場の大半は、閻錫山時代に経営された工業コンツェルン、西北実業公司のものであり、製鉄業をはじめとする山西省の重要産業の総合的な運営がめざされていた（内田知行『黄土の大地　一九三七～一九四五――山西省占領地の社会経済史』創土社、二〇〇五年）。

河本は単身で太原におもむいた。妻の久子、三女清子、四女順子は大連に残し、長男瞰太郎《かんたろう》は三菱商事の天津支店に勤務、長女緑は長春の満州中央銀行厚生課長有馬に、次女将子は満州石炭液化会社技師山崎に嫁ぎ、中国大陸に根を張っていた（平野零児『満州の陰謀者――河本大作の運命的な足あと』自由国民社、一九五九年）。

当時、河本は五十九歳、城野は二十八歳、父と子ほどの年齢差があった。ワンマンぶりは有名であった河本に着任の挨拶に来た城野は山西産業の社長室へとおされた。

「待ってたよ、君がうわさの城野君か」

「あなたこそ、あの張作霖殺しで有名な河本大佐なのですか」という言葉が喉元まで出かかったが、城野はぐっと飲み込んで河本へ鋭い視線を投げかけた。

「はい、城野宏でございます」

「ところで、君はこの山西省がおかれた状況をどう思うかね」

挨拶もそこそこに河本は突然切り出した。

「君は天才だともっぱらのうわさだ。山西省の将来についてどう考えるかね。君の意見が聞きたい」

「閻錫山将軍が山西モンロー主義、すなわち「保境安民」を豪語するだけあって、資源が豊かで、産業が発展したところだと考えます。日本の大陸における生命線、いや心臓部だといって過言ではないでしょう」

「そのとおりだ。石炭、鉄鉱、粘結炭、化学工業原料、いずれをとっても数千万トンの供給ができるはずだ。いずれ山西省が日本にとって重要な意味をもつ日がやってくるだろう」

「はい、おっしゃるとおりだと思います」

「意見があうようだな。ときどきここへ来たまえ。君とは縁があるような気がする」

城野は、そういって窓の外の風景を眺めはじめた河本の背中を見つめながら「さすがは河本大佐。肝っ玉がすわってるというか、迫力が違うな」と思わずつぶやいたのだった。この河本と城野は、河本が予感したとおり、その後の「山西残留」問題をめぐって互いに複雑な関係を深めていくことになる。


昭和十八年（一九四三）三月、山西省陸軍特務機関が太原陸軍連絡部と改称されると、城野は政務班服務となり、五月には中尉政治班長となった。

山西省を舞台に特務工作に任じた城野であったが、九月になって省顧問に甲斐政治《かいまさはる》が着任すると、次第に彼との交際を深めるようになっていく。城野は甲斐と協力して新民会の顧問教育で講演したり、蘇体仁《スウティレン》（そ・たいじん。当時の山西省長）を更迭したりしたが、二人は政治目的についても語り合う仲にまでなった。甲斐によれば、つぎのような計画があるのだという。

かつて近衛文麿内閣の幕僚をしていた佐々弘雄、後藤隆之助、五・一五事件の首謀者の三上卓らと武装暴動を発動し、東条英機内閣を打倒、ふたたび近衛をかつぎ出し組閣しようというのである。成功すれば対米戦争をやめて講和し、大陸の東北と北支を確保する。そうすれば敗戦と軍需物資の不足により危険な状態にある日本帝国を救い出し、将来の発展と対ソ戦の準備ができるというのだ。

城野はこの反ソ反共の目的に共感した。

「日本の発展とは八路軍を消滅し、中国を植民地として確保することだ。これが天皇への忠誠を尽くすことになる」

こう確信した城野は自分の思想と完全に合致すると判断した。

「私の顧問補佐官にならんか」

甲斐の言葉によろこんでしたがった城野は、甲斐をとおして軍参謀長花谷正に除隊を依頼してもらい、熊本市第六師団輜重兵第六連隊に転任して日本へともどり、そのまま軍籍を離れた。

「オレの活躍の場は山西だ。きっと山西へもどってやるぞ」

東京帝国大学法学部で同期生だった丸山真男は「城野は敗戦直後日本へ帰ってきて研究室に訪ねて来ました。日本はアメリカに占領されちゃった。これから長期戦だから、中国に戻って、閻錫山の参謀になる。「妻子をよろしく頼む」と言う。止めたってやめる相手ではない。実際そうなった」と振り返っている（『丸山真男回顧談』下巻）と、米濱泰英は指摘する（『日本軍「山西残留」――国共内戦に翻弄された山下少尉の戦後』オーラル・ヒストリー企画、二〇〇八年）。これについて米濱は、戦後まもなく城野が帰国した形跡はないから、部下の小川光が帰国させられたさいにメッセージを伝えたことと混同しているのではないかと推測する。私も城野の帰国は昭和三十九年（一九六四）までありえないと思うが、もしかしたら、この軍から除籍されたのち、再び大陸にもどるまでに城野が丸山を訪ね、それが丸山のなかで戦後のことと誤って記憶された可能性もあるのかもしれない。


実際、約束どおり、城野はふたたび山西省の甲斐のもとへ返り咲いた。昭和十八年（一九四三）十一月、城野は太原の第一軍嘱託（中尉相当官）として山西省政府顧問室服務となり、顧問補佐官を代行した。翌年二月には正式に山西省顧問補佐官となった。甲斐はのちに太原を去るさいに「優れた人に出会えた」と感謝の言葉を城野に残している（甲斐政治「ある将軍の死」『黄土の群像』）。

しかし当時、日本の運命はすでに尽きていた。昭和二十年（一九四五）八月十五日、ポツダム宣言を日本が受け入れたことが城野たちの耳にも聞こえた。

「なぜ、なぜなんだ……」

城野は太原市北正街にあった第一軍司令部参謀室において岩田清一少佐から敗戦を告げられた。そして「天皇裕仁の全面投降の命令を聞き、これは日本国家の滅亡だと考え、二人で痛哭し、日本の天皇国家の復興のためにいかなる困難をも忍んでたがいに協力しようと誓い合った」

城野は愕然とし慟哭する一方で、心に秘めた一縷の信念が頭をもたげてきた。

「いいや、今こそ戦略的に動かねばならん。われわれ第一軍が山西にいるじゃないか。捲土重来を期するためにも山西はしっかり確保せねば。八路なんかにわたすものか」

山西残留

城野の始動は早かった。

「祖国復興・山西独立」をスローガンに掲げ、「李誠《リーチェン》」という中国名に改めて、のちにいう山西残留を主導したのである。

この山西残留にいたる過程は、諸説紛々としている。軍命があったのか、それとも現地除隊後の志願によるものなのか、それは戦後国会でも取り上げられ、第一軍司令官中将澄田睞四郎《すみだらいしろう》、第一軍参謀山岡道武《やまおかみちたけ》のほか、百々和《どどかず》らが証言をおこなっている。これを世間に広く知らしめたのが、池谷薫監督が制作したドキュメンタリー映画「蟻の兵隊」（二〇〇六年七月公開）であった。残留兵の一人であった奥村和一《おくむらわいち》を中心として、軍命があったことが、山西省檔案館における新史料の発掘などとともに訴えられている。彼らは軍命があったとしてこの期間の軍人恩給を求めたが、なぜか澄田・山岡らの現地除隊という証言が採用され、恩給は認められていない。軍の命令があったことを認めるのは明らかなポツダム宣言違反にあたるからであった。吉報が届くことのないまま、奥村は二〇一一年五月に他界した。

図 45　山西残留時代の城野宏（前列左から２番目）、永富博道（前列左端）、百々和（後列右端）
（永富博道『山西残留秘史　白狼の爪跡』新風書房より転載）

城野の立場から山西残留を見たとき、以下のように描かれる。

昭和二十年（一九四五）十月、城野は岩田と語らい、「祖国復興のため山西に残留せよ」のスローガンを打ち出し、永富博道（浩喜）、五城邦一、角田耕一、小川亀吉、角川久吉、小田切正男らを誘って合謀社なる組織をひそかに立ち上げた。日本人留用のためのいわば「残留運動」の開始であった。その人数は次第に増えていき、六十名ほどに達した。当時、永富らは合謀社を「一つの党として結成し、党名をつけよう」と提案した。城野はこれを固辞したが、のちにみずから「日本独立党」と呼んでいる。このとき城野は合謀社の軍事組上校組長、十一月には司令部上校組長に昇格した（図45）。

合謀社というのは日本軍と閻錫山軍が協力して八路にあたり、中国の赤化を食い止めようとしたもので、閻錫山の側から総司令趙承綬《ジャオチェンショウ》（ちょう・しょうじゅ）と、閻錫山の妹婿梁綖《リャンイェン》武《ウー》（りょう・えんぶ）、日本軍の側からは岩田清一、今村方策、城野宏らが参加していた。米濱は合謀社における閻日間の合意とメンバーをつぎのように整理している。

「一　日本軍は、山西軍に参加を志願する兵士を調査し、「現地召集解除」の形で除隊させる。除隊した個人を山西軍が採用するという方式で日本人の軍隊を作り、山西軍の指揮系統に入れる。二　山西軍に参加する日本兵は優遇する。三　日本軍の主力が復員帰国する前に、山西軍の訓練を行う」

顧問　　　　岩田清一
総務組　責任者　加藤嘉之助
軍事組　責任者　城野宏
文化組　責任者　永野賢
経済組　責任者　田中忠三郎

この合謀社のもとで「山西軍の訓練をおこなう」ために特別訓練隊が組織された。それが特務団として次第に発展・編成され、日本人・中国人から構成される各種の部隊が作られた。昭和二十一年（一九四六）二月、城野は第二戦区長官部特務団司令部上校部附となり、実質上、特務団のまとめ役となった。合謀社軍事組組長でもあった城野はパンフレット「日本人の立場」を作成し、残留の理念を説いたという。それは「城野宏供述書原文」（中国国際放送局）の末尾に掲載されている。

《今閻将軍を、誠心をもって援助するなら、閻将軍は必ず将来われわれの祖国の復興のために誠心ある援助をもって報いられるにちがいないのだ。これはわれわれの祖国の復興にとって一つの偉大な援助となるのだ。しかも山西には石炭をはじめ無限の資源がある。日本は敗戦によって一切の植民地、資源供給地と市場を失った。日本の経済が復興しようとしても原料がなく市場がなくては不可能である。このような時にもしわれわれが山西に残り閻将軍に協力するなら、この石炭をはじめ原料をもって、また日本人技術者が残るところ日本商品の豊かな市場となり、他に一つも頼るべきものを失った日本の経済復興を大きく援助することができるだろう。われわれ日本人は今私情をすてて祖国のために全力をささげるべきときだ。今や愛□（判読不能）の塵を払って静かに祖国の前途を思い、自己目前の行動を決すべきである》

「日本人の立場」では「祖国は滅亡したのだ。独立した輝かしい祖国日本はもはや存在しない」という絶望からはじまり、右のように閻錫山将軍とともに山西を守りぬくことこそが日本復興の足がかりとなるのだという日本人としての信念が、城野によって説かれている。「山西残留の首謀者」の一人と呼ばれる城野だけあって、筆力は高く、実際にこのパンフレットに賛同し、残留を決心した者も少なくなかった。

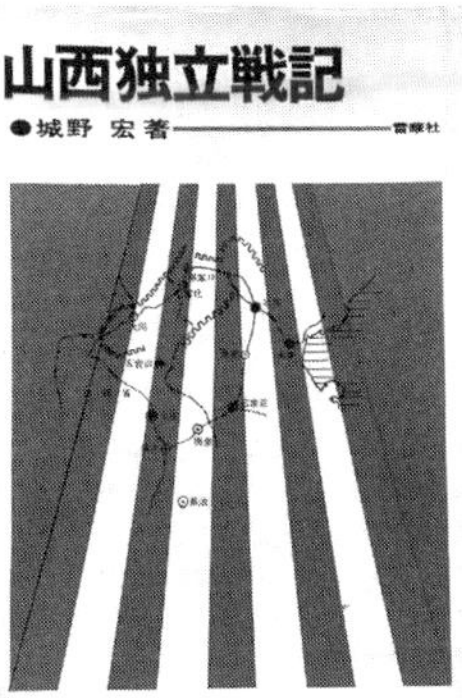

図46　城野宏『山西独立戦記』（筆者蔵）

城野は昭和三十九年（一九六四）四月七日に帰国したのち、山西残留の経緯を一冊の書籍にまとめている。その名も『山西独立戦記――終戦後四年間中国で戦った日本人の記録』（図46、雪華社、一九六七年）。その後、再版・三版では『祖国復興に戦った男たち――終戦後、四年間も中国で戦った日本人の記録』（おりじん書房、一九七八年、不昧堂出版、二〇一〇年）とタイトルを変更している。冒頭の「序」にはつぎのようにいう。

《当時の日本人の敗戦に対する受けとり方は、……ある者は日本で荒れ狂ったファッショ軍国主義が倒壊したものとうけとって、自由の歓喜をうたった。ある者は「光輝ある大日本帝国」と「万世一系の国体」が滅亡したと思って、無念の涙をのんだ。国内では、廃墟と残骸と飢餓を前にし、絶望の悲嘆にあけくれ、

あるいはまた、その同じ廃墟の中に雄々しく胸をはって、国土再建の決心をした》

勝利を信じつづけた日本人が迎えた敗戦の日。人びとの心情にはさまざまな思いが去来した。さきの見えない帝国主義戦争にようやくピリオドが打たれ安堵し喝采する者。ただただ祖国の滅亡をなげく者。焦土と化した故郷を目前にして絶望し立ちつくす者。そして城野は逆境をはねかえし祖国再建に立ち上がった者としてみずからを表現していく。

《しかし一部の日本人は、こうした総崩れともいうべき帰国の潮流にさからって、勝者として日本人の上に君臨する敵国の中に踏みとどまり、山西の地方皇帝閻錫山との関係を利用し、その地の膨大な資源を祖国の再建に貢献させる道をさがしもとめた。戦に敗れ、無条件降伏した日本の、かなりまとまった組織的な軍隊と政治的勢力が、戦勝国である中国の中に残り、二十万平方キロという西欧の大国クラスほどある山西の地で支配的な軍事的、政治的、経済的な力をつくりあげ、戦勝国の資源を、戦敗国の経済復興に貢献させる。……もっと具体的にはっきり言えば、山西の石炭と鉄鉱を日本人の手に掌握して、日本の戦後の経済復興のための燃料、製鉄その他の原料供給地にしようとしたのである。つまり戦勝国の一部である山西省だけを、中国の独立体制から切りはなして、戦敗国たる日本の事実上の植民地として再現しようとしたのである》

城野は、山西に残留した日本軍が閻錫山を利用しながら、山西の石炭・鉄鉱・粘結炭といった豊富な資源を確保し、「山西独立王国」という植民地を作りあげ、来たるべき日本の再興にそなえようというのである。「日本人の立場」を書き上げ、残留活動をはじめて以来、城野の信念は変わっていない。いや、むしろみずからの信念にますます確信を深めているかのようにみえる。

「序」を締め括るにあたり、城野はつぎのように綴る。

《戦後二十年という時間の経過は、多くの事実を忘却の谷間に投げ込んでいった。……火の雲はしる山西の黄土に、戦後なお四年にわたって烈々と燃えた日本人の民族的エネルギーの残滓も、今ではごく限られた当時の参加者の思い出の中に生きているにすぎないようだ。今にして思えば、植民主義とも帝国主義とも呼ぶ人もあろうし、いろいろの評価もあろう。しかしその当時おかれた環境と心情において、こういうこともあり得たというのも、また事実なのである、私はここに、その当時瞳を輝かせて祖国の将来を語り、戦火のなかに生死を共にし、若き日のエネルギーを惜しみなく注ぎ込んだ人びとの活動への思い出をつづり、誰にも知られることなく山西の黄土の下に眠っている同志の霊と、その家族の方々に捧げたいと思う》

『山西独立戦記』が出版されるまでの二十年間に、山西で人知れず戦った兵士たちの「功績」が忘却されつつあるとなげく城野。戦後二十年たったのちの評価の是非はさまざまであったろうが、青春の情熱を注いだ山西に思いをめぐらせながら、その地に眠る戦友たちやその遺族に思いを馳せたのである。

ただし、城野の叙述は本当に「日本人の立場」からでしかないのも明らかだ。しかもほんの一部の「日本人」。いかに戦争の終わりを迎え、敗戦という事実をどのように受けとるべきか、敗戦とは何を意味するものだったのか、「日本人の立場」を問うことはむろん日本人として当然のことではあった。しかし、日本復興のために植民地を確保しようという考え方は、あまりにみずからの「立場」に偏執したものであるといわざるをえない。もちろん戦場となった中国の立場にはまったく配慮がなされていないし、植民地といっている以上、閻錫山など山西の人びとの立場にたったものでもない。

城野は戦争の終結を知りながら、それを直視せず、まだ挽回の機会はあると信じ込み、周囲の人びとにもそれに同意させようとしていた。「いいや、アメリカとの戦争には負けたが、中国には負けていない」という思い込みがあったのかもしれない。あるいは後年の城野の言動を思い浮かべれば、得意の「戦略」「戦術」を実践する場とでも考えていたのかもしれない。閻錫山と組んでの腕試しといったところか。「山西残留は当然である」という堂々と謳いあげる、沸々とわきあがる城野の野心まで、私には感じられた。

城野による「残留の理念」は、同じ合謀社軍事組少校組員であった永富博道らによって賛同され、城野の意のままに押し広げられていくことになる。「永富博之（博道）供述書原文」に添付された「私の山西残留の作用及び責任」に見える、城野の命令にしたがって永富がおこなった宣伝活動（講演）を列挙してみよう。

太原市万寿宮太原旅館跡の日僑職業紹介所において陽泉（平定州）第五独立警備隊の兵士に太原残留の宣伝をおこない、省防軍日僑特別訓練隊に組織した。また年月日は不詳であるが、太原北門外に集結していた「岡」兵団に、昭和二十年（一九四五）十二月には楡次徐溝の日本軍に、昭和二十一年（一九四六）一月には楡次百十四師団司令部・三百八十三大隊の将兵、楡次日僑、陽泉の引揚収容所の人びとに残留工作を実施。同年二月には蒋師団司令部管下の各部隊、富家麓・許家店・霊石・両渡・義堂・平遙・洪善・祁県《きけん》に駐屯する将兵に対して、城野が著したパンフレット「日本人の立場」の内容を中心に講演し、座談会を開いて残留活動を進めた。

これらは一部にすぎないが、城野が書き上げた「日本人の立場」が残留に大きな影響を与えていたといえる。

一方、山西省壺関県で八月十五日を迎えた笠実は、第一軍司令部のある太原へと移動した。移動してまもなく、笠実と城野は太原で出会った。当時、太原では、日本人が残留するなかで病院の必要性が高まり、民間の医師と軍医を説得して残留させていた。内科、外科、眼科などなるべく多くの専門医を集めるとともに、居留団の宿舎を接収し、共済病院や慈恵病院、市立病院を整備していった。昭和二十年（一九四五）九月には太原に到着していた県顧問笠実は、第一軍司令部に呼び出され、司令官澄田と恩田忠録中佐から残留するよう説得を受けて同意していた。やや浮かない表情で司令部の一室を出ると、偶然にやってきた、七つ年下の城野から声をかけられた。

「笠さん、もちろん残留してくださいますよね」

「うーん、恩田中佐には河南で勤務して以来の恩義があるからな」

「では市立病院の事務長をお願いします。商業学校出身で中国語も堪能な笠さんになら安心して任せられます」

「了解した。残留する兵士や家族にとって病院は大切だからね。力を尽くしてみるよ」

親しげに声をかけた城野ではあったが、彼にとって笠はあくまでみずからの壮大な「戦略」上の一つの駒にすぎなかったのかもしれない。

その後城野は、昭和二十一年（一九四六）四月に、特務団から改称された工程隊の司令部が解散されたことにより、工程隊の第一団上校団附となった。五月には山西省保安隊へと改編されると第一大隊上校大隊附、十月には保安隊司令部少将研究部長となった。さらに十一月には保安隊が山西野戦軍と改称された。このころまでに晋中作戦など八路軍との一連の激烈な戦役のなか、元泉馨《もといずみかおる》、小田切正男らおもだった将校たちがつぎつぎと戦死していた。

昭和二十二年（一九四七）八月、度重なる激しい戦闘で多数の戦死者を出したため、大幅に軍の改編がおこなわれ、暫編独立第十総隊が成立した。城野は少将総隊附兼政治部長に任命された。このたびの改編はもはや断末魔として叫びをあげんとする軍が実施した、あまりにも実質的な意味のない、将校・兵士たちの目先を変えようとするものにほかならなかった。

八路軍の包囲がじりじりと狭まるなか、昭和二十三年（一九四八）十月にはついに太原籠城戦となり、とくに要衝・牛駝寨《ぎゅうださい》をめぐっては激しい戦闘が繰り広げられ、またもや多大な犠牲者を出した。残留軍人はつぎつぎと戦死していく。城野にもそのことは理解できていたが、それはさきの日本の大本営とまったく同じだった。「大丈夫。ここを持ちこたえれば何とかなる。断固戦う。この俺が負けるはずはない」信念だけにささえられた根拠なき決断だった。そして太原市民をも動員した最後の抗戦となっていった。しかし、とうとう運命のつきる日がやってきた。昭和二十四年（一九四九）四月二十三日夕刻から始まった八路軍の総攻撃により太原城内は大混乱となった。二十四日早朝には太原が陥落、追い詰められた城野はついに捕虜となる道を選んだのであった。城野は『山西独立戦記』で「終戦」の日をつぎのように結んでいる。

《今村〔方策〕司令とこれからどうするかについて相談した。……京津方面で経済的根拠地をつくり、日本との連絡をとり、再起をはかろう。――私はこういって、先発者、潜入者の人選について話し合った。今村司令は、おれは軍人で、そういう仕事はとてもできそうにない。後のことは君にたのむというので、少し変だとは思ったが、ここでいっそう気を引きしめて後図をはかろうといって別れた。次の日だった。今村司令は毒薬で自決した。我々はその遺屍をかついで、楡次《ゆじ》県長凝鎮《ちょうぎょうちん》の捕虜収容所に向かった》

最後まで再起にのぞみをかけ「戦略」にこだわりつづけた城野と、いさぎよく「死」を選び自決を遂げた今村。意識的に描いたのではないだろうが、野心に富む男と軍人一筋の男との対照的な身の処し方があまりにもくっきりと浮かびあがったラストシーンであった。

山西残留における城野の責任論

こうして城野の「山西独立王国」建設は夢半ばにして崩れ落ちたが、山西残留の首謀者の一人であった城野に対する戦後の評価は、きわめて冷ややかなものであった。

山西に残留し捕虜となって昭和二十九年（一九五四）九月二十七日に興安丸で帰国した亀田昭は、「暁に祈らされた兵隊と在留邦人――恨みは深し山西残留部隊」（『日本週報』三〇五号、一九五四年）のなかで、城野の名前こそあげていないが、強制的に残されたことを訴えている。

《このようなこと（戦犯該当者の澄田らを逃すために山西残留をおこなうこと）をむき出しにいったところで、誰がいうことを聞くだろうか。そこで、いわゆる残留の理念なるものがでっち上げられ、アメリカに対する一般日本人居留民の感情を利用した。すなわち日本はいま米軍に占領されて、有史以来の苦しみをなめている。そこへ帰っても、なお国民の生活は苦しくなるばかりだ。いましばらく山西に残り、日本再興の時期を待とう。それには武装しておらねばならない。身には国民党の軍服をまとっても、心の中は祖国復興の礎となる精神で、と宣伝しはじめたのである。これがしまいには、各地に駐屯し復員を待ち望んでいる兵隊たちに、「命令」をもって、山西に残留を強制したのである》

亀田がいう「残留の理念」は、まちがいなく城野が宣伝した「日本人の立場」というパンフレットを基礎としたものだ。亀田はこの「残留の理念」がしだいに残留「命令」へと姿を変えていったのだと、残留が本人の意志に基づかない強制だったことを隠さない。

序章で紹介したテレビ番組「消せない記憶」で笠実と訪中していた永富博道（浩喜）もその一人だ。彼は前出『山西残留秘史』のなかであるエピソードについて語っている。

ある日、城野に逮捕状が出ているとうわさが出た。すると城野は顔色を変えておろおろしはじめた。「楡次県の大庭隊に隠れたらいい」ということで、永富が車で送っていったが、城野は終始無言だった。大庭隊に行ったのちも「肩で風を切って歩くような城野が逮捕される不安からか、落ちつかない様子でいつもウロウロしていた。案外肝っ玉の小さい奴だ」と城野をあざ笑うかのようなうわさが聞こえてきた。

ところが、一週間もすると、城野がもどってきたので、永富が「さすがは残留を呼びかけただけのことはある」と感心していたら、城野が「今後の合謀社軍事組について話し合いがしたい」という。そこで永富のほか、角田、小田切、五城ら数名が集まったところ、城野が切り出した。

「俺は戦犯として指名された。よって公然と残留運動をするわけにはいかないようになった。すまんが、このさい妻と帰国したい」

それを聞いた永富は「祖国再建はどうなったんだ。許せん」との気持ちから城野に向かって詰問するかのように言い放った。

「私たちは城野が書いた残留の理念なるものに賛同し、敗戦後の日本を速やかに復興、再建するために残留を決意したのではなかったか。そのために多くの日本人に残留を呼びかけたのではなかったか。……残留運動の首謀者である城野は特に呼びかけに応じて残った者に対して責任がある。祖国復興の実現のために最後まで断固として残るべきである」

小田切や角田、五城らも永富の意見に賛成したため、城野は黙り込みうつむくしかなかった。永富によれば、あらかじめ帰国を相談し合っていた城野の夫人も隣の部屋から様子をうかがっていたが、期待どおりに事がはこばず、帰国の許可が得られないとわかると落胆して出て行ったという。

この永富が伝えるエピソードが真実か否かたしかめるすべはないが、城野だけでなく、残留を命じながらさきに帰国した澄田睞四郎司令官や山岡道武参謀長らをふくめて、第一軍の首脳たちにいったいどこまでの長期戦をみすえた計画性や覚悟があったのか、疑われてもおかしくない一つの例となった。

笠実や永富と「消せない記憶」に出演していた湯浅謙も、番組と同じタイトルの吉開那津子『消せない記憶——湯浅軍医生体解剖の記録』（日中出版、一九八一年）のなかで、城野について吐露している。

《その小林（太原の陸軍病院の主計中尉）がある時、城野宏という男を連れて来て、わたしたちに、日本の情勢その他について語らせた。この城野宏というのは、東京大学の法学部を卒業して太原にやって来て、「新民会」の嘱託をしていたが、いささか政治的に過ぎる男だった。

この城野宏が、混乱した情勢をどう対処していくかというテーマで、わたしたちに向かって、「現在の日本は、敗戦で弱り切っており、再び立ち上がるのは容易なことではない。日本を一枚の紙とすれば、その上に重い文鎮のごとく米軍が乗っかっていて、身動きができない。この米軍をとり除くためには、中国に強国になってもらい、その刀を借りる他はない」と主張した。彼の説くところによれば、閻錫山は日本の士官学校を卒業していて親日派である。日本軍が中国に残って、山西省の復興に協力すれば、結局そのことは日本の再建のために尽力しているのと同じことになるというのであった》

湯浅はとくに厳しく城野を問い詰めているわけではないが、「政治的に過ぎる男」というのはまさに的を射ている表現だ。湯浅は城野の言葉を訝しく思いながらも、最終的にはその言葉にしたがい、山西に残留することになった。

こうしてみると、笠実、永富、湯浅、もしかしたら古屋も、つまりニュースステーションに出演し、謝罪の訪中をした面々は、山西省太原という地でつながり、顔見知りとなっていた可能性が高い。その結果として「謝罪の旅」が実現したのではないか。四人の番組出演は偶然ではなく、目的は明らかに山西太原の地にあったのだ。ニュースステーションの番組は明らかに湯浅にのみフォーカスしたものであって、必ずしも事実を伝えるタイトルになっていない点は残念としかいいようがない。

しかし、彼らを結びつけたはずの城野は不在であった。城野は「謝罪の旅」に参加していない。なぜなら、戦犯として最後まで抑留された城野は、「謝罪の旅」の六年前の昭和六十年（一九八五）十二月二十一日にすでにこの世の人ではなくなっていたからだ。もし城野がまだ生きていたら、彼は「謝罪の旅」に参加しただろうか。軍人や居留民を残留させ、多数の犠牲者を生み出す結果となったいわゆる「山西残留」の首謀者の一人としてその地を踏む勇気があっただろうか。そしてどんな言葉を吐き出しただろうか。

今となってはだれにも確実なことはわからない。しかし私には、帰国後もなお日本国内にあって「野心的な」「自己肯定的な」言葉を並べたてる城野の姿を思い浮かべるとき、もはや笠実、永富、湯浅、古屋らとは一線を画していたのではないかとさえ思えるのである。しかし、それが城野の生き方だったのだ。

旧満州日日新聞社（瀋陽）の記者で、敗戦直前に召集され、シベリアに抑留されたのち帰国した上田武夫は、『日中友好への直言』（盛岡タイムス社、一九九〇年）のなかで城野を「策士的知能家」「野心家」「陰険悪辣な人物」と、兵士のあいだで評判が悪かったとし、山岡道武、岩田清一、河本大作らとともに澄田に直属する「四人組」の一人として数えている。

北支那派遣駐蒙第四独立警備隊独立歩兵第二十二大隊に所属し、のちに司令官根本博によって昭和二十年（一九四五）八月二十二日付けで北支那方面第一軍に大隊ごと編入されることになった染谷金一は、残留命令を拒否して帰国したのち、『軍司令官に見捨てられた残留将兵』（全貌社、一九九一年）を自費出版して、城野をこき下ろしている。

城野の「自分では、あんなに早く敗れるとは思ってもいなかった。その点は甘かったと思う。世界の大勢に対する見通しもあやまっていた。しかし日本からビタ一文の金ももらわず、鉄の一かけらの援助もなしに、あれだけのことをやったということは、日本人として誇りにしてもいいと思う。日本人にはそれだけの根性があるということを知ってもらいたかった」という発言に対し、「この発言は問題である。彼は民間人であるが、閻錫山に認められ、民間人の最高責任者の立場にあり、閻軍の将官にまでなった者である。彼のこの発言は一個の人間としても、許されない文面と考える。多くの軍人、居留民を強制残留させ、犠牲にして申し訳なかったという反省の一言があってしかるべきである。……自己満足、自己誇張のみで、戦後に多数の者を死に導いた責任を感じている一言もない。多くの帰還者の憤激をかっている」と、山西残留をめぐる城野の自己満足と自己誇張に満ちた発言に怒りを隠さない。

また、城野との思い出について、のちの昭和三十一年（一九五六）十二月三日の第二十五回国会、衆議院、海外同胞引揚及び遺家族援護に関する調査特別委員会で、澄田睞四郎らとともに参考人として招致された百々和は、『自分史回顧』（文芸社、二〇〇七年）のなかで振り返っている。

太原陥落後のある春の一日、百々は捕虜収容所の屋根のうえで太陽の光をいっぱいに受けながら毛ジラミをとっていた。

「おまえは私を食い、私はおまえを食う」

百々がそうロシア語でつぶやいていると、城野が近づいてきた。

「北京の抗日大学に入って勉強しないか。こうなったら中共の力を借りて、日本を解放するほか手はないよ。中国全土を解放したら、今度は日本の番だ。俺たちもまた利用されるだろう。利用されながら利用するさ」

「東大出の山西残留部隊の最高頭脳も少しおかしくなったんじゃないか」と百々は思いながら、城野の顔をしばし見つめた。

城野は東京大学卒業の秀才であったが、一方、百々も満州建国大学（九期生）の出身で、きわめて優秀な青年であり、実際、帰国後には神戸大学経済学部教授となっている（百々和『路傍の道芝』近代文藝社、一九九三年、三浦英之『五色の虹――満州建国大学卒業生たちの戦後』集英社、二〇一五年）。

このときの城野の発言が本当であるならば、私には城野が政治的なイデオロギーに固執するような人物ではなく、機会主義者的な「野心家」にしか見えない。現代的にいえば、いわば「キャラがたつ」タイプの人間だったようである。

山西残留が完全に崩壊し、捕虜となって戦犯管理所に監禁されているうちに、城野は「城野宏供述書原文」を書き上げた。そこで彼が中国共産党に示したみずからの「罪悪」を拾い上げてみる。

「運城陸軍特務機関のあるときの罪悪」としてはおもにつぎのようなものが述べたてられた。

①中国人農夫への食糧運搬の強制
②『県連絡員月報』からの情報収集
③それにもとづいて執筆した『運城陸軍特務機関月報』による政治・経済・文化に関する情報の特務機関への報告
④小麦・棉花の統制購買（市場価格より低く買い上げ）
⑤日本式戸籍簿の作成（抗日地下組織を制圧のため）
⑥山西産業株式会社の設立

つづく「山西省陸軍特務機関にあるときの罪悪」としては以下を列挙する。

①中国人医師の養成のために桐旭医学専科学校を設立
②太原市における上水道の整備（飲料水の提供）
③交通路を開いたり日本軍の宿舎を建設したりするための土地の強制収用

運城特務機関勤務時における農民からの食糧の強制的な徴収や日本軍への提供、資源の略奪は「罪悪」としてあげられてもおかしくない。しかし、特務機関における情報収集能力の高さをあげつらうところなどは、「罪悪」というよりはむしろ自己誇張の一部に見えなくもない。「オレの特務としての情報収集能力の高さは中共にとっては目障りだっただろ」と、戦犯として供述しながらも裏でペロリと舌を出す城野の姿が浮かんでくる。

一方、山西省陸軍特務機関勤務時の土地の強制収用は、たしかに民家を強制的に打ちこわすなど、支配者としての権力をほしいままにふるう状況を想起させる。しかし、桐旭医科専科学校の設立と上水道の整備はただちには「罪悪」としてピンとこない。前者は日本軍の病人や負傷兵の治療などを念頭においているから、たとえ中国人医師の養成であっても、太原市民への治療行為が目的ではなかったことが問題であったのだろう。後者も日本軍への飲料水の提供の意味が強いから、やはりインフラ整備であっても太原市民に直接関係するものではなかった。

ただし、いずれも「罪悪」とまでいいうるのかは、私には微妙に感じられた。むしろ当時、閻錫山軍に任命され、八路軍と対峙していた山西省長蘇体仁を日本軍が「指導」して実行させたところに、「罪悪」としての一側面が見いだされたのかもしれない。

ところが、昭和五十八年（一九八三）に発行された前出『黄土の群像』にも城野宏は「山西省のこと」なる一文を投稿し、山西省勤務中の思い出を語っている。

山西産業株式会社についてはこう振り返っている。

《山西の統制経済は重工業から軽工業まですべての生活をまかなうだけの工業をもち、民衆の必要物資を供給できる裏付けがあったから、かなりうまく動いていた。工場ははじめ軍管理工場であったが、そのうち山西産業株式会社を設立し、全工業を統合した。岩松軍司令官の陸大同期生で、張作霖爆殺で名を挙げた河本大作氏が社長になった。紡績その他の軽工業は独占だから、かなり大きな利益をあげられる。……山西産業という一つの会社に組みこんで、軽工業であがる利益を、重工業に補塡し、全体としては拡大再生産の継続が可能なようにしたのである。工業品は合作社（民衆に対する物資配給機関）に渡され、農民は農産物を公定価格で売り渡すかわりに、工業品、生活必需品を見返り物資として公定価格で取得できるようにしたのである》

帰国後、約二十年が経過し、城野経済研究所をもうけ、所長の座につき、経済界や政治界で独自の中国論を展開していた城野は、もはや「供述書」の内容は忘れてしまったかのような、いやむしろそれを意識的に否定するかのような言論をあやつることも少なくなかった。

《山西はこのようにしてできるだけ組織的にムダを少なくし、統一体として活動したから、他の地方にくらべれば、物価も安定し、物資も出回ったし、鉱工業生産も継続された。他のところはインフレ、物資不足が悪循環的に進行して、困るところも出てきた。満州国で食糧と家庭用燃料が不足するというので、山西省から何十万屯かを送った。北京市でも食糧が不足し、民衆生活に困難が生じているというので、十万屯の食糧と石炭を送った。いずれもひどく感謝された》

城野の山西産業株式会社をはじめとする、山西省における経済政策は、彼にいわせれば、経済はそれ自身の方法で自由に動くものと見なされてきたが、戦争目的の達成という目標にたつとき、逆に国家の計画的意志のもとで経済行為が動かされていかねばならないのであった。県連絡員など日系職員に向けて「経済と国家」と題した講演をおこなっていた城野であったから、同じ経済行為であっても、共産党の論理では「罪悪」として自己批判の対象となったが、帰国し共産党の呪縛から逃れた城野にとっては、もはや「罪悪」という表向きの外被は脱ぎ捨ててしまってもよいものであった。

桐旭医科専科学校の設立についても、「まず医学の大学として、「桐旭医専」をつくり、長崎医大から青木教授以下の教授陣を迎えて開校した。行政官養成のためには山西行政学院をつくった」と話している。たしかに「桐旭医専」は数名の中国人医師を輩出してはいるが、決して中国民衆に対する医療行為のためではなく、あくまで日本軍・閻錫山軍に奉仕するものであった。城野にはそうした批判的な視点からの見解が欠落している。しかし、さすがに食糧の強制収奪にはいささか後悔の念が残っていたようで詫びる言葉がならんでいる。

《軍事力の低下で、八路軍の浸透が強まり、……そうなると、物資不足、物価高騰、更に物資不足という悪循環が進行してくる。……かくしている食糧や棉花まで取りあげてくるということにもなった。心中まことに忍びなかったが、戦局の実情はこうするよりほかに、生きのびるすべなしというので強行するほかはなかった》

「山西省のこと」は昭和五十七年（一九八二）七月二十六日に脱稿したようだが、そのころの城野の戦争観がよくあらわれているので、城野がどう締め括っているかを確認しておこう。

《私は終戦までの間に山西人による軍事力をつくりあげ、日本軍が撤退しても、独力で山西を八路軍に対して守り通す土台をつくってきた。これが実現すれば、世界一の山西の大資源は、復興していき、日本にとって主流としての資源補給地となることができる。戦後は必ず国共の衝突が起こる。その中で第三国として山西を確保すれば、新たな三国志時代がつくられる。閻錫山はわれわれと手を結ばなければ山西に復帰できない。二大勢力にはさまれて滅亡は必至である。こういう情勢を判断すれば山西残留と独立の山西は可能であると見た》

《終戦と同時に、閻の妹婿梁綖武が私のところに来て、閻を代表して戦後の協力を依頼してきた。後に梁が私に語ったところによると、閻は「日本の軍人だけを残しても、教官くらいしかしてくれない。城野を残せ、彼ならわれわれと共に共産軍と戦ってくれる」と言ったそうである。こちらも予測し、予定していたことだから、ただちに活動を開始し、「祖国復興、山西残留」のスローガンのもとに、私が書いた「日本人の立場」を基本にして、日本軍、日本人数万を動員し、閻錫山と協力し、その後四年間の対中共戦を戦うことになった》

《二十代から三十代に至る青春の情熱を燃やしたのは、この戦争によってアジアの植民地を欧米の支配者から解放し、独立したアジアをつくるのだという大きな人生ロマンがあったからである》

まず目にとまるのは、山西残留を、閻錫山を中心とする山西独立王国の建設、すなわち国民党軍と共産党軍とともに中国を三分する、いわゆる三国時代の魏・呉・蜀と同じような三つの勢力の鼎立状態を生み出そうという考えを城野がもっていたことである。かの諸葛孔明の天下三分の計と見紛うばかりの壮大な計略である。いまとなってはあまりに天馬空を行くような、無謀な計画に見えるが、城野にとってはきわめて現実性の高い、「そうか、その手があったか」と聞いた人が思わず膝をポンとたたきたくなるようなひらめきであったに違いない。城野はまさに自己の奇想天外な計画に確固たる自信をもっていたのである。

当然ながら、みずからが作成したパンフレット「日本人の立場」の内容にも相当の自負を有していた。「城野を残せ」という閻錫山のゆるぎない信頼を勝ち取った、みずからの檄文に城野は酔っていた。

そして青春を欧米からのアジア解放という当時の軍部指導者層が描いていた〝夢〟に重ねあわせることで、自己の行動の正当性を示してみせた。ただ、そこには多数の人びとを山西に残留させ戦死させたこと、多くの中国民衆に対する罪悪感は微塵もないように見えるのは私だけだろうか。

山西残留時の笠 実

城野宏の太原における山西残留の夢はもろくも散ったわけだが、城野から太原市立病院の事務長をまかされた笠実は、どうなったのだろうか。そのころのことについて笠実は「私が行った太原残留運動について」(中国国際放送局公開「日本人戦犯の中国侵略に関する供述」)のなかでつぎのように述懐している。ただし、言葉遣いなどは中国共産党による取り調べによって書かれたものであるという性格上、注意しなければならない部分もある。

《一九四五年八月十六日、山西省壺関県城内文廟街、日本軍壺関県警備隊隊長室において、当時同県政府顧問であった私は、中隊長中尉長谷川竹雄に対し「一応太原まで行って、太原の情況次第では、私は太原に残留する。そして将来日本帝国主義の中国再侵略を助ける……」と残留目的を話し、彼の残留を勧めました。……だから私は太原残留の中国側のよりどころとしては、前山西省政府衛生局局長兼太原市立医院医院長靳瑞萱《きんずいけん》が、山西省壺関県出身であるところから、私は、私が壺関県政府顧問時代から、お互いに名前を知っていましたので、彼を頼って残留することにしました》

話は終戦当時の八月十六日にさかのぼる。終戦の十五日の翌日、壺関県顧問であった笠実は、みずからの意志で警備隊中隊長中尉の長谷川竹雄をたずね、太原に行って「日本帝国主義」が中国を「再侵略」するのを助けると発言したことになっている。つまり太原に行く前から自身の意志で、しかもたった一人で残留を考えていたことになる。これはどう解釈してもあやしいとしか思えない。

また、地方で敗戦を迎えた日本人同士のあいだの会話でこうした言葉が使われたとは想像しにくく、かりに笠実が実際に書いたとしても、それは中国共産党の顔色をうかがいながら、そのときに「適切な」文字が選ばれた可能性が高い。したがって、笠実が本当にそう考えて太原に向かったとは想像しづらく、むしろ帰国に向けて第一軍の司令部があった山西省の省都太原にもどったと判断するほうが自然だろう。

この一文は、笠実の太原残留にいたるまでの過程、残留後の活動などを詳細に記したものだが、きわめて平板な表現に終始している。供述書という性格を考慮すべきであることはもちろん、何らかの「政治的意図」が加えられた表現がそこかしこに見られる。

なお、笠実は太原に到着したのち、実際に壺関県出身で太原市立医院医院長であった靳瑞萱《チンルイシュェン》（きん・ずいけん）をたよっている。

ところが、帰国後に笠実が書いた「日中戦争による犠牲とそれに対する私の補償要求」なる一文には、昭和二十年（一九四五）九月のある日、恩田忠録中佐から第一軍司令部に呼びだされた様子が記されている。行ってみると、そこには澄田睞四郎中将と恩田中佐が待っており、恩田は笠の姿を見るなり命令を伝えた。

「このたび、閻錫山将軍の要請によって日本兵二万人あまりを残留させ、山西省の防衛と復興に協力することになった。ついては、君は中国語が堪能だし、中国人にも信望が厚いので是非残留するように。君が山西省の復興に力をつくすことは、また祖国の復興にも深い関連がある。日本は数年ならずして、また中国に進出してくる。君はその時の礎石になるのだ」

「私はもともと日本の発展のために生命をささげて来たのです。ですからお言葉のとおり残留いたします」

笠がそう答えると、澄田は黙ってうなずいていた。

これはさきの残留の経緯とまったく異なる。他の山西残留部隊と同じく澄田・恩田らの軍上層部からの命令によって笠は残留を決断したのであった。では、どちらが笠の真意であっただろうか。私は躊躇なく後者であると言い切れる。八月十六日にすでに笠がたった一人で残留を決断し、周囲を説得しようとしたという内容はどう考えてもおかしい。太原にもどったのち、澄田らの命令により残留したと考えるのはきわめて自然ななりゆきである。

換言すれば、澄田・恩田との面会に対する笠の記憶から、やはり軍命はあったと断言できる。むろんその背後に、日本軍が撤退すれば孤立し、八路軍に抵抗しきれない「山西王」閻錫山の切実な要求があったことは間違いない。

同文のなかで笠はつづけて吐露している。

《昭和二十年九月末には太原市立病院の事務長に就任しましたが、その任務は事務長というのは名前だけで、各科に日本人医師（元軍医）を受け入れて、その通訳でした。その後、元日本軍兵士と中国人兵士とで混成された暫編独立第十総隊野戦病院事務長に就任しました。……なお私が終戦後勤務していた太原市立病院長靳瑞萱は私が最後に県顧問をしていた壺関県出身の名士でした。あとは若い頃、愛知医科大学出身でした。閻錫山の侍医もしていた。日本軍が山西省を占領してからは、彼は山西省政府の衛生局長であると同時に、第二戦区司令閻錫山と日本軍、すなわち第一軍司令澄田睞四郎とのあいだの秘密の連絡員（太原連絡処長）であった》

城野の依頼を受けて就任した太原市立病院の事務長は、じつは通訳だった。中国語が堪能な笠だからこそ可能だったのだが、中国語ができない日本人医師たちが、病院にかつぎこまれた閻錫山軍の兵士を治療するさいには、なくてはならない存在だった。軍の後方にあって、病人や負傷者の面倒をみる役割を担っていたのである。

後半では、病院長の靳瑞萱が閻錫山の侍医であったこと、澄田と閻錫山との秘密の連絡員だったことが明かされている。これは中国語が堪能であり、病院で通訳をしていた笠にしてはじめてわかる情報である。きわめて容易に納得できる内容となっている。

壺関県出身であった靳瑞萱は、過去に笠との面識はなかったが、笠のことを知悉していたらしい。笠の太原市立病院の事務長就任も彼の指名であった。笠が靳院長に挨拶に行くと、彼は笠にいった。「このたび閻司令の要求で日本軍兵士二万人と多数の技術者をそのまま残してもらうよう以前から澄田司令に要請している。残留日本人は特別優待することになっている。これを実現させなければ山西省が危い。君も援助してほしい」

靳瑞萱のこの言葉は、日本軍兵士が澄田第一軍司令の命令で残留させられたことを如実に証明している。敗戦後一日も早く故郷へ帰り、身内の者と無事をよろこびあいたい日本軍兵士が自由意志で一万人もの多数が残留するはずがなかった。常識ある者ならだれでも想像できる話である。

こうして軍命により残留した笠は、山西において直接的な軍事行動にはたずさわらず、太原にいた日本人居留民たちの生活を世話し援助していた。笠は市立病院で傷病した日本人残留兵の事務・通訳にあたるとともに、居留民の生活を支えるために、林津和子以下約二十名からなる婦人部や、桑生会長遠山哲夫以下約四十名を中心とした亜洲文化会、太原市立医院勤務の本多稔以下五名の支部を組織し、演芸会、講演会、音楽会、茶道会、生花会、生活座談会など、長期にわたる太原生活に娯楽をもたらすイベントをいろいろと企画・開催していた。亜洲とはアジアの意である。まさに山西残留部隊の縁の下の力持ち的な存在、それが笠の位置づけだったようだ。

笠は「供述書原文」でも亜洲文化会についてふれ、亜洲文化会事務局で組織部長を担当したこと、林津和子を婦人部部長に任じ、約二十名の婦人を組織、目的は婦人をつうじて残留日本人の団結をはかり、日本人の反共力量を強化することにあったこと、演芸会・茶の湯会、生け花会を催し、残留日本人・婦人の親睦と団結をはかったことを語っている。

市立病院事務長の笠は病院で通訳の仕事にあたるかたわら、亜洲文化会事務局の組織部長を務め、婦人部の創設など、残留日本人の生活を豊かなものとするための努力を惜しまなかった。残留日本人の「団結」という部分は、家族生活の安定からと考えれば十分に首肯できるが、それが「反共力量」の強化に直結するかと問われれば、これは「供述書」であればこそ盛りこまれた「適切な」言葉だった。

笠の回顧によれば、亜洲文化会の組織はつぎのようであった（笠実「亜洲文化会の組織機構」）。

亜洲民族革命同志会（会長閻錫山）
↓山西省産業技術研究社（社長徐士珙《じょしきょう》、一九四六年結成）
↓亜洲文化会（一九四七年結成）

《亜洲文化会　徐士珙、林亀喜、高橋暢《たかはしのぼる》、日裏哲二郎《ひうらてつじろう》により結成。昭和二十三年（一九四八）一月一日に事務局をおく。参議三名、執行委員会（委員長一名、委員十名）をもうけた。その下に事務局（局長古谷敦雄）と二十二個の支部、事務局の下にはさらに総務部（部長上田秀正）、宣伝部（部長西原修自）、情報部（部長古谷敦雄）、組織部（代理部長笠実）をもうけた。昭和二十三年四月一日現在、会員総数約五百名》

閻錫山を会長とする亜洲民族革命同志会を頂点とし、その下に徐士珙を社長とする山西省産業技術研究社が設けられ、そのさらに下に亜洲文化会が位置し、二十二個の支部があった。

亜洲文化会事務局の下には総務部・宣伝部・情報部・組織部があり、笠は組織部の代理部長に任命されていた。会員数は五百名にのぼったというから、亜洲文化会は少なくない居留民を取り込み、日常生活の互助組織的な役割をはたしたものと思われる。

笠の「亜洲文化会の組織機構」は「供述書」に添付されたものであるから、やはり言葉遣いに注意を払う必要があるが、笠はつぎのように亜洲文化会を性格づけている。

《亜洲文化会の性質は山西に残留した日本人と閻錫山との国際的反共組織であり、その目的は山西残留の日本人を組織して共産党の進攻に備え、亜洲各民族の経済・文化の交流と〝大同団結〟をはかることを目的とした。そしてその任務は山西残留の日本人を組織して反共思想をうえつけ、日本帝国主義復活を宣伝して軍国主義思想を鼓吹し、アジア民族の〝大同団結〟のスローガンの下に山西残留日本人を閻錫山の政策に協力させることであった》

《支部員の団結と支部員の思想状況を聴取し、日本帝国主義復活のための山西残留を慫慂した。毎月二回、刊行物(謄写版印の小冊子)を発行して、反共と軍国主義思想の宣伝をおこなった。……軍国主義思想を鼓吹し組織の強化をはかった。また茶道会・生花会を開いて会員の団結をはかった》

これらに見える「反共思想」「日本帝国主義復活」「アジア民族の〝大同団結〟」「軍国主義思想」の鼓吹がどこまでおこなわれていたのかは、現在の私たちには現実味をもって捉えることは難しい。山西残留を支えるという目的からすれば、閻錫山に協力させる役割があったことは否定できない。しかしむしろ慣れぬ異国・中国山西省の地での生活を援助し、会員たちの精神的な団結を図ろうとしたものであったことはほぼ間違いなかろう。これが本書の冒頭で取り上げた、のちにいう「反革命」の正体なのであった。

笠は敗戦後の山西太原に残留し、戦闘の最前線に立ち会うのではなく、後方にあって病院で、亜洲文化会で残留日本人の生活を支えていたのであった。このように笠と城野は同じ太原に残留しながらも、その役割はかなりかけ離れたものであった。

逮捕・抑留された笠 実と城野宏

太原陥落後、城野宏の身柄はただちに公安局により確保された。一方の笠実は簡単には捕まらなかった。堪能な中国語を生かして広大な中国民衆のなかに溶け込んでしまっていたのである。笠実の行方は杳として知りえなかった。なぜなら、なんと中国人に匿われていたからであった。前出「日中戦争による犠牲とそれに対する私の補償要求」のなかで、笠は陥落後の行動について綴っている。

《昭和二十四年四月二十三日早朝、太原城は陥落しました。私は身の危険を感じて以前から懇意にしていた親日家武克恭《ウークァゴン》氏に匿ってもらいました。そして、昭和二十五年十二月二十七日、太原公安局に逮捕され、ただちに抑留されました。その後、太原市で開かれた国際軍事法廷で十一年の禁固刑を言い渡され、最後は遼寧省の撫順戦犯刑務所に収容されました》

笠は親日家の武克恭に匿われていたのだ。武克恭の素性は判明しないが、陥落前の太原における日常生活のなかで親密な関係を築いていたのであろう。中国語が堪能な笠であれば、中国民衆のなかに溶け込むことは、さして難しいことではなかった。実際、一年八ヵ月以上にわたって匿われていたことになるから、室内に閉じこもっていたと考えるよりも、ときには外出して買い物など気晴らしをおこなっただろうことは容易に想像できる。工場で働いていた、自転車の修理屋を手伝っていたという話もある。これは中国の民衆側の助けがなければ、到底できないことであり、笠が太原の民衆とのあいだにいかに良い関係を取り結んでいたか、彼らのあいだに分け入っていかに「中国人」としてすごしていたかが、私の脳裏にも浮かんでくるほどである。

しかし、つかの間の逃亡生活も昭和二十五年（一九五〇）十二月二十七日にピリオドが打たれることになる。密告がなされたのか、あるいは当局の放った捜査員に見つかったのか、笠は突然に踏み込んできた太原公安局によって逮捕され、ただちに太原戦犯管理所に拘留されてしまった。その後、太原市で開かれた国際軍事法廷では、十一年の禁固刑を言い渡され、最後は遼寧省の撫順戦犯刑務所に収容されることになったのである。

平野零児。彼もまた山西太原で逮捕された戦犯の一人である。大阪毎日新聞社社会部の記者として勤めていたが、あの河本大作が姉婿だったこともあり、海外特派員として中国大陸へ派遣されると、旅順に河本をたずねた。その後一度は日本にもどった平野であったが、山西産業株式会社の社長の座におさまった河本を頼って太原におもむき、閻錫山に協力して反共活動に従事したといわれ、太原陥落後に、河本とともに太原戦犯管理所（当時は公安局第三科と呼ばれた）に収容された。昭和三十一年（一九五六）に起訴免除となり帰国。以後、本格的な執筆活動に入ったとされる（平野零児『人間改造――私は中国の戦犯であった』三一書房、一九五六年）。

平野によれば、帰国前に一定期間の思想教育をおこなうとのことで、太原戦犯管理所（公安局第三科）から河北軍区永年訓練所（収容所）なる施設へと移動させられた。そこで発生したエピソードを記者らしく詳細に記している（前出『人間改造』）。

《俺は県の顧問だったが、県民をいためたのは責任をもつが、県長や中国人の官吏がやったことは、自分は知らない、俺には命令をする権限がなかったなどとがんばりとおして、O、R、Oの三人が初夏のころ、直属部隊に送られてきた。……このうちの一人、Ｏの闘争大会には、直属部隊も参加した。Ｏは中隊の広庭にまるく取り囲んだ真ん中に出て、うなだれていた。……〔Ｏは〕新民会の指導官や日本軍司令部の経理官としての罪悪も自分は上の命令を伝達したので、直接中国人民を痛めつけたことはないと反抗をつづけていてゆずらない。……Ｏはただ蒼白となって立ち往生をしていた。「発言せよ」激しい声が飛んだ。……「頭をあげろ！」「もっとハッキリいえ！」と怒号が湧き起こる。……もう一人のＯも、Ｒもだいたい同じようなことで……Ｒはやはり新民会の者で県顧問などをやったりしたが、罪悪事実の重大さというよりは頭から否定してかかる頑固さがとうとう、この中隊送りになったので、彼は亜民会のはじめからその創始時代から暗躍した事実を永いあいだ、白っぱくれていたらしい》

平野はこの事件を『中共虜囚記』（毎日新聞社、一九五七年）でも取り上げている。

《一番先に、私たちが直属中隊に来たのちに、加えられたのは三人の男であった。彼らはそれぞれの問題で、みんな大衆闘争大会にかけられた連中であった。そのなかのＯの場合は私たち直属部隊からも参加したので、そのものすごい光景が思い出される。Ｏは元新民会の指導官などをやり、山西軍の経理官をした前歴があった。永年訓練団に来ると、中国語ができるところから、……Ｏはその場で手錠をはめられて、禁閉室に禁固されたのち、直属中隊に送られてきた。Ｒという男も中隊の大会にかけられたし、ＯＮも同様で、三人は直属中隊に来ても、長いあいだ別棟に禁閉されて、朝の体操にも、労働にも出なかった》

平野の視線は、軍国主義、ファッショ思想をもつ者たちの思想を改造するために開催された、日本人同士で批判をおこなう闘争大会において、つるし上げられている男にそそがれていた。青ざめて黙りこくったまま激しくののしられるOなる人物である。Rと呼ばれる人物もOとほぼ同じ状況にあり、闘争大会にかけられ、きつくしぼられたという。ここにいうOがだれなのか、私には残念ながらわからなかった（笠実と同じ太原にいた大野泰治かもしれない）。

Rは間違いなく笠実だ。しかもOに対する記憶、すなわち新民会の指導官で県顧問をしていたこと、中国語が堪能であること、山西軍の経理にかかわる仕事をしていたこと、これらはもしかしてOとRの記憶が混同してはいまいか。私はそう直感的に思った。支那語学院で中国語を学び、宣撫官から新民会へと編入され、久留米商業学校で経理を勉強し、のちに太原市立病院で事務長をしていた笠ほどRやOにぴったりあう人物は他に想像できなかったからである。

平野はまた河本や城野らについても書き残している（前出『人間改造』）。

太原二日目、閻錫山のもとで西北公司総顧問という最高地位にあった河本は、解放軍下の太原戦犯管理所（公安第三科）に布団とリュックサックを背負って入った。副司令の城野宏も公安局に引っ立てられ同じ監獄に入った。この二人は独房に入れられた。平野は雑居房に入ったらしい。

運動時間になると、河本も城野の元気そうに走っていた。

「今日から学習討論を始めることになった」という一声とともに、河本や城野、平野らのメンバーの名前が発表された。平野は河本と直接会えるのを楽しみにしていたという。

ある日、城野の順番となり経歴から発表された。

司会者が「城野君の発表に対して、何か質問とするところや、さらに追加すべき点はないか。大肚率直に、正しい立場で「援助」してください」といった。

「別にありません」みな押し黙る。

「何もないということはないでしょう」

「あいまいな点を城野君に聞きたいのですが」

「どうぞ」

「では発言します。城野君はさきほど名古屋の高等学校時代、学連事件で当局の弾圧を受けたといわれましたが、実際に城野君の活動された事実はどんなことなんですか」

城野は発言を求めて、当時東京帝大をはじめ各大学、高等学校に起こったデモクラシー思想とともにマルクス主義研究会が生まれたことを得意になってならべたてた。城野が東京帝大出で、政治経済を修めたことは、彼の唯一の自慢であり、彼はここぞとばかり、たんなる軍国主義者ではない、いちおうマルクス主義などは卒業しているのだと誇示した。城野は大いに頭のよいところ、自分の認識が高いところを見せようとした。

城野らしいエピソードである。

一方、河本の番がくると、みなは彼を尊敬していたので、まるで先輩の経験談を聞くような調子で、感心して聞いていたという。記憶力のよい河本は年月日も筋道も的確だったので、みなただ聞き惚れていた。

「河本さんの歴史は、近世東洋史の豪華な一頁ですな」と嘆賞する言葉さえ飛び出した。

太原陥落前、毎週木曜日に河本と城野らは、河本の公館で彼を顧問格として「木曜会」という研究会を開催し、時局の問題などを語り合った。そのとき主役だったのが城野だったため、雑談などでもリーダー的な役割を果たしていたという。

正月になると演芸大会も開かれた。河本は「奴さん」を、城野がお国芸の臆病侍の化け物退治の身振り踊りなどをおこなった。河本が和服を着て「奴さん」を踊るとみなで合唱した。城野の化け物退治は、鉢巻きに木刀まがいをさした武者張ったしぐさが、軍国調を多分に見せるので、平野は一寸気が引けた。

また城野はマッチ貼り作業で成績をあげ、昼間は部屋のなかで一高の寮歌を人にはばかることなく唱っていたが、あるとき河本が、餅を焼いている平野のところへやって来て不平をもらした。

「城野のやつはすかん奴だ。俺の差し入れを権利のようにあてにしている。タバコなどもっているくせに、おれのスリー・キャッスルをねらっているんだ」

河本は子供のようにかんかん怒っていた。

正月が過ぎると、河本、城野ら三人が呼び出され、北京へ行かされることになった。いよいよ起訴か、それとも本格的な取り調べか、周囲は騒がしくなった。

ぜんざいを作って送別会をおこなうことになった。

河本は元気な様子で昂然と言い放った。

「偶然にも、今月今夜は自分の誕生日にあたる。七十回を迎えるこの誕生日は忘れがたい。幸い寛大な政策により、中央で立功の機会を与えられ、感謝しかない。過去の償いをするためには、台湾の解放に志願し、過去の参謀としての経歴を生かしたい」

城野は具体的なことは述べず一言。

「必ず立功する」

平野が伝えるこうしたエピソードは、河本や城野の性格をよく表現している。河本は張作霖爆殺事件以来の大物であるし、年配だけあって落ち着いた堂々とした態度であった。それに比べると、城野はやはり血気盛んというか、マイペースで自己中心的な人物であったようだ。

図47　太原組の笠実（前列中央）、城野宏（後列左から２番目）、永富博道（前列左端）、富永順太郎（後列左端）、大野泰治（後列右から２番目、笠晋一氏提供）

図48　撫順戦犯管理所の日本人戦犯たち——笠実（第４列左から２番目）と城野宏（第４列左端）は肩を組んでいる。そのほか杉原一策（第４列右端）、富永順太郎（第３列左から３番目）、永富博道（第３列左から４番目）、古海忠之（第３列左から６番目）、鈴木啓久（第３列左から10番目）、藤田茂（第２列左から４番目）、斎藤美行（第２列右から２番目）、大野泰治（第１列右から２番目）らの姿が見える（笠晋一氏提供）

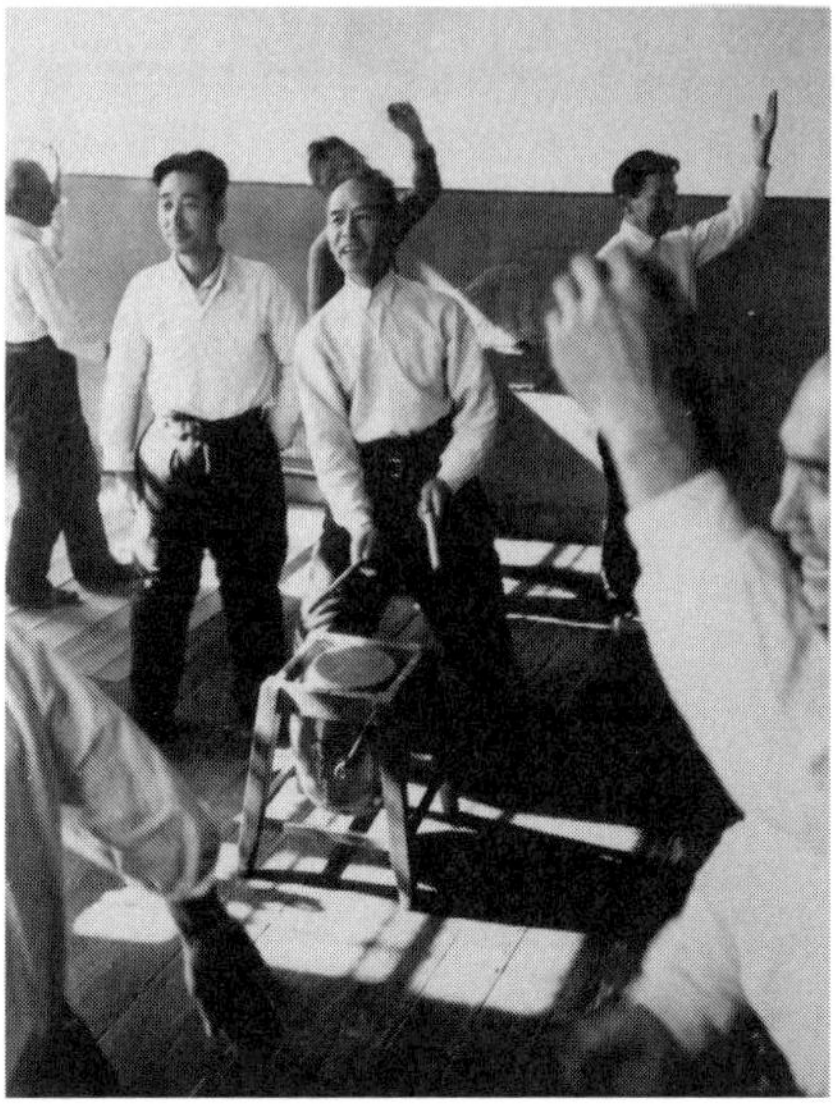

図49　撫順戦犯管理所時代の笠実
（中央、笠晋一氏提供）

一方、平野の記事には、笠は匿名Rとしてわずかに顔を見せるにすぎない。禁閉室に入れられるなど、平野とは面識が薄かったとも想像できる。笠の性格も少々頑固なところはあったようだが、自己の信念を曲げず、容易に媚びったりするような要領のよさはなかった。みずからが正しいと思うところを貫きとおす、口数は多くはなかったが、自己の行為や考え方に確たる信念を有した男だった。

その後、戦犯たちは永年訓練所から太原戦犯管理所、撫順戦犯管理所に収監されることになった。そして昭和三十一年（一九五六）年六月、瀋陽・太原戦犯裁判で撫順組三十六名、太原組九名、合計四十五名が起訴された。撫順・太原組千十七名（九十六パーセント）が起訴免除・釈放されたという（図47・図48・図49）。

「中国侵略」のほか、日本人部隊を山西に残留させ、閻錫山に協力させ革命を妨害したいわゆる「反革命」として、太原に拘留されていた城野宏は懲役十八年、笠実は懲役十一年の判決を受けた。河本も太原に拘留されたが、昭和二十八年（一九五三）八月二十五日に病死した（前出『毛沢東の対日戦犯裁判』）。

共産党側の史料には、笠実の罪状についておおむねつぎのような意見が書き残されている。笠実をふくむ、太原に監禁されている戦犯は、みな日本が降伏したのち、蒋介石・閻錫山に留用され、蒋・閻の「反革命内戦」に参加したものたちである。よって、厳しく処理しなければならない。笠実らは罪状が比較的軽いが、思想が頑固であり、訊問・教育を受けたのちも変わらない。もし罪状が軽く、すでに転向した戦犯といっしょに彼らを釈放すれば、帰国後、日本やアメリカの反動派と結託して、転向した者たちを迫害するかもしれない。したがって、反抗する者は厳しく処罰するという原則にのっとり、あらかじめ起訴・審判し、十年から十四年の懲役として労働改造したのち、情状を酌量して釈放すべきだ。

笠実は思想が頑固で、なかなか共産党による思想改造を受け入れようとはしなかった。平野零児がいったRとはあきらかに笠のことだ。笠実は法廷では基本的に罪を認めながらも、罪行を記す「供述書」ではなかなかそれらを認めようとしなかった。われわれのやり方に欠陥があったのか、笠は思想にまで踏み込んだ改造を受け入れようとしない、と共産党幹部は嘆いた。

こうした経緯を見るかぎり、笠は宣撫官として渡支して以来、さきに述べたように、八木沼精神を体現しながら〝中国民衆のため〟を第一に考えて行動してきたという自負があった。山西残留においても決して「反革命」が目的ではなかった。笠は自分の行動に明確な信念をもって歩んできたのだ。その信念はたしかに笠を笠たらしめるものであったが、結果的には皮肉にも共産党による長期の抑留を招くことになってしまったのであった。

図50　大橋巨泉
（https://msp.c.yimg.jp/ より転載）

城野と笠はともに撫順戦犯管理所に収監された。最後に、そのときの興味深い一つのエピソードについて記しておこう。

次章で詳述するように、城野宏は帰国後にタレントの大橋巨泉と紙上対談した（図50）。以下はそのときのやりとりの一部だが、笑い話のような話題もとびだした。

巨泉　ヘンなことをうかがいますけども、中国で拘留されてる間に、なにか技術的に身につけたようなものはあるんですか。

城野　拘留されている間、と限定されますか、拘留される以前も含めますか。

巨泉　いやいや、政治犯がどういう扱いを受けるのか、よく知りませんから。

図51　撫順戦犯管理所で養鶏に携わっていた笠実（手前、笠晋一氏提供）

城野　監獄の中で身につけた技術でしたらね。一つは養鶏。ニワトリを飼うことは専門家になりました。

なんの変哲もない何気ないやりとりだが、城野ら撫順戦犯管理所に拘留された戦犯たちの話や、彼らが映った写真には、しばしば養鶏の場面が出てくる（図51）。まあ、何もやることがないから、食糧自給の意味もこめて養鶏をしていた（させられていた）のだろうか、というぐらいにしか私も考えていなかった。

ところが、私が晋一氏から受け取った父笠実の手帳をめくったとき、養鶏という作業に対するみずからの見方が誤っていたことを悟った。この手帳は笠実が撫順戦犯管理所に拘留されていたころ、気のついたことを思いのままに綴ったものらしく、さまざまな内容が盛り込まれていた。

「健美日記」と印刷された表紙をめくると、「一九六〇年三月十四日」と手書きで記され、「笠」の印が捺されている。したがって、この手帳は一九六二年の帰国の二年ほど前から書き始められたものかもしれない。なかにはいくつか養鶏に関する書き込みが見える。

まずは「養鶏班工作制度」なる書き込みからはじめよう。

一、養鶏班は全員の更生への強烈な要求に応じ、当局より配置された思想修養の手□（判読不能）――労働の一環として組織されたものである。全班員は学習委員会の指導のもとに一致団結し、誠実に作業に従事し、学習修養につとめなければならない。

二、養鶏組に班長一名、組長若干名をおく。班の責任者は組長互選ののち、委員会の同意と管理部の許可を経て決定する。班員は無条件に忠実に指導に従わねばならない。

三、毎月一回班会議を開き、計画の策訂、総結、重大問題を討議し決定する。班長は毎週一回班務会議を召集する。参加者は原則的に各組長とする。組長会議は班の主要な問題に対する討議決定をおこない、その進行状況を検討する。

四、班員は大胆に創意工夫し、積極的かつ誠実に作業し、作業能率を高め、雛の死亡率の低下、成鶏の保健、産卵率の向上につとめなければならない。

五、班員は鶏を愛護し、工具、備品、飼料など公物を愛護しなければならない。これらをぞんざいに扱い、あるいは危害を加えた場合には、批判教育を与えるべきである。

六、労働時間を厳守し、勤務場所を勝手に離れてはならない。上下番交替者はまじめに引き継ぎをおこなうべきである。病気などで作業を休むときは、一日以下なら組長、二日は班長、三日以上は委員会の許可を受けなければならない。病休二日以上のときは医師の診断を必要とする。

七、班員は団結と協力の美風を学び、自由主義、本位主義、セクト主義、錦標主義など、醜悪な個人主義思想を排撃し、困難にはみずからあたり、便宜は他人にゆずり、先進に学び、落後には援助する風格をうちたてるべきである。
八、養鶏組の団結と進歩、技術管理の水準の向上を図るため、班員は集会上において班のいかなる責任者に対しても自由に批判しうるとともに、随時意見を委員会および当局に具申する権利と義務をもつ。
九、本制度は公布の日からこれを施行する。業務の細則は別に定める。
一九六〇年一月二十五日、公布す。

一から九までの長文にわたって養鶏組制度に関する説明がなされている。これを見ると、ここにいう養鶏とはたんに鶏を放し飼いにするだけのようなものではなく、管理所の管理部—委員会—班長—組長—班員（戦犯）というはっきりとした組織系統が構築されていた。目的も創意工夫して鶏の死亡率の低下、産卵率の向上など、生産的なもののほか、自由主義、本位主義（自己本位主義）、セクト主義、錦標主義（勝利至上主義）など個人主義思想の排撃といった思想学習的な意味が込められていた。つまり養鶏には戦犯の思想修養上の教育的な意義すら見いだされていたのである。
また笠は八木節や安来節にあわせて作詞を試みている。養鶏組を題材とした八木節はこんな具合だ。

一　おいら養鶏組は　はたらく仲間
仲間同志だ　がっちりくんで
組んではなさぬ　援助と批判
みんなで出すちえ　数ある困難

すらりと解けるよ　改造の道よ
団結固めりゃ　とりもはりきる　オーイサネー

二
おいら養鶏組は　たたかう仲間
中国人民の　教えを守り
労働学習の　二本の足で
前へ前へと　足なみそろえ
たたかい進むは　平和の道よ
統一強めりゃ　卵はふえゆく　オーイサネー

養鶏という作業のなかに共産党による思想改造の意味が内包されていたことは、もはや説明の余地はなかろう。

笠や城野が撫順戦犯管理所で従事した養鶏。彼ら戦犯が養鶏からどのような意味を受け取り、それを自己に内在化させていったか、いまとなってはもはや真相は闇のなかである。ましてや大橋巨泉が城野の口から偶然に発せられた養鶏という言葉を聞いて、どこまで想像できただろうか。養鶏という何気ない言葉一つにも当事者にしかわからない深い内容がふくまれていることに、私たちは注意する必要がある。そうでなければ、彼ら戦犯となった人びとの心のうちを到底正確に理解できないのだから。

撫順戦犯管理所で刑期を終えた笠実の帰国については、本書の冒頭で紹介した。一方の城野は、昭和三十九年（一九六四）三月、最後の中国戦犯として富永順太郎（北支那交通団交通地誌室（富永機関）主事、蒋介石国防部第二庁北平工作隊中校）、齋藤美夫《さいとうよしお》（満州国軍憲兵訓練処処長）ら二名とともに釈放され、四月七日、香港経由で羽田空港に到着し、ようやく帰国を果たした。城野らの釈放により長きにわたった中国戦犯の抑留はついに終わりを告げたのであった。

第6章　「戦争」を生きつづける戦後日本社会

昭和三十年代の後半にあたる三十七年（一九六二）一月七日に笠実が、三十九年（一九六四）四月七日に城野宏がようやく念願の帰国を果たした。中国人宣撫官だった陳一徳はひと足早く二十一年（一九四六）に無事に日本に「亡命」することができた。しかし残念ながら、八木沼丈夫は終戦の前年に北京にて客死していた。

戦後無事に帰国できた戦犯や戦争を体験した人びとのなかには、戦時中のことをほとんど語らず墓場までもっていった者が少なくない。少数派ではあるが、逆にさまざまな場面で戦時中の記憶を語ろうとする者もいた。笠はどちらかといえば前者、城野は明らかに後者であった。帰国後の二人の歩んだ道は見事なほど対照的なものとなった。

図52　ロータリークラブで講演する城野宏
（城野利江氏提供）

城野宏の戦後

まず城野から話を始めてみよう。最後の戦犯として帰国した城野は、笠実以上にマスコミや政財界から引っ張りだこになった。新聞取材、テレビ出演、各地での講演を多数受け、山西残留・中国抑留時代のことをしばしば振り返って語った（図52）。

私が調べたかぎりでも、帰国したばかりの昭和三十九年（一九六四）から、当時住んでいた関西地区を中心に各地で講演会が催され、城野が熱弁を振るったらしい。

昭和三十九年（一九六四）九月二十四日にはオリエンタル・ホテル新館2階で、兵庫県経営者協会役員ならびに会員代表者約八十名を対象に「今後の中共を如何に視るか――戦犯生活十五年の体験から」と題して講演。同年十月十三日には大阪船舶倶楽部（大阪市北区）で、定例の午餐会・講演会に元中国閻錫山軍事顧問として「中共の現状と日本人の考え方」という演題で講演。案内状には「昭和十三年（一九三八）より二十六年間中国に在り、本年四月中国からの最後の戦犯帰国者」と紹介された。同年十月二十七日には関西学友会館2階ホール（大阪市北区）で、関西ＤＩＡ協会の十月例会で阪田商会顧問として講演。「実に数奇な事情のもとに、在中国二十五年有余年、その間、山西省政府顧問・閻錫山軍顧問、また中共政府の戦犯となって、変化する中国、非常ないきおいで先進国に追いつこうとする隣国中国をつぶさに研究し、また実地を踏破された氏から我ら日本人の経済人は中共に対していかなる認識をもつべきか言々句々猛省を促す氏の熱弁に耳傾けねばなりません。一人でも多くの友人を誘って来会ください」と、城野の語りに多くの方々の参加を呼びかけている。さらに同年十二月三日にも近畿管区行政監察局で「最近の中国情勢」と題して城野が講演している。

日中友好協会大阪府連合会も昭和三十九年（一九六四）十一月十二日に〝日中友好婦人の集い〟として大阪府婦人会館にて「二十六年ぶりに中国から帰って」と題する城野の講演を開催した。「世界情勢はめまぐるしく、中国問題もますます重要な課題となって来ております。つきましては、中国に対する正しい認識をさらに深めるため、第一回の集いを左のように計画いたしました。講師の城野氏は今年の四月、中国から最後の日本人戦犯釈放者として帰国された方です。戦前、戦後と長い間中国で過ごされておりますので、いろんなお話をお伺いしたいと思います」と女性たちに向けても、城野の中国体験が語られた。

昭和四十年（一九六五）になっても講演依頼は続々とやって来た。同年一月二十九日には大阪科学技術センター6階で近畿化学工業会主催の講演会が開かれ「中国の現状」、同年二月十九日には大阪住吉ロータリークラブにおいて「新中国の実態について」、同年六月二十四日には阪神百貨店7階にて興亜技術同志会関西支部主催で「生きた中国の姿」、同年六月三十日には大阪倶楽部午餐会で「戦前・戦中・戦後の中国――二十六年間の中国生活を終えて」、同年七月二十三日には大阪府中小企業文化会館3階にて大正クラブ七月例会で「最近の中国と中国から見た日本」と題してそれぞれ話をした。大正クラブは案内状には「城野宏先生は昭和十三年、東京大学法学部政治科卒業後、昭和二十年八月終戦まで、中華民国陸軍少将兼政治部長、昭和二十四年中共軍の攻撃による太原落城で捕虜となり、昭和三十一年太原特別軍事法廷において禁固十八年の判決をうけ、昭和三十九年刑期前に釈放され、昭和三十九年四月羽田着帰国した。その後『思想』（岩波書店）、『エコノミスト』、『日本』、『朝日ジャーナル』、『評』、『社会人』、『調査情報』、『神戸新聞』、『産経新聞』、『新潮』などに中国事情、ベトナム情勢など執筆、現在中国綜合研究所所長」とその活躍ぶりが書き連ねられている。

城野の精力的な講演活動はまだまだつづいた。昭和四十年（一九六五）九月十五日には、城野自身も会員である恒徳会の依頼により、有恒倶楽部7階ホールにおいて「最近の中国に就て」、同年九月二十四日には中部経済同友会に招かれ「中国の現状と中共貿易」、同年十月八日には大阪港振興倶楽部の十月定例午餐会・講演会に出席し「中国の姿」、同年十月十三日には大阪北浜船場ライオンズクラブにて「中国現状」と題した講演をおこなった。

これらは城野宏の妻・利江氏のご教示もあって、偶然に確認できたものにすぎない。さらに昭和四十一年（一九六六）以降になると、日中貿易や農業集団化と人民公社、文化大革命に関わる講演が次第に多くなっていったようである。

つづいて執筆活動に目を転じてみよう。昭和四十年（一九六五）六月二十一日付けの『読書新聞』に、城野は「実感的紅軍論――国民軍と共に戦って」なる一文を寄せ、八路軍と国民党軍（城野は国民党側で戦った）との違いについてつぎのような経験を語っている。

たとえば、山西省平遙県のある村で、仲良くなった村民に解放軍とわれわれ（国民党軍）とどちらがよいかとたずねると、解放軍の方がずっとよいといった。

「解放軍は村で宿営しても家主を追い出したりしない。納屋のすみか、土間に自分で携帯した布団をしいて静かに寝ていく。何か買ったら必ず代金を払う。借りた茶碗をまちがってこわしたりしてもちゃんと弁償する。女には決して乱暴したり、からかったりしない。出発するときは家のなかから庭まできれいに掃除して、水瓶には水を一杯にして出ていく」

また、太原陥落後の昭和二十四年（一九四九）四月二十四日、城野たちは城北の捕虜収容所に送られた。五百人ぐらいの捕虜に一分隊の監視兵がついた。その日は昨夜からの戦闘で米一粒口にしていなかった。監視兵の隊長に食料を捕虜に出してくれと交渉すると、粟を袋に入れてもってきてくれたので粟飯を炊いて空腹を満たした。

監視兵は一向に食事をしなかったので、寝ようとしている兵士にたずねた。

「夕飯は食ったのか」

「食っていない」

「どうして食わないんだ」

その兵士は恥ずかしそうにかすかに微笑みながら淡々と答えた。

「だって、おれたちのもっていた分はみんな集めて、君たちのところへもっていっただろう。おれたちは昼食ったから、夜は食わんでも大丈夫だけど、君たちは昨夜から何も食っていないというから、みんなで相談してそうすることにしたのさ」

城野はこの答えを聞いて「どうりでわれわれが負けるはずだ」と悟ったという。八路軍の勝利、国民党軍の敗戦の理由を、身をもって体験していた城野は、それを戦後日本社会に伝えたのだった。

また、城野は講演「〝中国最後の戦犯〟として」の要旨を昭和四十一年（一九六六）三月一日に地方新聞『やつるぎ』に三回に分けて発表している。

《昭和二十年の敗戦の少し前……海外にいた私たちは、日本も外国の軍隊に占領されてしまうかもしれない。そのとき海外にいる日本人はどうしたらいいか、すごすごと旗を巻いて日本の四つの島へ帰っていくのがいいのか、それとも海外にある日本の勢力を保存していったらいいのか、という問題に直面した。当時、私は華北の山西省におりました……日本の敗戦が目前に迫ってきた。われわれの見込みとしては、日本が外国の軍隊に占領されるであろう。そうなったら満州や朝鮮も台湾もみな植民地を失ってしまう。……なんとか海外に日本の勢力を確保して、こうした資源をわれわれの手で握ろうじゃないかと考えたわけです。だから山西省に残りまして閻錫山という軍閥と一緒になって戦後四年間ほど戦さをやったわけです》

《いよいよ日本が無条件降伏し、われわれは既定計画どおり行動しました。私のもっていた五万の軍隊を三個軍に編成して、そこへ閻錫山の山の中にいた部隊を少しずつ入れていって山西の体制を確保したわけです。このままうまくいけば山西省はわれわれの勢力下に確保できたと思います。いまこういう話をすると、なにをお伽話を。戦争に負けた国が勝った国へ残って、その勝った国を負けた国の植民地にしてしま

おうなどと馬鹿なことをぬかせといわれるかもしれない。しかし、十分な成算があったし実際に四年間実現したわけです》

城野が『山西独立戦記』を出版するのは、昭和四十二年一月であるが、右に見るように、すでに同四十一年三月の段階で、軍閥の閻錫山を利用して山西省を中国から切り離し、独立王国を作ったうえで、日本の復興を援助しようとしていたというストーリーが城野の頭のなかに形作られていたことがわかる。もちろん、山西残留中からこうした構想が頭をもたげてきたことはあったかもしれない。しかし「戦略的に」身を処した城野だからこそ、戦後日本社会に復帰するにさいして、みずからの大陸で果たした役割の大きさと選択の正しさを示すため、それが次第に確固たる「山西独立王国」論として成長を遂げたのかもしれない。

少し時間はさかのぼるが、経済学者として有名な都留重人は『朝日新聞』「論壇時評」に昭和四十年（一九六五）十一月二十二日付けで「前に出た保守攻勢　中国問題めぐり活発な探求　「日韓」にもすぐれた論文」という一文を発表した。国連総会が中国代表権提案でゆれていた当時、「対決」派の代表格で「共産主義の侵略性」を訴えた岸信介「日本政治の動向」（『フォーリン・アフェアーズ』）や、山田昭「保守外交の変質と革新陣営」（『中央公論』）、高坂正堯「与党の危機感を戒める」（『中央公論』）などの論文を紹介・整理したのち、「中国における赤軍成功の秘密が「教育とくに人間形成」に重点をおいた点をつぶさに語る城野宏の「世界最大の陸軍誕生の謎」（『中央公論』）も、含蓄に富む」と、城野の文章にも高い評価を与えている。

昭和四十一年（一九六六）六月二十七日付けの『読売新聞』には、栗原健『対満蒙政策史の一面――日露戦役より大正期にいたる』（原書房、一九八一年）に対する城野の書評が掲載されている。城野は、栗原が昭和史の悲劇の根源を「文治的平和的合理主義」の敗退、「武断的進略的急進主義」の優勢に求めるが、後者の根底には「威嚇と武力には中国人が屈服するものというドグマが横たわっている。しかし威嚇と武力による「解決」は、単に抵抗の形を変えさせたにすぎず、実際にはさらに大きな反発の連鎖反応を惹起してゆくのである。後に全満州の軍事占領に帰着した対満蒙政策の「成功」とは、全面的中日戦争と敗戦の種を播いたにほかならなかった」と述べている。満州侵略の実情について、そこに横たわる〝威嚇と武力〟による中国人の屈服というドグマこそが、まさに日本の「失敗の本質」だったのだと、城野はいいたかったのだろう。

そして昭和四十二年（一九六七）、城野はついに『山西独立戦記』を上梓した。すでに述べたように、城野宏、山岡道武第一軍参謀長、岩田清一軍参謀を中心に決行された、いわゆる「山西残留」の理念と史実を書籍のかたちで公に問うたものであった。

同年三月三日午後四時半より「『山西独立戦記』出版記念会」が三百二十五名もの参加者をえて、東京山水楼3階大広間で開催された。発起人代表は前労働大臣・衆議院議員の石田博英（自由民主党）、その他発起人には三洋電機株式会社社長の井植歳男《いうえとしお》、株式会社日立製作所総務部長の岩松茂輔《いわまつもすけ》、前警視総監・公害防止事業団理事長の原文兵衛《はらぶんべえ》、衆議院議員の穂積七郎（日本社会党）、前厚生大臣・衆議院議員の神田博（自由民主党）、通産大臣・衆議院議員の菅野和太郎《かんのわたろう》（自由民主党）ら、錚々たるメンバーが顔を連ねた。前述のとおり、本人自身が宣撫官であった東京副都知事（当時）の鈴木俊一や、山西会会長の米花宇太吉《べいかうたきち》の名前も見えている。帰国後の城野が戦友会関係のみならず、日本の政財界にも太いパイプを作り上げていたことを十分にうかがわせるものだ。

出版記念会の場では石田、菅野、神田、赤城宗徳（衆議院議員、自由民主党）、ともに山西に残留した大矢竹友らが、城野の功績をたたえて祝賀・激励の言葉をかけ、城野も非常に感動したらしい。講演内容は残されていないが、他の史料から復元するかぎり、発起人代表の石田は大約以下のように発言したと推測される。

「日本の若者たちは、敗戦の悲劇のなかでも、祖国の再建を信じ、山西を確保しようとしてふたたび武器をとり、生命を捧げ、あるいは獄中の人となり、あるいは帰国後の今日なお不遇のなかに暮らしています。その人びとの家族、友人の方々が、自分の肉親、朋友がなぜそのようにしないわけにはゆかなかったかを知ることが必要なことでしょうし、いろいろ複雑な問題をかかえ、『祖国喪失』に悩んでいる日本にとって、いままで知られていなかった日本人の歴史の一頁を知り、敗戦という苦難のなかでも、日本人はつねに祖国を思い、勇敢に困難に立ち向かう人間であることを見きわめることは、意義のあることだと思います。そのことはまた、いまも山西の黄土のなかに眠っている同胞の霊を慰めることにもなるでしょう」

「『山西独立戦記』は城野君が、身をもって体験してきた生の記録です。なぜ多くの日本人が戦後の山西に残ったか、どうして敗戦した国民が、戦勝国である中国の国土に、支配体制をうちたてることができたか、解明されています。それはいわゆる大陸物といわれるような冒険小説の類ではありません。まじめな研究であると同時に、生々しい史劇であるともいえます」

山西残留という問題は、前述のように、映画監督の池谷薫によって「蟻の兵隊」として作品化されたことで、はじめて本格的に問題提起され、国民の大きな関心をひいた。もちろん出版記念会という前提がある以上、石田の発言は一定程度割り引いて考えねばならないが、「祖国喪失」の「日本人の歴史の一頁」、「日本人は常に祖国を思い、勇敢に困難に立ち向かう」、「山西の黄土に眠っている同胞の霊を慰める」といった言葉であらわせるほど、山西残留は単純なことではない。池谷が提起したように、なぜ残留せねばならなかったのかが問題であると同時に、右の抜粋した部分の「日本人」の部分を「中国人」に置き換えてみたらどうだろうか。あるいは「台湾人」や「朝鮮人」に置き換えたらどうだろうか。それぞれの立場によって拠ってたつ基礎的なところが異なるのは当然だが、城野の執筆の意図するところが本当にそこにあるのだとすれば、あいかわらず自己誇張、自己肯定的な気持ちが強すぎ、みずからと立場を異にする者への配慮がまったくできていないことになる。それを城野の〝個性〟といえばそれまでだが、石田もう少し別の角度からの光のあて方があってもよかったのではないかと、正直、私は思わず眉をひそめるしかなかった。

城野自身は著者としてつぎのようにいう。「勝った国に負けた国の人間が残って、勝った国を支配したという例は、世界史にもそうないでしょう」「戦前〝シナ通〟といわれた人も、本当の中国人を理解していなかった……山西省で私がやったことは、帝国主義侵略などの評価はともあれ、日本人にもこういう歴史があったということを知ってほしかった。それと五百人をこす戦死者の遺族の方の目にもとまれば」（『毎日新聞』素顔、昭和四十二年三月二日）と。たしかに城野たちがおこなった史実を記録したことは評価できる。しかし、それは忘却されないように記録することだけであって、それをどう評価するかは本人ではなく、後世の人びとが決めることである。ましてや自画自賛したり、遺族の気持ちを癒やしたいなどと発言したりするのは、きわめて〝独りよがり〟であるとの譏りを受けてもしかたないだろう。

そんな城野の姿は四年後に、よりはっきり浮き上がってくる。中華人民共和国の国連加盟が決まった昭和四十六年（一九七一）、『週刊朝日』（十一〜十二月号）に「緊急大特集　世界を変える中国の国連参加」という特集号が組まれた。大橋巨泉の連載対談「巨泉の真言勝負」のコーナーでは、大橋巨泉と、帰国後七年が経過した城野宏（中国総合研究所長）が対談したのだ。

「のっけから『戦略』『戦術』といった言葉がとび出す。軍事専門家だった城野さんだけに、そんな思考法が合っているのだろう。『中国問題で大切なことが一つ忘れられている』という発言に、巨泉氏『うん』『うん』」

そんな冒頭から始まる二人の対談。巨泉と城野のやりとり。興味深いのでじっくり観察してみよう。

城野　戦争は、ぼくは専門家なんです。

巨泉　それも役に立ちませんね。

城野　これは役に立ちますね。

巨泉　立ちますか。

城野　二十六年間、日本にいませんでしたから、さあて、何をするたってわからない。……まず戦略目標を立てたんです。これが大切で、漠然とやっちゃいけない。で、戦略目標に対して、どういう戦術的処置をとるか。……これも戦略と戦術との結合によるものですね。

巨泉　中国では、その城野さんの戦争家としての能力をあんまり評価しないんですか。

城野　ものすごく評価したですね。評価せざるをえないでしょう。わたし、戦争して負けたことありませんからね。とにかく閻錫山が山西省を四年間守れたのは、わたしのおかげなんですから、ずいぶん高く評価しています。うらまれたですわ。（大いに笑う）

巨泉　でも、それを評価して、中国側が城野さんを登用しないということは？

城野　それはないですわ。中国ちゅうのは七、八億も人間がおりますからね。いまさら日本人のわたしを使って戦争をせんならんほど、かれらは戦争をしたいと思ってない。……

巨泉　ほかの人の中国論とは、ちょっとちがいますね。イデオロギーのちがう国はけしからん、つきあわないというのは、ほんとにヘンな議論ですものね。

城野　そうなんです。わたし自身は日本人として発言しとるんで、中国は日本人にとっては仲ようするほうが利益であって、戦争するのは損である、こういう主張になるんです。戦争するんだったら、わたしほどできるものはおらんかもしれない。

巨泉　そう売り込まないでくださいよ。もう戦争はやらないんですから（笑う）。やるべきじゃないですよ。

大橋巨泉の気さくな性格と、対談相手の特徴をうまく引き出す話術のせいか、城野は完全に自己をさらけ出すように猛然と語り尽くしている。

まず城野の戦争家としての自信と自慢があふれ出て止まらない。中国（共産党）側はオレをものすごく買うとともに怖れている、戦争なら任せろ、絶対に負けんから、閻錫山が山西に四年間も独立王国を作れたのはオレのおかげだから、と言葉をまくし立てるようにしゃべる。これにはさすがの巨泉もまいったのか、「まあまあ、それぐらいで止めてくださいよ」といった苦笑を漏らしている。

図53　城野宏（左）と三木武夫総理（城野利江氏提供）

城野の言葉の裏には「オレを買わない日本政府はどうかしとる。中国のことならオレにまかせておけ」とでも言いたげに私には聞こえる。これがまんざら当てずっぽうではないのは、妻の利江氏が私に話してくれた内容からも裏づけられる。

「城野のところには、ときどき自民党の関係者からお電話がありましたのよ。たぶん、中国のことで意見を聞きたかったんでしょうね」

城野利江がそう言いながら部屋の奥に入っていくと、一冊のアルバムを手にもどってきた。

図 54　城野宏（右）と若かりし頃の中曽根康弘
（城野利江氏提供）

「ほら、三木総理や中曽根さんと映ってるでしょ」

利江氏が写真に指をさす。たしかに政治資金パーティのときに撮影されたものであろうか。三木武夫総理の横でほほえむ城野の写真が一枚（図53）。新年交歓会で挨拶する若き日の中曽根康弘の側にたたずむ城野の写真が一枚（図54）。当時の政治の中枢と何らかの関係を有していたか、あるいは何らかの関係を結ぼうとしていたのかはわからないが、「戦略」「戦術」に長けた城野のことだけに一筋縄ではいかない何かがあったのだろうと推測させる。

城野　昭和二十年から四十六年の今日まで、戦争やめました、というた日本の首相、ありますか。

巨泉　中国に？

城野　そうです。今日にいたるまでいうてない。つまり、中国と日本の関係の本質は、戦争状態なお継続中なんですよ。……

巨泉　そりゃそうですよね。日本は台湾と条約は結んだけど、中国との戦争は終わったといってない。

城野　日台条約ちゅうのは、あれは台湾政府との条約で、中国の連中は、日本がやめたといわんもんじゃから、まだ戦争つづいとると思ってます。日本のほうはやめたようなつもりで、やあ友好だ、やあ国交回復だというとる。……ところが、中国とのあいだは、そうはいかねえんだ。戦争をつづけてきたんだから、その終結の処置をとらなければ、国交じゃ、友好じゃちゅうわけにはいかねえんだな。その本質を忘れとるから、戦争はつづけます、友好はいたします、こういう珍妙なことになるんです。

この記事が出た当時は、いままさに台湾の中華民国と断交し、日中国交正常化（一九七二年）を果たそうとしていたころであったから、右のような会話が大橋巨泉とのあいだでなされたのであろうが、穿った見方をすれば、「戦略」「戦術」をたくみにあやつった城野が、日中国交正常化の裏で少なからぬ影響力を及ぼしていたことをアピールしているかのように見えてくる。いや私もすっかり、自信満々で言葉巧みな城野の口車に乗せられているのかもしれない――。

城野は中国帰りということもあって「洗脳」という言葉には敏感に反応し、むきになって答えている部分がある。

巨泉　城野さんの本を読んで奇異に感じるのは、そのころの中共軍と戦って、負けて捕虜となって裁判にかけられて、監獄で暮らしてきた。その人が帰ってきたら、日本人はもっと中国を知らなければいけないというわけですね。そういう人がいうんだから、今の日本人の中国観はまちがっているんだ、というようにとる人と、いや洗脳されたんだ、ととる人と、両方の人がいると思うんですがね。

城野　洗脳といいますがね、どうやって脳を洗いますかね。人間の考え方ちゅうのは、自分でないと変わらないですよ。まあ、その両方とも、わたしどもが、日本人であることを忘れてるし、ご当人も日本人であることを忘れてる考え方だと思うんですよ。わたしは日本人として言ったり書いたりしておるんです。……

城野　向こうは共産主義がいいとか悪いとか、そんなことは一つもいいません。ただ中国はこうやって、まじめに建設をやっておる、それを見てわかったら、日本も仲ようしてほしい。それが中国人のほんとの心でしたろう。

巨泉　それは洗脳とは、まったく逆ですよね。

城野　洗脳とはシャンプーで脳を洗うて共産主義になれ、ちゅうことかしらんけれども、そんなことを、もしわたしにやったとすれば……。

巨泉　逆効果で、いまごろたいへんでしょうね。

中国戦犯の「洗脳」については、これを肯定する者、否定する者、その是非がさまざまな議論を呼んでいることは、いまさらあえていうまでもないが（前出『検証　旧日本軍の「悪行」』、国友俊太郎『洗脳の人生――三つの国家と私の昭和史』風濤社、一九九九年）、私から見れば、かりに「洗脳」が試みられたとしても自信のかたまりのような城野の性格を改造することは不可能だったに違いない。「利用する」「利用される」「権謀術数」という思考世界のなかに生きている城野には、結果論的に見ても洗脳が失敗していることは、ここまで読んでいただければ十分におわかりいただけるであろう。

図55　満州国着任直後の古海忠之
（中央、古海忠之『忘れ得ぬ満洲国』経済往来社、1978年より転載）

また城野は、ある書籍の企画で、かつて満州国総務庁次長として満州国で重要な職位にあり、終戦とともに逮捕され、禁固十八年の判決を受けて昭和三十八年（一九六三）に帰国した古海忠之と対談した（図55）。両者はかつて撫順戦犯管理所で同じ釜の飯を食った者同士であり、歯に衣を着せない大放談をおこなっている（城野宏・古海忠之『獄中の人間学』致知出版社、一九八二年）。

城野　戦争中は国共合作という美名で日本に当たっていても、実態はとても合作どころではない。蒋介石はソ連から武器を供与されて毛沢東を攻める、これなら必ずいつかはぶつかると見た。そこで、三国志の世界を演じてやろうと思った。蒋介石と毛沢東を喧嘩させて、その仲を断って、山西省を日本の燃料・製鉄原料の供給基地として確保しようとするのが、ぼくらの意図だった。

古海　おもしろいね。中国の歴史を見ると、分裂国家時代があるし、漢民族国家といっても多民族国家だからね。満州国にしても傀儡呼ばわりされても独立する意義はあったんだよ。

城野　ぼくの頭に満州国のイメージがあったことは確かだが、三国志なら兵力は小さくてもやっていける。それにぼくはそれまでに中国人の兵隊を育てて、何度か毛沢東の軍隊とぶつかっている。一度も負けていない。

かつての監獄仲間の古海に対しても、城野はみずからの「戦略」「戦術」を語ってやまない。国民党・共産党を向こうに回し、閻錫山と手を結んで山西独立王国を作って、三国志を地で行こうと考えたといってはばからない。戦争は一度だって負けたことがない。ここまで言い切れれば大したものだと、私もさすがに驚いてしまった。

こうした城野の放談は、別のところでも顔をあらわし、人びとの不興を買うこともあった。田辺敏雄は著書『検証　旧日本軍の「悪行」』（自由社、二〇〇二年）の第六章を『城野宏の「三光作戦」証言』と名づけ、城野が平岡正明『日本人は中国で何をしたか』（潮出版社、一九八五年）のなかで証言した「三光作戦」に関する発言について手厳しく批判している。

「おそらく、城野の大物意識、自己顕示欲の強さが、さもさも見てきたような証言になったものと思うが、検証なきままにいかに城野発言が悪影響をおよぼしたか暗然とせざるをえない」

はたして城野の真意がどこにあったか、今では問うすべもない。ただし、城野の自己顕示欲が強いことはたしかだし、それが物議をかもすことがあるのもたしかだった。

こんな城野だからこそか、彼を主人公にしたと思われる冒険小説があった。小堺昭三『風の春秋』（光文社、一九八〇年）である。その帯には「謎！　謎！　謎！　日本人がつくった中国奥地の独立国家――中国人に変身して将軍となった城原宏太は山西省に独立国家を出現させた。そこから始まる三十年余の数奇な運命」と読者を煽る、わくわくさせるような言葉が連ねられている。まさに城野の生涯そのものが一つの波瀾万丈なドラマであった。

笠 実の戦後

一方、帰国後の笠実はどのような生活を送ったのであろうか。そこには城野のような「派手さ」とは百八十度異なる「地味で」「孤独な」「闘い」の日々があった。

笠は前出「日中戦争による犠牲とそれに対する私の補償要求」のなかでみずからの境遇を語っている。

《昭和三十六年十二月二十七日、十一年間の刑期満了により撫順戦犯刑務所から釈放されました。そして昭和三十七年一月七日横浜上陸帰国いたしました。……祖国日本のために貴い生命まで投げ出し幾度も危険にさらされ尽してきました。それなのに政府は「君は陸軍省の軍属ではなく現地採用の軍属であった」ということで恩給も支給しません、何らの補償もしません。……私はここに政府の無責任と非情を断腸の怒りをもって告発します》

笠の刑期満了と帰国については、本書の冒頭で述べたとおりであるが、とりわけ山西残留のことをさすのか、祖国日本のために命を賭して戦ってきたのに、現地採用の軍属という思いもよらない理由により恩給も得られず、残留者に対する政府の冷遇を強く批判・告発している。笠も他の残留者と同様、軍命ではなく自主残留と判定されたことに憤りを感じたに違いない。

ただし笠の場合、山西残留だけでなく、宣撫官という身分にも戦後の扱いに問題があった。昭和四十六年（一九七一）に同じ宣撫官仲間の平田五郎が中心となって恩給法の適用を国に陳情、笠もそこに名を連ねた（『恩給法適用の陳情書』）。

《私たちは支那事変・大東亜戦争中北支方面にあって、大日本軍宣撫官・中華民国新民会職員・華北合作社職員・労工協会職員として直接戦争に参加し特務機関・部隊の政策を忠実に遂行してまいりました。……年老いた今も私たちの愛国心に変わりはありませんが、老後の生活を思うとき暗然たるものがあります。ゆえに私たちは賢明なる貴殿の御明察に訴え、日本政府がその責任において満洲国官吏や協和会関係者と同様、昭和二十八年に逆って恩給法の適用を受けられるよう適切な措置を講じていただきたく陳情いたします》

この文の末尾には福岡県久留米市の住所を記したうえで「山西宣五　笠実」の署名・拇印がなされている。こうした状況は笠実ら宣撫官にかぎったことではなく、新民会職員なども同様で恩給を支払われることはなかった。日本軍にかかわって中国大陸で活動しながら、戦後は恩給法の対象から漏れ落ちることが少なくなかったことがわかる。それは満州国官吏や協和会関係者が恩給の対象となっていたのとは大きな一線を画していた。宣撫官と山西残留、そこで果たした役割が国家からまったく無視された笠の無念はいかばかりであったか。

さらに笠は中国帰還者連絡会（以下、中帰連）に参加した。昭和三十二年（一九五七）二月二十四日に結成された中帰連は、中国の撫順戦犯管理所に戦犯として監禁・抑留された旧日本軍関係者から構成され、元陸軍師団長の藤田茂が会長を務めた。しかし、昭和四十二年（一九六七）二月十一日、中国ではじまった文化大革命（一九六六から七七年まで続いた毛沢東による劉少奇からの奪権闘争）への賛否をめぐって、日中友好協会が分裂したこともあり、中帰連内部でも意見の対立が生じ、「正統」（文化大革命支持派）と「中連」（反対派）に分裂した。再度統一を果たすのは、文化大革命終了後、約十年をへた昭和六十一年（一九八六）のことである。つまり中帰連は二十年近くにもわたって分裂状態を呈したのだった。

その統一大会での基調報告（案）に対する笠の私見が書き残されている。それは長きにおよんだ分裂の本質をえぐるように鋭く投げかけられた（「九月十三日～十四日東京福祉会館における会議に提出された統一大会資料の統一大会基調報告（案）に対する私見」一九八六年九月）。

《〔基調報告には〕侵略戦争反対の行動は日中友好の意志をも表わし、友好交流活動も侵略反省、反対を基礎としており、一体のものであることを確認しました。――とありますが、両者は本質的に異なった性質のもので一体のものではありません。正統の皆さんの文革中の友好交流は友好ではなくて文化大革命を鼓舞激励したのです》

そして笠は、統一大会の基調報告で侵略戦争反対と日中友好の交流活動を一体のものとして掲げる「正統」に対し、真っ向から否定している。「正統の皆さん！　あなたたちはたんに毛沢東の奪権闘争にすぎなかった文化大革命を支持し、友好のふりをしながら、中国人民に不幸をもたらしたのだ」と。そうした笠の心の叫びはさらにはっきりと「正統」に向けられていく。

《中国人民だけでなく、日本の民主運動まで破壊した文化大革命に同調してこられた正統の皆さん！　あなたたちは中国人民に対し再度罪を犯しました。そのうえ日本の民主運動にも大きな損害を与えています。〝友好交流の灯火を今まで点しつづけてきたのは我われだ〟など、それはまったくの見当違いではないでしょうか》

普段は寡黙で自己主張も決して強くなかった笠は、かつて若さゆえの情熱をもって、大陸を駆け抜けた青春の苦い経験を次々に吐き出していたのだ。

「あなたたちは、われわれ宣撫官が中国大陸でおこなった宣撫工作、あるいは大東亜共栄圏のスローガンと同様の過ちを繰り返しているのですよ」

「宣撫官は中国民衆に寄り添って、彼らを守り助けてきたという自負があった。でも実際はどうでしたか。それは一種の自己満足なのであり、中国民衆にとっては敵の仲間にすぎなかったのです」

「大東亜共栄圏の建設だって同じです。アジア民族の欧米からの解放を謳いながら、じつは大日本帝国による植民地支配の拡大が目的だったのは明らかです」

戦中につづいて、文化大革命においても同じ失敗を繰り返しながら、なおも気づかずにいる「正統」の人びとに対し、笠は我慢ならなかったのだ。


《皆さん！　私たち従来の中帰連は愛する中国から絶縁され、反中国と罵られながら、歯をくいしばって、初心を忘れず、認罪に基き、反戦平和、日中友好のため、この二十年の長期にわたって頑張ってきました。……この私たちの二十年の事蹟と正統の皆さんの文化大革命に同調してきた事蹟とは根本的に本質を異にしています。同一視することはできません》

《〔基調報告には〕この問題〔文革の影響による〔正統と中連の、引用者注〕分裂〕は会の外部の事柄であり、……当時、私〔笠実〕にも数回誘いの電話がありましたが、私は断乎として拒絶しました。それは社会主義、共産主義の原則にまったく違反した中国の大国主義干渉だと思ったからです。……前述のような中国の大国主義干渉によって生れたのが中国帰還者連絡会正統ではありませんか。藤田茂、国友俊太郎らの人びとはその後、中国に招待され、毛沢東語録を高だかとさしあげ文化大反革命を礼賛し、鼓舞激励しているではありませんか。文化大反革命という大きな流れのなかでは、正統の皆さんが主観的にはどんなに善意であっても、それはすべて罪悪につながっていったのです。これが歴史の事実であります》

「主観的にはどんなに善意であっても、それはすべて罪悪につながっていった」。これはまさに笠がみずからの宣撫工作を見つめ直した「反省」で獲得した結論だった。

中国民衆のためと信じてきた宣撫工作が、じつは大日本帝国主義の片棒をかつぐものであったという笠の失意と反省は、十数年におよぶ日中戦争の長い道のりのなかで獲得された。本当に「人のためになる」ということはどんなことなのか。笠は監獄のなかで考えに考え、考え抜いたうえで、その難しさを経験した。「思いやり」とはいったい何なのか。毛沢東の奪権闘争に利用され、本来あるべき中国民衆への配慮を失った藤田や国友たちが、中国の大国主義的な干渉に踊らされている無様な姿として目に映ったのであった。文化大革命を「中国人民に計り知れない災害」をもたらしたものとして批判する笠は、「正統」からの「数回の誘いの電話」にもかかわらず加わることはなかった。宣撫官として着任したのち、太原・撫順での抑留をへて〝本当に民衆のためになることは何か〟を問いつづけてきた笠ならではの結論であった。

笠はみずからの主張をつぎのように締め括る。

《私（笠実）の侵略戦争中、軍人ではなく、行政官でした。偽県知事を指導し、県行政を確立し、民生の安定をはかることに私の青春を捧げてきました。日本軍の横暴に抗して部隊長から非国民と呼ばれ、生命さえ危険にさらされたことがありました。だから戦犯といわれても、自分がそんな悪人とは思えず、長い間心から納得できませんでした。……初めて侵略戦争の大きな流れのなかでは、どんな個人の善意もすべて罪悪であることを心から納得しました。……敗戦直前に召集されたので、オレは一戦も交えたことはないとおっしゃる方もあるかもしれません。それでも侵略戦争の大河の流れのなかでは皆罪悪です》

《もっと具体的に説明しましょう。長い間悪人と交際しながら、その悪友を諭すどころか、むしろ迎合しているのに、オレだけは善意の交際だった、という人があったら、それは正しいことだと皆さん認めますか。しかも、その悪人は、自分が悪かったと自己反省しているのに、オレが交際してきたのは友好の火を消さないためだった、などそれは詭弁というものです》

「初めて侵略戦争の大きな流れのなかでは、どんな個人の善意もすべて罪悪であることを心から納得しました」という言葉はきわめて重い。笠実は戦後、とりわけ戦犯管理所での激しい心の葛藤のなかでこうした境地に達したのだろう。

それはとりもなおさず、好むと好まざるとにかかわらず繰り返し戦犯管理所で強要された「学習」「認罪」活動の成果だったとも言えるものであった。

反戦や日中友好に関わる運動だけでなく、笠は戦友会活動にも従事していた。高橋由典によれば、戦友会とは、アジア太平洋戦争で軍隊を体験した人たちが、戦後かつての共通体験や共通所属をもとにつくった集団のことである。中隊や大隊といった戦闘単位ごと、砲兵や通信兵、衛生兵のような科別の戦友会のほか、同期生や同じ収容所で捕虜であった人びとの戦友会もある。全国では数千ないし万にもおよぶような数の戦友会があったと推定されている。しかし戦後八十年に近づくような現在、戦友会のほとんどは解散したり、活動停止となったりしている（高橋由典「戦友会を知っているか」、吉田純編『ミリタリー・カルチャー研究』青弓社、二〇二〇年）。

帰国後、笠も例に漏れず戦友会に参加していたのだが、私が知るかぎりでは、先の中帰連のほかに宣友会と興晋会に所属していた。

図56　平成３年（1991）に宣撫廟で開催された全国宣友会（宣撫廟蔵）

戦後における宣友会（図56）の詳細な活動開始年はわからないが、戦中の新民会との統合を契機に作られた「宣友会」を母体としていたと思われる。私の手元には昭和四十三年（一九六八）の会員名簿『宣友』がある。それによれば、編集責任には児玉美行（山西宣二）があたり、発行に際しては、興晋会事務局の沼田三郎（山西宣三）、東方文化協会の河村定治（山東宣五）、近畿宣友会の榊原茂芳（河南宣）、北海道新宣会の大和田武（徐州北京宣五）、河北省世話人の阿部寿（河北宣五）、河南省世話人の黒川竹夫（河南宣七）が協力したという。なかには「笠実、山西宣五、久留米市」とあって、笠も会員であった。興晋会のほか、東方文化協会、近畿宣友会、北海道新宣会が全国宣友会結成の先行諸団体として存在していた。

興晋会（図57）は日中戦争中に山西省で宣撫官、新民会の役職員であった者を中心に組織された親睦団体であった。興晋の名は戦争中山西省太原に存在した「興晋塾（日系政務要員の研修所）」の名を取ったもの。戦後は、昭和三十二年（一九五七）に関西在住の石井忠夫らの提唱によって設立された。興晋会の年次大会も昭和三十二年以後、全国の主要都市で開催され、昭和五十八年（一九八三）時点で会員七百余名におよんだ。著名な会員としては、前出の鈴木俊一（元東京都知事）、木下光三（木下サーカス）のほか、城野宏らが加わっている。笠実も会員であった（前出『黄土の群像』）。

笠の人生にあってこの二つの戦友会はきわめて重要な位置を占めたに違いない。宣友会への参加は、中国大

図 57　昭和 43 年（1968）に靖国神社で開催された興晋会慰霊祭
（坂根タケ子氏提供）

陸で果たした宣撫官という職務に対する笠のアイデンティティの強さを、興晋会への参加は、中国山西省という土地への笠の思い入れの深さをそれぞれ示しているからである。

また驚くことに城野宏も宣友会、興晋会ともに入会している。後者は山西省に関わるから入会も当然であったが、前者については宣撫官でもない城野が入会していたのは意外だった。彼は「山西顧問補佐」の肩書きで登録されている。彼が戦後宣撫官たちと交わりをもったのは、一面で戦時中の笠ら宣撫官の働きにシンパシーを感じる部分もあったからではないだろうか。

宣友会、興晋会ともに、戦後活発な活動を展開しており、私が全国各地の関係者をたずねるたびに、温泉地や観光地をめぐる会員の姿や、夜の懇親会で飲酒により戦中の思い出を活発に議論する者や、顔を赤らめた会員の笑顔を撮した写真を見せていただいた。

一九七〇～八〇年代、彼らは年齢的に四十代後半～五十代の壮年期を迎えていたが、必ずしも戦時からの顔見知りでなくとも、「宣撫官」や「山西」というつながりだけで十分に打ち解け、まさに「戦友」としての思い出を懐かしみ語り合った。それが当事者本人だけでなく、彼らの妻や子供、孫たち家族までをも巻き込んだものであったことは、写真に浴衣姿の多数の男女や子供たちが写っていることからもはっきりわかる。

背景に映り込んでいる「興晋会御一行様」という横断幕さえなければ、職場の社員旅行にしか見えない。本書の第1章で述べた宣撫廟の建設はまさに戦友会活動の絶頂期であった。戦中世代が子育てを基本的に終了し、かつての「戦友」仲間と語らい、激動の若き日の中国大陸時代を思い返す。そんな活動に精力を傾けていた。この戦後五十年間ほどは「戦友会の時代」――そんな言葉が似合う時代だったのである。

しかし、当事者本人が高齢化した二〇〇〇年代以降、こうした戦友会活動は次第に陰りを見せるようになり、やむをえず活動を停止したり解散したりするにいたった。実際に宣友会は参加者の減少を理由に第三十八回宣友会（平成六年（一九九四）六月十二日）をもって閉会した。興晋会も昭和末期までは活動を追えるが、やはり宣友会と前後して最終大会を開催、当会の解散を宣言したと思われる。

昭和三十七年（一九六二）に帰国した笠実、二年後の昭和三十九年（一九六四）に帰国した城野宏、ともに中国に長く抑留されながらも、帰国後は戦友会に参加しながら、みずからの中国大陸における活動を振り返り、それぞれに自己を時代のなかに定位させていった。

城野はさまざまな事業を展開させ、城野中国経済研究所を設立し、脳力開発のエキスパートとなるなど、多忙な日々を過ごし、また裏では政界や財界、言論界とのつながりに余念がなかった。ときにみずからの山西残留を誇り、他の残留者たちから怒りを買うこともあったが、たんに自己顕示欲が強い野心家ではなかった。

城野はいつも「日本人の中国認識は歪められている！」「中国を本当に理解しないと日本は再び悲劇を繰り返すぞ！」と繰り返し唱え、「永遠の隣国である中国」との相互理解を呼びかけていた。「日本にとって国家的重大事たる中国問題の理解と処理に参考になるだろう」――城野のやや高飛車にも見える発言から誤解を生じることもあったが（城野宏『日本から見た中国―中国から見た日本』しなの出版、一九六八年）、私たちが汲み取らねばならない啓示も、そこにはたしかにあったのである。

笠の人生は城野の「派手」なそれとは真逆なものであった。帰国後は宣友会や興晋会、中帰連の活動以外にとくに目立った行動はおこなっておらず、故郷の久留米で中国語を近所の人たちに教える程度の比較的「地味」な人生を歩んだ。しかも中国大陸時代のことは他人にほとんど語ることはなかった。それは家族や親族に対しても同様で、令息の晋一氏も父親が戦時中のことを話した記憶はないという。「黙して語らず」――それが、笠が終生つらぬきとおした生き様だった。晋一氏から見れば、父笠実は「内向きの人」、城野宏は「外向きの人」だったという印象が強いという。それでもときどきに表面に現れる笠の心情は「何が本当に弱き民衆のためになるのかを考え抜く」ことにあった。それは宣撫官時代の笠から一貫して変わらぬ信念であった。いくら長きにわたって監禁・抑留され「反省」を迫られようとも、自己の信念を曲げることはなかった。もちろん、笠の信念はいまの私が想像できるほど単純なものではなく、何度も大きな時代の潮流に流されながらも抗し鍛え上げられてきたものだった。

宣撫官のライフヒストリー

最後に宣撫官、新民会、特務機関、山西残留を経てきた笠実に焦点をあててみよう。彼の心は、個人の〝善意〟と戦犯という〝罪悪〟のはざまで揺れ動いていた。山西陥落後、笠実は太原・撫順戦犯管理所で自己を見つめ直し、宣撫官とは何だったのか、中国大陸の二十三年間（一九三九～六二年）とは何だったのかをみずからに問うた。

「学習」「認罪」を経験した笠は帰国後、文化大革命を厳しく批判した。共産党が管理所で「軍国主義者」である戦犯におこなった「学習」は共産党批判のブーメランとして返ってきたのであった。笠にとっては、宣撫官が有していた「軍国主義」的な部分に対する〝反省〟は、真の〝民衆のためとは何か〟へと転換し、大東亜共栄圏をスローガンとした日本の侵略戦争に刃を向けることになり、さらに中国における文化大革命とその日本への影響のなかで、中共による大国干渉主義への抵抗、すなわち中共による文化大革命の押しつけに刃を突きつけることになったのだった。

笠に対する「認罪」要求は、中共にとって「宣撫の思想」に闘争を挑んだことを意味したと考えてよいだろう。いわば一種の思想戦であった。この思想戦はたしかに「宣撫の思想」の独善性を鋭く突いたものであったが、「宣撫の思想」自体すべてが「宣伝の思想」であったわけではなく、戦場の「現実」＝民衆の悲惨さを目の当たりにしたうえで、それを核心に組み入れる一面もあった。ゆえに笠実は「宣撫の思想」を完全に〝罪悪〟として脱ぎ捨てるのではなく、「現実」を冷静に分析しながら、真に〝民衆のため〟に考える思考を身につけていった。笠実にとっての中国大陸の二十三年間はまさにそうした思考の体得の歴程でもあったといえよう。

しかし、笠の心のなかには宣撫官、すなわち〝罪悪〟という方程式のみでは包括しえない、真心としての〝善意〟が確実に存在した。

筑後宣友会、興晋会への参加と宣撫廟の建立、止みがたい宣撫官としての思い。もちろん、戦争中のみずからの行為の正当化ではない。戦後の新たな日中交流の発展を祈願することは、まさにみずからの心のよりどころであった。

戦中・戦後、笠らのような宣撫官を注意深く見つめる人びとがあった。代表的な人物が竹内実や青江舜二郎であった。

竹内実は「宣撫の思想」という語を用いて宣撫官の思考に切り込み、こうした感覚は彼らの純粋さをあらわすが、慟哭する中国民衆たちと溶けあうものではなく、〝宣撫〟そのものに独善性が感じとられることを鋭く指摘した。竹内にいわせれば、宣撫班員には〈敵としての自己〉が見えていない。見えたとしても、宣撫の思想のなかにくみいれようとしない、と厳しく問い詰めた。しかし、笠ら宣撫官が中国民衆をめぐる現実を組み入れ内在化し、新たな思想を獲得していたことは、右に述べたとおりである。

青江舜二郎は本名を大嶋長三郎といい、劇作家・評論家として有名である。昭和四年（一九二九）に東京帝国大学文学部印度哲学科を卒業したのち、香川県社会教育主事をへて、劇作に専念するために再度上京、『一葉舟』などの戯曲を発表した。昭和十三年（一九三八）に招集され、中国山西省に向かい、第一軍司令部参謀部所属の少尉となった。この山西滞在中に多くの宣撫官と知り合ったようだが、本人は宣撫官ではなかった。

「よく宣撫官と間違われるんですよ。でも本人は宣撫官ではありませんでした」

舜二郎の長男で、現在、映画『火星の我が家』（堺雅人出演）、『凍える鏡』（田中圭主演）など映画監督として活躍されている大嶋拓が私の問いかけに苦笑いしながらそう答えた。

「でもね、宣撫官にはなみなみならぬ興味関心を抱いていたんですよ。だってね、山西省から昭和二十一年（一九四六）に帰国すると、すぐに日本各地にもどった元宣撫官たちに手紙を送ってアンケートを取ったんですよ。そのときの元宣撫官さんたちからのアンケートの回答用紙が自宅にはまだ残っています」

大嶋拓は監督らしく物事を明快にはっきり答える人物だった。

「もう父は亡くなりましたが、母が山西へ行きたがっているんです。生きているうちに父が若き日を過ごした山西を見てみたいと」

青江舜二郎は内藤湖南を描いた『竜の星座』（朝日新聞社、一九六六年）や評伝『竹久夢二』（東京美術、一九七一年）、『石原莞爾』（読売新聞社、一九七三年）などが知られるが、宣撫官へのアンケートを用いて書き上げた『大日本軍宣撫官』は、長・短篇戯曲、小説、評論など多数の作品のなかに埋もれてしまっており、一部の愛好者には知られているものの、広く人口に膾炙しているとは言いがたい。青江は執筆の理由をこう述べる。

《私が宣撫官のことを書きたいと思ったのは本書のなかにあるとおり、戦時中、しかも現地においてである。……私の場合、昔から、右、あるいは左というようなイデオロギー、さらにはそれと密着している政治上の要請あるいは条件などにうながされてものを書くという性分ではないので、今度もまったくそれとかかわりはない。本書の副題が示すとおり、私はただある時代の〝ある青春〟を記録しておきたかっただけだ》

「ある青春を記録しておきたかっただけ」――一見〝むじゃき〟に見える青江のこの言葉も「あとがき」を読めば、笠の考え方に相通ずるものがあるように私には感じられた。

《宣撫官はその性癖、気質においておたがいにずいぶん違っていたが、こうした罪のするどいくちばしで、毎日毎日、肝臓を食いやぶられていた点ではすべて同じであったといえるだろう。そして中国の友人を深く愛すれば愛するほど、この痛みはひどくなる。それはまた中国人にしても同じであった》

「罪のするどいくちばし」とはヤスパースの『戦争の罪』（橋本文夫訳、一九五二年、創元文庫）の次の一節をさしたものである。

《私が犯罪を阻止するために、自分でできることをしなければ、私にも罪の一半がある。私が他人の殺人を阻止するために命を投げ出さないで手をつかねていたとすれば私は自分に罪があるように感ずるが、この罪は法律的、政治的、道徳的には適切に理解することができない。このようなことがおこなわれたあとでもまだ私が生きていることが拭うことのできない罪となって私のうえにかぶさるのである》

ヤスパースの一節を見れば、青江の言葉が決して〝むじゃき〟に放たれたものではなく、むしろ宣撫官の本質を突きながら重くのしかかってくる。ただし、すべてを宣撫官に背負わせることは少々酷なものがあろう。実際、小説家田村泰次郎のように「私もその一兵であったから、そう確信するのであるが、史上最強の軍隊であった旧日本軍と、砲煙弾雨のなかでの行動をともにしながら、戦禍に苦しむ現地民たちの慰撫救援にあたった旧日本軍宣撫班の行動の記録は、永遠に歴史に残るものであるにちがいない。これこそ真の日本人の人道的行動の記録である」（推薦辞）と宣撫官を「人道的行動の記録」として讃える者もあれば、劇作家・小説家・評論家として活躍した岸田国士のように「軍の統一ある治安工作機関として宣撫班というものがあることはもう誰でも知っているが、早く言えば、場所によって、その仕事の下ごしらえをしながら前進する半武装部隊である。……これらの人々も、やはり彼等の信念のために身命を擲ち、効果百パーセントの働きを示していることを特記すべきであろう」（『北支物情』白水社、一九三八年）と「信念のために身命を擲」っているときわめて肯定的に評価する者もあった。

また特務機関に勤めた阿部助哉も「山西省を皮切りとした中国の県顧問の仕事に対して、私は誠実だったと思っている。県政府が日本の傀儡政権であったとしても、新生中国をめざす行政機関はそこでしかなく、戦争のなかの中国民衆の生活安定、治安維持を最大課題として私は働いた。占領軍としての絶対権力をもつ日本軍の現地における要求は、ある程度仕方がないものであったとしても、それが理不尽なものであれば私は身体を張って抵抗した。理不尽を働く軍は、もはや武人としての軍ではなく、腐敗しきった権力でしかないと私は思っていた。……私は中国県政府の顧問という立場にあって、中国民衆と権力者としての日本軍の両方とを冷静に見続けてきた」（阿部助哉『黄砂にまみれて―ある特務機関員の青春』時事通信社、一九八六年）と、自己の県顧問としての仕事ぶりに対して、一定の条件をつけながらも肯定している。

しかしその一方で、村上博宣撫官のように「ただ小生の場合、得る所があったとすれば、中国および世界歴史に無知であった小生が、中共八路軍を向こうにまわして戦っている過程において、ガツンとぶつかった岩――それは今まで日本の軍によって宣伝され教えられてきた中国とは全然別個の中国があるということ、歴史の本流があるということでした」と、宣撫官としての活動をとおして中国への認識を新たにする者もいた。

体験やそれを表現する言葉や評価は多様だが、ときに戦争の最前線にあり、ときに戦線の後方にあって占領地行政に携わった彼らを戦争のなかにどのように位置づけるべきなのか、はたまた彼らの自己認識はどのようなものであったかを正確に読みとること、それは歴史の彼方に押しやられ、ヤスパースや青江の指摘のような立場にたつことがない私たちには、きわめて大きな困難を伴うものなのであろう。

宣撫官の「宣撫の思想」は、自身による自己肯定と、他者からの反省の要求のあいだで揺れ動いてきた。「天皇は深く戦禍の拡大を憂慮され給うたにもかかわらず、軍部過激派の強行如何ともしがたく、全軍玉砕の無知と無謀に走った。断腸の思いから宣撫使――宣撫班を軍に組織すべく決意は燎原の火と燃えたのである。大和の至誠、愛と平和の日章旗を進めることが大日本軍宣撫班の使命だったのである」というきわめて自己肯定的な考え方がある一方で、「宣撫」思想に〝敵としての自己〟が欠如しているとして反省を迫り、〝草の根のファシズム〟論を持ち出し、結局、宣撫官は軍部の片棒を担いだだけだと批判する研究者もある（吉見義明『草の根のファシズム――日本民衆の戦争体験』東京大学出版会、一九八七年)。

もちろん「白」か「黒」かを迫る二項対立的な議論はいずれにせよ極端にすぎる。いま戦後八十年という時間がすぎて、戦争を知らない若者たちに発信すべきものとして求められているのは、こうした「黒」か「白」かの一方的なレッテルを貼る作業ではなく、宣撫官一人ひとりに寄り添いながら彼らが歩いた道のりを見つめなおし、個人の意志に関係なく否応なしに人びとを巻き込んでゆく国家間の戦争と、そこで翻弄され苦悩する個人の生き方に思いをめぐらせつつ、それぞれが自分なりに考える勇気を与えることではないだろうか。さればこそ、日中戦争という国家間戦争のなかで日本軍と中国民衆のあいだに立たされた宣撫官の生涯を、そして彼らの苦悩や葛藤を書き留めるために本書は書かれた。

彼らはわれわれにさまざまな教訓を残して逝った。

笠　実　　平成八年(一九九六)十一月十八日　　九十歳にて逝去
八木沼丈夫　昭和十九年(一九四四)十二月十二日　四十九歳にて逝去
陳　一徳　　平成二十九年(二〇一七)一月二十八日　九十九歳にて逝去
城野　宏　　昭和六十年(一九八五)十二月二十一日　七十二歳にて逝去

戦中の北支や満州、そして戦後日本で数奇な運命をたどった彼らは、いまここに私たちとの旅路を無事に終え、苦悩や葛藤・心痛からも解き放たれて、ようやくやすらぎの眠りにつこうとしている。私たちはあなたたち宣撫官との旅路を永遠に忘れないだろう。そしてあなたたちの経験を糧に私たちは未来へと新たな一歩を踏み出してゆくだろう。

エピローグ——あの時代に生きた夫へ、父へ、祖父へ

長く暗鬱な日中戦争の道を歩いてきた笠実、八木沼丈夫、陳一徳、城野宏らの「戦後」は、戦中と同様、波瀾万丈の道のりであった。

そうした彼らに寄り添い、かたときも傍らを離れず、温かく支えてきた妻や子、孫たちがいた。彼らは夫や父、祖父とどのように過ごし、いまは亡き彼らをいかに回想しているのだろうか。常人には想像できないほどつらく厳しい「戦後」を歩んできた夫や父、祖父にいま何を語りかけたいのだろうか。

北京で亡くなった八木沼丈夫は七人の子宝に恵まれた。彼らは亡き父丈夫にどのような感情を抱いているのだろうか。私はお会いできたり連絡がついたりした方々にお願いして、丈夫の思い出について手紙にしたためてもらえるよう依頼した。現代社会を生きられる人びとから、すでに他界した人びとへの、つまり子や孫の世代から父ないし祖父の世代に向けての、もはや届くことのない思い出や、われわれの世代に身をもって示してくれた生き方について、余すところなくありのままに表現してもらいたかったからだ。

それは八木沼にかぎったことではない。八木沼につづいて陳一徳の孫中越景之氏ら、城野の妻利江氏、そして笠実の令息晋一氏にもお願いした。

最後に彼らの承認を得たうえで、私に託してもらった手紙をあえて披露し、夫と妻、父と子、祖父と孫との

いまも現在進行形でつづく心の往還にスポットライトをあてて結びとしたい。

八木沼丈夫の長女・**前田明子**（山口県萩市）「父の思い出」

《満州事変のあと、大連の家に帰ってきた父に尋ねたことがある。

「戦争で現役の兵隊さんが足りなくなったらどうするの？」

「予備役が出るようになる」

「予備役の兵隊さんが足りなくなったら？」

「後備がいる」

「その人たちが足りなくなったら？」

「国民兵といって、働ける男は皆出ていく。そんなになったら、戦争は負けだよ」

昭和十九年十二月十二日、父は北京で、四十九歳で亡くなった。私は東京にいて、父の死に目に遇えなかった。

昭和十九年春、東京から北京へ帰った私は短い滞在であったし、忙しい父とゆっくり話す暇もなく、又、東京へ発った。父は以前よりも痩せて、顔色も悪かったが、朝早く一人で駅まで私を送りに来てくれた。汽車に乗ろうとする私に、父はこう言ってくれた。

「辛くなったら、迎えに行くよ」

北京の城壁のうえに朝日が射して、これがお別れだと言うように鋭い光が届いていた。私はただ涙を流すばかりであった。今生の別れであった》

次女・武井伸子（山口県周南市）「思い出すまま」

《昭和十九年十二月十二日朝、二階の父の病室にお茶を運んだ私がドアを開けると寝床で手を合わせ「〇〇さん有り難う。△△さん有り難う……」とはっきりした声で知人の名前をあげ、「有り難う」を繰り返している父の姿があった。

その日の午後三時頃、来客があり、二十分程、父と話をして帰られた。その客人を門まで見送り父の病室にもどった母が「木咲子ちゃん、木咲ちゃん」と私を呼び立てた（私の戸籍の名は「伸子」であるが、家族のあいだでは「木咲子」と呼ばれている）。そのとき私は階下の応接間の前のテラスを掃いていたが、普段と違う母の声の調子に、急いで二階の病室に入った私が目にしたのは、下顎を二回動かし息絶えた瞬間の父であった。まったく予期しない現実に声も出なかった。

あまりにも呆気ない死であった。

静かな死であった。

私の記憶は大連市榊町の満鉄の社宅に住んでいた頃から始まる。その頃の父は、哈爾浜へ出張することが多かったと思う。当時、大連に住んでおられた父の友人の写真家淵上白陽氏（『満洲の回想』恵雅堂、一九五八年などで有名。引用者補）がときどき見えて、写真を写してくださっていた。その写真を見ると、姉妹三人（下の弟妹は生まれていなかった）の着ている洋服はほとんど父の哈爾浜土産である。三人お揃いのもあるし、別々なのもある。白系ロシア人の店で購入したと聞いているが、たぶん娘たちの歳を言って身丈に合う服を、店の人に選んでもらったのではないかと思う。当時の哈爾浜は東洋のパリと言われ流行の中心であったという。

ともかく父は忙しく出張の多い人であり、私には父に甘えたという記憶がない。

北京に住んでいた昭和十四年の秋、たまたま家にいた父に「日本軍は重慶まで攻めて行くのか」と問うたことがある。「それはできない」と父は厳しい口調できっぱりと言い、つづけて「陸軍にはそれだけの力がない」と言い切った。「日本軍は強い」と信じていた私は、そのとき奈落の底に突き落とされたような衝撃を受けた。父は「戦争は兵士と武器があればできるというものではない。人員や物資を補給する補給路の確保が必要だ。いま日本軍が維持しているのは点と線であって、それを守るのが精一杯で面を確保していない。これ以上進むのは難しい」と話してくれた。私は宣撫班がどういう役目を担っているのか朧気ながらわかるような気がした。

父は日頃、中国人を軽んずる日本人の態度を苦々しく思っていた。子供たちに「日本人は中国人を軽蔑しているが、それは間違いだ。中国人は四千年の歴史と文化を持った懐の深い国民だ。中国人から見れば、その半分の歴史しか持たない日本人は若造のような者だ。教養ある中国人と対していると自分の未熟さを恥ずかしく思う」と話したことがある。宣撫班の頃、父の乗る車の運転をしていた中国人の王さんが「日本人は中国人に対して威張っているが、八木沼先生は決して威張らない。いつも私のことを「王先生(シエンション)」と呼んでくれる。これこそ本当の「大人」だ」と子供の私に熱っぽく語っていたことを、いまも思い出す。

父が家に居るとき、そのかたわらには「本」と「お茶」と「煙草」があった。母の淹れた玉露を好み、ときおり私たちもお相伴に与った。緑茶をおいしく淹れるには、お茶の葉の量と湯加減が大切で、母は上手に淹れていた。私はお茶とお菓子をいただきながら、父の話を聞くのが楽しみであった。

北京の我が家の仏壇には白木に
「日支両軍戦没者之霊」
「事変遭難良民之霊」
と書かれた位牌が安置されていた。このことはいまも私の心に深く刻み込まれている。
そこに父の念いを感ずるからであろう》

三女・**辻康子**（北九州市小倉）「父丈夫のこと」

《昭和三年（一九二八）十二月十一日、「今度こそ男の子だ」との父の期待を見事に裏切って生まれたのが私である。母の胎内での私は「動きがかなり活発だったからでしょう」と母は言っていた。だから三年後長男が誕生したときの父の喜びようは大変なものだった。

当時住んでいた大連の我が家の二階の廊下を、長男を抱いて行ったり来たりしながら「坊やはおうちのお宝さん、坊やはおうちのお宝さん」と言っていた父の言葉はいまでも私の脳裏に残っている。満鉄社員だった父は大連―奉天（現在の瀋陽）―北京と転勤した。その都度、家族も父のあとにしたがって転居したが、父は長期出張とかで、家をあけることが多かった。

次々に生まれた弟妹を加えて七人兄弟となった我が家は、しっかり者の母と十数年間、私たちを我が子のように可愛がってくれたお手伝いの「お姉ちゃん」を中心とした、いまでいう母子家庭だったといえる。経済的にも恵まれた環境だったから何の不安もなく、父がいなくても寂しいと思ったことはなかった。

一九四一年、私が小学校六年の夏休み、大連から程近い「夏河家子」という海水浴場にあったバンガロー風の貸別荘（満鉄の）で一ヵ月を一家で過ごしたことがあった。想えば、あのときの一ヵ月が、家族全員（末子の五女はまだ生まれていなかった）で過ごした思い出のつまった日々であったと思う。

一九四四年十二月十一日、私の十六才の誕生日の夜、病床にあった父が「文恵（よしえ）（私の別名）、誕生日おめでとう。卒業（女学校）後の進路はどうするつもりかね」と聞いた。「学校の先生方は「この非常時下の現在、進学を考えるのは無理かもしれない」と言われています。でも私は……」戸惑いがちの私の言葉を遮って、父は言った。「先生方が言われるのも一理あるね」。これが父と私が交わした最後の会話となった。翌十二月十二日、父は逝った。四十九才であった》

長男・八木沼利篤（神奈川県逗子市）タイトルなし

《北京に住んでいた家は観象台といって昔の天文台の前にあった。今では指一本触れることはできないが、当時は陸軍の通信隊があり、一般の人が入れなかったが、私と親友の成瀬君はときどき行っては天体観測用の機器のうえに乗ったり廻したりして遊んだものだった。

そんな夏休みのある日の夕方、父は私と弟とに散歩に行こうと云って家を出た。ついて行くと、そこは家の裏にあった興亜学院という学校であった。父は門の横の守衛所に声をかけ中に入っていくと、広い校庭に出た。夕方なので人一人居らず静まりかえっていた。その隅に砂場があり、そこに鉄棒があった。父は私たち二人に鉄棒をやろうと、スタスタと歩いていった。私たちもついていき、鉄棒の前に立つと、意外と高く飛びついてつかむのがやっとだった。私は逆上がりがやっとで、あとは懸垂しかできなかったが、父はそれを見て、昔の新兵教育のことを想い出したのか、「腕をあげて、腰を鉄棒に近づけろ」とか、側に立っていろいろ声をかけてきた。懸垂を十回やったときは「立派だ」と褒めてくれた。その後幅跳びなどを弟と一緒にやったりして約一時間運動をして家に帰った。

こうして夏休みのあいだは、父に連れられ運動にかよわされた。いま想えば一番張り切っていたのは父ではなかったかと想う。父は姉三人が成績良好なのに対し、肝心の長男の私がぱっとしなかったのを案じて、まず体を鍛えたうえで猛勉強させようと考えていたと思われます。

一年あまりのち、父は他界しましたが、父の心子知らずとなり、いまとなっては慚愧に堪えぬ思いです》

陳一徳の孫・**中越景之**は「おじいちゃん子」だった。

《僕はおじいちゃんが中国から来たことしか知らなかったが、見ず知らずの世界に飛び込んで、その生涯を終えたことは、僕には言葉にならないが、壮絶な人生であったと思う。おじいちゃんのことを悪くいう人はいなかったし、自分も誇りに思っている。僕はおじいちゃんを助けたくて、会社をやめて華珍園を継いだ。「高知県に恩返しがしたい」。それがおじいちゃんの信念だった。戦争のことはあまり話したがらないほうだった。日本人として溶け込もうと努力していたんだと思う。華珍園が生き甲斐だった。長い間、本当にお疲れ様でしたといってあげたい。僕は中国人のクウォーターであることを馬鹿にされた経験があって逃げ出したくて、京都の大学に進学した。いや逃げたのだ。でも僕のもどるべきところはおじいちゃんの華珍園だった。いま華珍園を守り育てていくこと、それがおじいちゃんへの一番の供養になると信じている》

景之の妻・**中越容子**もいつもおじいちゃんを見つめていた。

《おじいちゃんは本当に温和な方だった。九十五歳ぐらいまでずっと働きつづけて、責任感が強い人だった。亡くなったときも、お棺を最後に華珍園にまで持って来た。私には想像できないほど大変な人生だったと思う。長い間、お疲れ様でした》

景之の長女・中越**詩乃**《しの》と次女・**愛乃**《あの》も「ひいじいちゃん」の思い出を語ってくれた。

《学校から帰ってくると、ひいじいちゃんはいつもレジに立っていた。優しかったひいじいちゃん。私もひいじいちゃん子。中国人だけど、日本でお店を開いた。その思いを引き継ぎたくて、いま私も華珍園を手伝っています》

《フランスパンとビールが好きだったひいじいちゃん。戦争の話はほとんど直接聞くことはなかったけど、大きくなるにつれて、本当のことを知るにしたがって、ひいじいちゃんのすごさを理解できました》。

城野宏の妻・**利江**はいう。

《私は、私のなかに主人（城野宏）を生きさせてあげなきゃ。私はその使命があると思って、この十八年本当に苦しかったです。一年一年、あと一年、あと一年と思って。でも、このごろ自分の老いを感じ出したんです。それまで夫婦でいて、全然老いを感じさせなかったんです。だからそれでちょっとなんかしたら、「お主、惚けたか」とかいってやられますから、常についていくのに必死だったんですけど、自分に老いを感じたとき、完全にパニックになってしまいました。だから、なんらかの形で、皆さんのお一人ひとりの力で、お願いですから主人を生かしてやってください。お願いします》

笠実の令息・笠（一木）晋一は、父がしばしば使った印象的な言葉をはっきりと覚えている。

《「答えを急ぐことなかれ」

生前の父からよく聞かされた言葉です。

戦後長く抑留された父は、帰国後、日中友好協会などをとおして、両国の友好に努めました。中国では毛沢東の文化大革命がはじまっていました。日本でもその影響を受け、たとえば日中友好協会は、その賛成派と反対派の二つに分裂しました。父は反対派に賛同し、賛成派を厳しく批判しました。その時、旧知の方から諭され、批判をするばかりではなく、両国の新たな未来への歴史を、その可能性を多角的に模索することをすすめられました。その時思ったはずです。また同じ轍を踏むところだったと。一つの信念だけに囚われて進むことの危険を察したのではないでしょうか。それは戦中・戦後の経験をとおして思い知らされたことだったはずです。その後も己の信念を保ちながらも、分裂した団体を統一するために奔走していました。父の態度は随分と軟化したようです。

「答えを急ぐことなかれ」

その頃からでしたね、この言葉を父からよく耳にするようになりました。まるで自分自身の胸のなかで反芻するかのように。

「答えを急ぐことなかれ」

この言葉は私のなかに今もずっと生き続けています》

八木沼丈夫、陳一徳、城野宏、笠実、彼らはいずれもすでにこの世にはない。しかし、彼らが大陸で追い求めた信念や葛藤は、いろいろな形や姿に変わりながら妻や子、孫、ひ孫たちに引き継がれ、彼らの心のなかにいまもなお息づいている。現代に生きる私たちも彼らの生き様を風化させたり、忘れさろうとしたりとするのではなく、反省すべき点はしっかり心に刻み、語り継いでいくこと、それが戦争を知らない若者に戦争について考えるよい機会を提供するように思われてならない。

私は、いまは亡き彼らに伝えたい。「遺族の方々はしっかりあなたたちの人生を受けとめ真摯に向かい合っていますよ」。現在を生きる遺族の方々の思いが天上の夫や父、祖父にとどくよう祈りたい。

図58　久留米に戻り得意の尺八を吹く笠実（『アサヒグラフ』朝日新聞社、1962年1月26日号より転載）

「華香《はなか》、こっちへおいで。ほら弟だ」

帰国したとき、すでに五十六歳になっていた笠実（図58）は、遅まきながらも村岡ツルエと出会って結婚し、一男一女に恵まれた。家の縁側に座って、生まれたばかりの赤ん坊を大事そうに抱えた笠は、走り寄ってきた華香にそっと見せてやった。華香は夢中になって小さな弟をのぞきこむ。普段は無口でどちらかといえば頑固一徹のような笠だったが、父親としては子煩悩なところもあった。

「かわいいだろ。華香の華は中華の華っていってね、お隣の中国から名前をもらったんだよ」

幼い華香にはまだ意味がわからないようで「ふうん」

とだけ言いながら、弟のほっぺを触ってじゃれている。それをおだやかにじっと見つめ、笠はつぶやくように言葉を紡いだ。

「だから、お父さんは決めたんだ。弟の名前はね、晋一。晋は山西省のこと。お父さんにとって中国で一番思い出深い場所なんだ。華香と晋一、それはお父さんの思いがこもった大切な名前なんだよ」

主要参考文献

青江舜二郎『大日本軍宣撫官――ある青春の記録』(芙蓉書房、一九七〇年)
阿部助哉『黄砂にまみれて――ある特務機関員の青春』(時事通信社、一九八六年)
石田米子編『黄土の村の性暴力――大娘(ダーニャン)たちの戦争は終わらない』(創土社、二〇〇四年)
内田知行『黄土の大地　一九三七~一九四五――山西省占領地の社会経済史』(創土社、二〇〇五年)
大澤武司『毛沢東の対日戦犯裁判――中国共産党の思惑と一五二六名の日本人』(中公新書、二〇一六年)
太田毅『夢は天山を越えて』(私家版、一九八七年)
岡田春生『新民会外史　黄土に挺身した人達の歴史　前編』(五稜出版社、一九八六年)
岡本勇平『武器なき戦士――ある宣撫班員の手記』(北国出版社、一九八二年)
尾崎士郎『後雁』(河出書房、一九四〇年)
菊地俊介『日本占領地区に生きた中国青年たち――日中戦争期華北「新民会」の青年動員』(えにし書房、二〇二〇年)
小池秋羊(大河原秀雄)『北支宣撫行』(第一出版社、一九三九年)
興晋会在華業績記録編集委員会編『黄土の群像』(信英堂、一九八三年)
小堺昭三『風の春秋』(光文社、一九八〇年)
小島利八郎『宣撫官』(錦城出版社、一九四二年)
坂輪宣政「日蓮信仰と戦前大陸での活動――宣撫班と八木沼丈夫を足がかりに」(『教化学研究』一号、二〇一〇年)
島崎曙海『宣撫班戦記』(今日の問題社、一九四一年)
城野利江『在りし日の城野宏』(不昧堂出版、二〇一四年)
城野宏『山西独立戦記――終戦後四年間中国で戦った日本人の記録』(雪華社、一九六七年)
城野宏・古海忠之『獄中の人間学』(致知出版社、一九八二年)
関田生吉『中支宣撫行』(報道出版社、一九四三年)
仙波郁文『新聞歌壇の私の短歌』(さわらび短歌会、一九六七年)
染谷金一『軍司令官に見捨てられた残留将兵』(全貌社、一九九一年)
高橋三郎・高橋由典・吉田純・伊藤公雄・新田光子『共同研究　戦友会』(インパクト出版会、二〇〇五年)
武井伸子『連翹の咲く家』(不識書院、二〇一七年)

竹内実『日本人にとっての中国像』（岩波書店、一九九二年）
田辺敏雄『検証　旧日本軍の「悪行」』（自由社、二〇〇三年）
寺井祥一郎『黄砂を浴びて』（私家版、一九八九年）
百々和『自分史回顧』（文芸社、二〇〇七年）
中澤善司『万里の山河に――北支県顧問回想の記』（非売品、一九八四年）
中山正男『立正興亜論』（高山書院、一九四一年）
同『一軍国主義者の直言』（鱒書房、一九五六年）
同『花をたむけてねんごろに』（太平出版、一九六六年）
永富博道『山西残留秘史　白狼の爪跡』（新風書房、一九九五年）
平野零児『人間改造――私は中国の戦犯であった』（三一書房、一九五六年）
同『中共虜囚記』（毎日新聞社、一九五七年）
保阪正康「戦友会の八月――戦後半世紀、元兵士たちは何を想い集うのか」（『文藝春秋』一九九四年八月号）
村上政則『黄土の残照――ある宣撫官の記録』（文芸社、二〇〇四年）
八木沼丈夫『長城を踰ゆ』（満州郷土芸術協会、一九三三年）
八木沼春枝編『遺稿　八木沼丈夫歌集』（新星書房、一九六九年）
吉開那津子『消せない記憶――湯浅軍医生体解剖の記録』（日中出版、一九八一年）
吉見義明『草の根のファシズム――日本民衆の戦争体験』（東京大学出版会、一九八七年）
米濱泰英『日本軍「山西残留」――国共内戦に翻弄された山下少尉の戦後』（オーラル・ヒストリー企画、二〇〇八年）
藍適斉「可悲傷性、「戦争之框」与台籍戦犯」（汪宏倫主編『戦争与社会―理論・歴史・主体経験』聯経出版、二〇一四年、所収）
同「導読」（戴維理『成為台湾人』国立台大出版中心、二〇二一年、所収）
唐毓光「新民会在臨沂的組織及活動」（『山西文史資料選輯』二五輯、一九八八年）
張成徳「日軍侵華的特殊工具――〝宣撫班〟」（『山東文史資料選輯』二五輯、山東人民出版社、一九八八年）
張林・程軍川編『我認罪――日本侵華戦犯口供実録』（中華書局、二〇一五年）
Brook Timothy, *Collaboration: Japanese Agents and Local Elites in Wartime China*: Harvard University Pres, 2005
Kushner, Bara, *Men to Devils, Devils to Men: Japanese War Crimes and Chinese Justice*: Harvard University Pres, 2015

あとがき

まもなく戦後八十周年を迎えようとしている今日、いかに戦争の記憶を語り継いでいくかが問題とされている。本書で扱った宣撫官のみならず、さきのアジア太平洋戦争を体験した人びとの多くが鬼籍に入り、いわゆる語り部の人数は確実に減少してしまった。毎年八月の恒例となっているＮＨＫの終戦特集番組を見ていても、出演される方々はほとんどが九十歳以上、場合によっては百歳近くにまでなっている。彼らは年齢以上に若々しく、目を輝かせながら、多くを語ってくれ、見ている私たちにも戦争の一場面があたかも眼前に拡がるかのように雄弁に語ってくれる。それはたしかにすばらしいことなのだが、戦争経験者本人による語りは、今後いかに継承するかという一点において、もはやまったなしのぎりぎりの状況にあるというのもまた事実なのである。

あえて言うまでもなく、戦争体験者に直接たずねる方法にはどうしても時間的な制約がある。そもそも語り継ぐべきなのかという問いもあるかもしれないが、もし継承するならば、私たちはつぎなる一手を考えなければならない。たとえば、当事者が残した日記やメモ、短歌など各種の文字資料、写真やポスター、ビラなど画像資料をきっちり収集・整理することである。それらをよく読み込んで分析すれば、当事者が生きた時代や世相にまでさかのぼって、深く入り込むことができるだろう。

右の文を読んだ方のなかには「そんなことは郷土史研究者や大学の学者さんたちがすでにやっている」と思われる人も少なくないと思う。しかし、これも時間や体力はもちろん、費用を準備したり、収集・整理する空間を確保したり、さらにはいくばくかの経験を積んでいったりしなければならず、いうほど簡単なものではない。民間に気づかれないまま私蔵されているものは少なくないし、逆にそれらは行き場を失っているから、ここに関与していく余地はいまなお残されているといえる。

つぎに、当事者本人と、夫人のような当事者と同世代の方、息子や娘などつぎの世代の方とのあいだで、当事者の経験がいかに継承されてきたのかという、「継承」それ自体が抱える問題を検証することもできる。本書に登場した笠実の令息・晋一氏は、長年にわたる交流の結果、すでに筆者とは親友のような関係にあり、互いに久留米と京都を往復しあい、しばしば旧交を温めている。出会った当初は、父のことをあまり語らなかった晋一氏だが、交流を深めるにつれて、次第に積極的に情報を伝えてくれるようになり、ついには「え、こんなものが残っていたの！」と驚かせるような資料まで閲覧させてくださるようになった。

また、本書に登場する別の人物の長男の方とも良い交流関係を築けている。いつかはこの人物の評伝を書いてみたいと思っている。長男の方は、頭脳が非常に明晰で、父親の事蹟や交友関係を極めて詳細に覚えておられ、しかもわかりやく伝えてくれる。記憶力や情報伝達能力は、こちらが舌を巻くほどである。このような方と知りあえたら学べることはとても多い。こういった方とめぐりあい、信頼関係を築くことは、縁に頼る部分が少なくなく、簡単なことではないが、私はこの点でどうも恵まれているようだ。

このような経験を重ねてくると、戦争体験者亡き後の「継承」も決してマイナスばかりではなく、プラス思考でのぞむことも可能なように感じる。つまり感情を乗り越えて、冷静、客観的な議論が可能となるからだ。当事者が語るものは、当事者本人の側も、聞き手の側も、いずれも感情移入しやすいが、いったん「歴史」となってしまえば、感情的な部分はかなり薄れ、良い点であれ悪い点であれ、冷静に向きあえるようになる。

むろん、そこまでの道のりは長く、たやすいものではないことは承知のうえだ。本書では、戦争体験者である宣撫官本人の語りの場には、ほとんど立ち会えなかったから、あえて右のような考えのもと、関係者への密着取材、ノンフィクションと歴史学のあいだをゆくような方法をさぐってみた。成功したか否かは、読者諸氏の判断にお任せするしかないが、今後も私が研究対象としてきた中国と、自分が生まれ育った日本との関係について、とくに国家間の戦争が、個人の人生や思想、価値観にいかなる影響を与えてきたのかを考えていきたいと思っている。

私も何かの縁があって宣撫官の関係者たちと知りあい、久留米市の宣撫廟を何度かおとずれ調査することができた。かつて宣撫官たちが夢見た信念や心の葛藤を後世に伝えるものとして、私も宣撫廟の保存・維持に関わっていきたいと願っている。


最後に、笠晋一氏、武井伸子氏、陳一徳氏（故）、中越景之氏、城野利江氏をはじめ、資料・写真・遺品などの提供にご協力くださった宣撫官関係者の皆さまに心よりお礼を申し上げたい。本書が皆さまの期待に十分に応えられたかどうかは心許ないが、ここに記して感謝の意を表したい。本当にありがとうございました。

本書には多くの宣撫官の手になる短歌が引用されている。短歌に疎い私に、勤務先の同僚である佐野宏先生（国文学）は丁寧に手ほどきしてくださった。ここに記して謝意を表したい。

そして最もお礼を申し上げなければならないもう一人の方は、えにし書房社長の塚田敬幸氏である。私が宣撫官を追い求めるようになり、塚田氏に自分の執筆構想を述べてから——当時、塚田氏は彩流社から独立され、えにし書房を立ち上げて間もない頃だった——、もうすでに七年近い年月が流れてしまった。「宣撫官には興味がありますからね。あわてなくていいですよ」と気長に待ってくださった塚田氏の懐の深さには、感謝の念しかない。塚田氏とのあいだを取り持ってくださった広中一成先生（愛知学院大学、中国近代史）にも心からお礼を述べたい。

本書の執筆には、ずっとそばで励まし、私の気まま勝手な密着取材にもつきあってくれた台湾史研究者の妻・林淑美の存在が欠かせなかった。元宣撫官の夫人や子息たちとも仲良くなり、いろいろな情報を引き出してくれた。そうした妻の温かさが本書の礎となっている。妻と私のあいだではアジア太平洋戦争に話が及ぶと、いつも日本軍に軍夫として徴用され帰らぬ人となった母方の祖父・張水木氏――「南洋で戦死した」との報告しかない――が思い出され、妻は寂しそうな表情をする。いつの日か妻のためにも手がかりをつかんでやりたい、そう心のなかで誓いながら、筆を擱くことにする。

二〇二三年九月　妻の祖父張水木氏の故郷・新竹香山にて

太田　出

主要人物関連年表

西暦	笠実	八木沼丈夫	陳一徳	城野宏	関連する世界情勢
1894					日清戦争
1895		11月4日出生			
1902		常豊尋常小学校入学			
1905					第一次ロシア革命
1906	2月2日出生	竹貫高等小学校入学			南満州鉄道株式会社設立
1910		岩城中学校二年級に編入			日韓併合条約
1911					辛亥革命
1912	日吉尋常小学校入学				中華民国成立
1913		陸軍に現役志願		8月31日出生	
1914					第一次世界大戦
1916		渡満			
1917			7月5日出生		
1918		春枝と結婚			シベリア出兵
1919	三井郡三井農学校入学				中国五四運動 ベルサイユ条約
1920		除隊、満州日報社に入社			
1922	久留米商業高等学校入学				
1925		満州日日新聞ハルピン支社長			孫文死去

西暦	笠実	八木沼丈夫	陳一徳	城野宏	関連する世界情勢
1926	久留米市役所勤務				北伐開始
1927				長崎師範附属小学校卒業	
1928		満鉄「協和」編集長			関東軍が張作霖を爆殺
1929		満鉄入社			世界恐慌
1930		斎藤茂吉を招聘			
1931			日満合弁高等中学校入学		満州事変
1932				東京府立第四中学校卒業。第八高等学校入学	満州国建国宣言
1933		関東軍宣撫班として従軍『長城を踰ゆ』出版			国際連盟脱退
1934					溥儀が満州国皇帝に即位
1935			福貴洋行で働く		
1936					2・26事件
1937		支那駐屯軍宣撫班編成、総班長に	杉山部隊の宣撫官に応募、合格		盧溝橋事件 国民政府、重慶へ移転
1938			山東省済南市、江蘇省徐州に配属	東京帝大卒業。野村合名会社調査部入社。徴兵	
1939	宣撫官試験合格、渡支 河南省開封県朱仙鎮に配属			福岡県久留米陸軍予備士官学校	ノモンハン事件 第二次世界大戦
1940	開封宣撫班に転属。さらに臨汾陸軍特務機関へ	宣撫班解散、新民会に合併			
1941		汪精衛に単独会見			アジア太平洋戦争

西暦	笠実	八木沼丈夫	陳一徳	城野宏	関連する世界情勢
1943	山西省壺関県公署顧問、新民会県主席参事勤務				
1944		12月12日死去			
1945	恩田中佐・澄田中将の命で山西残留、太原市立病院事務長			山西残留開始、合謀社設立	ポツダム宣言受諾、終戦 国際連合設立
1946			青島→佐世保で入国。国際新聞社就職。高知支局転勤		
1947			中越富士恵と結婚。中華料理店「華珍園」を開業		
1949	太原陥落、逃亡			太原陥落、逮捕抑留	中華人民共和国成立
1950	逮捕抑留				朝鮮戦争
1951			有限会社「華珍園」設立		サンフランシスコ平和条約
1956	瀋陽・太原戦犯裁判、懲役11年の判決			瀋陽・太原戦犯裁判、懲役18年の判決	
1957					反右派闘争
1958					大躍進運動 中華人民共和国大飢饉
1961	12月17日釈放				
1962	1月6日帰国				
1964				最後の戦犯として、斎藤美行、富永順太郎とともに4月7日釈放帰国	

西暦	笠実	八木沼丈夫	陳一徳	城野宏	関連する世界情勢
1966					文化大革命開始
1972					日華断交、日中国交正常化
1976					四人組逮捕、文化大革命終結
1978					改革開放
1985				12月21日死去	
1989					天安門（六四）事件
1996	11月18日死去				
2017			1月28日死去		

《著者略歴》
太田 出（おおた・いずる）
1965 年 愛知県に生まれる
1988 年 金沢大学教育学部卒業
1999 年 大阪大学大学院文学研究科博士課程修了
広島大学大学院文学研究科准教授を経て、現在京都大学大学院人間・環境学研究科教授
博士（文学）
主著『中国近世の罪と罰——犯罪・警察・監獄の社会史』（名古屋大学出版会、2015 年）
『関羽と霊異伝説——清朝期のユーラシア世界と帝国版図』（名古屋大学出版会、2019 年）
貴志俊彦・白山眞理編『京都大学人文科学研究所所蔵 華北交通写真資料集成 全 2 巻』（国書刊行会、2016 年、共著）

Emishi Shobo

北支宣撫官《ほくしせんぶかん》
日中戦争《にっちゅうせんそう》の残響《ざんきょう》

2023 年 10 月 20 日 初版第 1 刷発行

■著者　太田 出
■発行者　塚田敬幸
■発行所　えにし書房株式会社
〒 102-0074 東京都千代田区九段南 1-5-6 りそな九段ビル 5F
TEL 03-4520-6930 FAX 4520-6931
ウェブサイト http://www.enishishobo.co.jp
E-mail info@enishishobo.co.jp

■印刷／製本　株式会社 厚徳社
■装幀　大町駿介
■ DTP　板垣由佳

 ISBN978-4-86722-122-8 C0021

えにし書房　好評既刊本

日本占領地区に生きた中国青年たち
日中戦争期華北「新民会」の青年動員

菊地俊介著／A5判／並製／3,000円＋税　978-4-908073-77-9 C0022

「新民会」による青年動員の全体像を明らかにする！

中華民国臨時政府（華北政務委員会）統治下で、政権擁護のための民衆運動を担った新民会（中華民国新民会）に動員された当時の「普通の青年たち」の実態に多くの新資料を駆使して迫る。従来の傀儡政権史像では見えなかった日本占領下の社会の姿、戦時体制下の中国社会の全体像を捉えようとする意欲的な論考。

満州天理村「生琉里」の記憶
天理教と七三一部隊　　エィミー・ツジモト著

A5判／並製／2,000円＋税　978-4-908073-48-9 C0021

満州開拓の裏面史。

宗教教団は、むしろ積極的に国策に協力することで布教と組織の拡大を図った……。

弾圧を受けながらも逞しく生き延び、満州に天理村を建設するに至った天理教団は731部隊にも協力していた！　知られざる実態と驚くべき史実を、元開拓団員の赤裸々な証言から明らかにする問題作。

満州分村移民と部落差別
熊本「来民開拓団」の悲劇　　エィミー・ツジモト著

A5判／並製／2,000円＋税　978-4-86722-111-2 C0021

被差別部落の融和事業、農村の満州開拓移民事業の国策が重なり、極めて特異な形で大陸に送り出された「来民開拓団」は、稀にみる悲惨な最期を迎えたとしてその名を残す。敗戦とともに原住民の襲撃にあい、子供を含む276人全員が集団自決するに至った全容を明らかにする。悲劇の遠因としての国策を厳しく断罪。ソ連兵への「性接待」で知られる黒川開拓団との関係など、貴重な史実多数。

語り継ぐ戦争
中国・シベリア・南方・本土「東三河８人の証言」

広中一成著／四六判／上製／1,800円＋税　978-4-908073-01-4 C0021

かつての“軍都”豊橋を中心とした東三河地方の消えゆく「戦争体験の記憶」を記録する。

気鋭の歴史学者が、豊橋市で風刺漫画家として活躍した野口志行氏ほか、いまだ語られていない貴重な戦争体験を持つ市民にインタビューし、解説を加えた、次世代に継承したい証言集。